DU CAPTIF ROMAIN

ET

DES EFFETS DE L'ABSENCE

SUR LES BIENS

PAR

HENRI MARCHAND

AVOCAT

VERSAILLES

IMPRIMERIE DE E. AUBERT

6, avenue de Sceaux, 6.

1870

FACULTÉ DE DROIT DE PARIS

DU CAPTIF ROMAIN

ET

DES EFFETS DE L'ABSENCE SUR LES BIENS

THÈSE POUR LE DOCTORAT

PAR HENRI MARCHAND

Avocat,

Né à Versailles (Seine-et-Oise), le 14 Février 1846.

L'ACTE PUBLIC SUR LES MATIÈRES CI-APRÈS SERA SOUTENU

Le Jeudi 28 Juillet 1870, à une heure et demie.

Président : **M. C. BUFNOIR**, *Professeur.*

Suffragants : MM. PELLAT, COLMET-DAAGE, Doyen, DUVERGER, *Professeurs.* BOISTEL, *Agrégé.*

1870

VERSAILLES. — IMPRIMERIE DE E. AUBERT

INTRODUCTION

S'il est dans le droit une matière dont l'étude soit difficile, dans laquelle les controverses soient nombreuses, et les solutions douteuses, c'est bien la matière de l'absence. Et cependant ne méritait-elle pas toute l'attention, toute la sollicitude du législateur? Quand donc, en effet, le législateur est-il le plus véritablement grand, quand son rôle social est-il le plus beau, si ce n'est lorsque, se rapprochant autant que possible des lois éternelles de la Providence, il prend en main la cause du faible, de l'incapable, de l'absent, et les protége contre les tentatives d'agressions ou d'empiétements injustes? Le législateur, tantôt organisateur et protecteur de la société, tantôt organe et mandataire de cette même société, nous doit secours et protection contre les atteintes portées dans nos personnes ou nos biens à l'ordre social. Ce devoir du législateur est d'autant plus impérieux, d'autant plus sacré que l'être qui implore sa protection en a plus besoin et inspire plus de pitié à raison de son malheur et de la justice de sa cause? Or, la cause de l'absent, ce n'est pas seulement celle d'un homme éloigné de son pays et de ses affaires, qui a droit, comme nous tous, à la protection de la société; ce n'est pas seulement la cause de l'homme malheureux que des circonstances fatales et indépendantes de sa volonté contraignent à s'expatrier pour échapper aux dénigrements d'une foule capricieuse et injuste; c'est encore la cause du pauvre, et du pauvre courageux qui, désespérant de se faire une place dans son pays, l'abandonne avec l'espoir si souvent déçu de revenir un jour l'enrichir de son expérience et d'une fortune acquise par les travaux les plus durs.

Il semble cependant que tous ces motifs d'intérêt aient échappé à l'attention du législateur de tous les temps. Quelques dispositions éparses composèrent seules la législation romaine sur l'absence et sur les droits des citoyens romains prisonniers de guerre. Jusqu'aux derniers siècles, notre Société Chrétienne ne fit rien de plus. Le Code Napoléon édicta enfin, sous l'influence des idées nouvelles, des règles mieux ordonnées et plus complètes. Depuis, une loi du 13 janvier 1817 a simplifié sagement la procédure à suivre pour constater l'absence de militaires d'une certaine époque. Mais ce n'est qu'une disposition transitoire; et les événements ont changé la face du globe; et l'industrie et le commerce, en se développant, ont créé de nouveaux besoins de voyages lointains et fréquents.

Après avoir recherché quelles règles fixaient en droit romain, la situation du citoyen prisonnier de guerre chez l'ennemi, nous verrons dans notre étude sur le droit français, et à mesure que l'occasion s'en présentera, s'il n'y aurait pas lieu de modifier, en quelques points du moins, la législation actuelle sur l'absence.

DROIT ROMAIN

DES CAPTIFS

DU *POSTLIMINIUM* ET DE LA LOI *CORNELIA TESTAMENTARIA*.

On s'est divisé sur l'existence dans le droit romain d'une législation spéciale relative aux captifs et aux absents en général, législation complète et suffisamment étendue dont nous ne retrouverions aujourd'hui que des fragments. La mention aux Institutes et au Digeste de formes prétoriennes destinées à venir au secours de l'absent ou du prisonnier, et jointes à certaines dispositions de droit civil, prouve, selon nous, qu'il a fallu au peuple Romain plusieurs siècles pour accepter la possibilité d'un citoyen renonçant même momentanément à ses droits et à ses devoirs, d'un soldat romain prisonnier sur le champ de bataille. Et quand enfin l'on reconnut cette possibilité, il semble qu'on ait considéré comme de mauvais augure de l'indiquer dans une loi.

On ne s'occupait que de celui qui, vaincu et fait prisonnier, finissait par triompher des chaînes de l'ennemi pendant le temps même de la guerre, ou de celui qui échappait à la captivité après avoir été surpris chez l'ennemi par la déclaration de guerre ; et si l'on en parlait, ce n'était que pour effacer cette captivité, et déclarer qu'ils avaient été citoyens, et avaient joui de tous leurs droits, même pendant ce laps de temps intermédiaire. Sylla, le premier, admet comme juste de s'occuper du citoyen qui meurt prisonnier chez l'ennemi, et valide le testament par lui fait avant sa captivité. Plus tard, on s'occupa de celui que l'intérêt de l'État éloignait de ses foyers, et en particulier du soldat (loi 45, D. « Ex quib. caus. maj. » L. IV, t. 6). Mais rien sur l'absent proprement dit, sur celui qui, parti de Rome dans un intérêt commercial ou autre, disparaît et ne donne plus de ses nouvelles. A Rome, chacun devait connaître la loi, et, en fait, la connaissait; le nombre des *patresfam.* était restreint; et eux seuls possédaient, eux seuls pouvaient avoir une hérédité. Ayant souvent des biens considérables à administrer, ils ne s'éloignaient que rarement, jamais sans laisser un intendant ou un mandataire; et quand ils quittaient Rome, ce n'était que pour le service de l'État, soit pour la guerre, soit surtout pour remplir une charge; et dans ces deux circonstances, la loi venait à leur secours.

Que restait-il donc? Ceux qui étaient en puissance paternelle? Qu'ils fussent vivants ou morts, présents ou non présents, ou absents, ils ne possédaient rien dont ils fussent propriétaires. Ceux qui, pères de famille, n'avaient pas un patron obligé par devoir de patronage à veiller sur leurs biens et sur leurs intérêts, pas de mandataire ou d'intendant ayant des pouvoirs d'administration, et qui s'absentaient de Rome, oubliant leurs droits et leurs devoirs de citoyens et sans laisser trace de leur existence? Ils étaient bien peu nombreux ; le commerce maritime était fait par des esclaves. Sans doute, quand l'empire Romain renferma plusieurs mers dans ses limites, leur nombre dut augmenter; mais ils étaient en faute; le prêteur donnait protection contre eux pour que personne ne pût souffrir de leur absence; mais, pour eux-mêmes, pas de protection.

Au point de vue des droits des héritiers de ces absents, les textes ne s'en occupent pas davantage. La succession au pécule *castrens* du fils qui disparaît après la guerre finie, soulève les mêmes questions sans plus de solutions. C'est seulement quand il disparaît dans la guerre, que les règles rapportées aux chap. Ier et II ci-après, lui sont applicables.

Nous ne nous occupons ici que du prisonnier de guerre, et des choses qui, enlevées par l'ennemi, sortent de son pouvoir.

Dans un chapitre premier, nous rechercherons quels sont les effets de la captivité; dans un deuxième, nous définirons ce qu'on entend par *postliminium*, nous énoncerons les règles relatives au captif de retour, et nous nous occuperons du captif qui meurt chez l'ennemi, au point de vue de sa succession abintestat ou testamentaire et de la loi *Cornelia;* enfin, dans un troisième chapitre, nous traiterons des *choses captives*.

CHAPITRE PREMIER

Des effets de la captivité.

Nous devons étudier les effets de la captivité sur l'état du captif et de ceux qui étaient en sa puissance, et sur le mariage du captif. Nous verrons ensuite ce que devenaient, pendant sa captivité, ses biens et les choses dont il était en possession. Mais, avant tout, il faut dire qui nous désignons par cette appellation : le captif.

Le *captif*, c'est le prisonnier de guerre ; c'est le citoyen romain pris par l'ennemi les armes à la main sur le champ de bataille ; c'est encore le citoyen romain qui, appelé par des intérêts commerciaux ou autres en pays étranger, se trouve encore dans ce pays au moment où la guerre est déclarée entre la nation qui l'habite et le peuple romain, et est retenu prisonnier.

Mais une question s'élève tout d'abord en cette matière, et notre définition n'a fait que la reculer ; de qui faut-il être prisonnier pour être captif dans le sens où nous prenons ce mot, et avoir droit à l'application de la législation spéciale que nous allons exposer ?

Il faut être prisonnier des ennemis, et dans ce mot *ennemis*, nous ne comprenons ni les voleurs, ni les pirates, ni même les adversaires des guerres civiles, factions ou rébellions (lois 19, § 2, et 21, § 1er, « De captiv. »). Celui qui est vaincu dans ces luttes et retenu prisonnier, n'en demeure pas moins citoyen, et conserve tous ses droits. Celui qui est prisonnier des voleurs est assimilé à l'absent ; et l'absent est celui qui ne se trouve ni dans la ville, ni sur le territoire de la ville où sa présence est requise ; mais le captif n'est pas traité comme un simple absent (Ulpien, loi 199, loi 173, § 1, « De verb. signific. »). C'est ainsi que la tutelle peut être déférée à l'absent, et par conséquent à celui qui est aux mains des voleurs, tandis que l'espoir du retour du captif, espoir qui avait motivé la plupart des dispositions que nous rencontrerons, n'a pas assez de puissance pour faire maintenir ce captif dans la tutelle qu'il exerçait ; tout cela nous est révélé par Cujas, au chap. 4 du Liv. VII de ses *Observationes*. Il donne pour motif de cette décision que le captif n'est plus au nombre des citoyens. Nous verrons, en effet, que sa liberté est subordonnée à la condition de son retour dans sa patrie ; une loi *Cornelia*, dont nous parlerons plus tard, va même jusqu'à subordonner à la même condition sa qualité d'homme vivant. On comprend donc que le captif ne puisse pas plus exercer les fonctions de tuteur que les autres fonctions publiques. Mais il n'en est pas de même de celui qui est aux mains des voleurs ; pour lui, il n'est pas esclave, quand même il mourrait ensuite en leur pouvoir (Ulpien, loi 24, « De captiv. »).

Ulpien, dans ce même texte, ne qualifie *hostes* que ceux à qui le peuple romain a déclaré la guerre, ou qui la lui ont déclarée *publicè*, avec la formule d'usage, consacrée par le droit des gens. Pomponius, dans la loi 5, § 1er, au même titre, paraît bien admettre la même définition du mot *hostes*, en le faisant correspondre au mot *bellum*, guerre ouverte. Mais il est obligé de qualifier *paix* dans le § 2 de la même loi un état de guerre ouverte, bien que non déclarée solennellement. Il y parle, en effet, des nations qui n'avaient avec les Romains aucuns liens d'amitié ou d'hospitalité, aucuns traités d'alliance ; elles ne sont pas *hostes ;* mais tous les biens romains qui tombent en leur pouvoir deviennent leur propriété; tous les citoyens romains saisis par eux deviennent leurs esclaves. Ces peuples-là ne se soumettaient donc pas au droit des gens; et ce droit n'était donc pas celui de toutes les nations, *jus gentium*. Quoi qu'il en soit, nous reconnaîtrons comme captifs les citoyens faits prisonniers par ces peuples; et comme ces peuples étaient par le fait même de leurs déprédations et de l'enlèvement des citoyens romains, en hostilités le plus souvent continuelles avec Rome, nous leur donnerons la qualification d'*ennemis*, non peut-être dans le sens d'*hostes*, mot sacramentel, mais du moins avec cette circonstance que les prisonniers faits par eux seront régis par la même législation que les prisonniers des *hostes*.

Il peut y avoir guerre, *bellum*, entre les Romains, et les peuples libres et les rois (Paul, loi 19, pr., « De captiv. »). Est considéré comme peuple libre celui qui n'est soumis à l'autorité d'aucun autre peuple, celui qui, ayant fait un traité d'alliance avec un autre peuple ou avec Rome, a traité d'égal à égal, ou s'est engagé par un traité à ne rien faire qui pût compromettre la majesté de cet autre peuple; cette clause n'intervient, en effet, que pour établir la supériorité de cet autre peuple, et non pas pour priver de sa liberté celui qui traite avec lui. Leurs rapports sont alors analogues à ceux qui existent entre les personnages romains et leurs clients; ces clients, en effet, bien qu'inférieurs en autorité et en dignité, demeurent toujours libres. C'est ce que dit Proculus, dans la loi 7, § 1, à notre titre. Mais, au pr. de cette même loi, il déclare que, malgré leur qualité d'étrangers, *externi*, les peuples alliés, *fœderati*, et libres ne pouvaient pas devenir *hostes*, *perduelles*, selon l'expression des anciens (loi 234, pr., « De verb. signif. »). La Vulgate porte, dans le § 1er de notre loi 7, une négation que Cujas repousse avec raison en faisant remarquer le sens si étendu du mot *externi;* cette expression s'appliquait à tous les peuples qui n'avaient pas reçu le droit de cité.

Quoi qu'il en soit de l'exactitude de ce texte, il n'en demeure pas moins certain qu'il paraît en contradiction avec la loi 19, pr., de Paul, jurisconsulte postérieur à Proculus. L'intérêt de cette question consiste dans l'application aux captifs du *postliminium* dont nous indiquerons les effets ci-après. Pothier s'est efforcé d'expliquer une décision d'Ælius Gallus, dont l'opinion, selon Festus, était celle de Paul; cette décision, en présence de celle de Proculus, ne se comprend, dit Pothier, que par une controverse qui aurait existé entre ces auteurs; et il ajoute que c'est l'avis de Proculus qui a prévalu. A l'appui de cette assertion, il invoque un passage du traité de Cicéron, *De oratore*, qui rappelle une vieille controverse bien antérieure à Ælius Gallus, à Proculus et à Paul sur notre question, et qui, du temps de Cicéron, n'existait déjà plus. L'explication de Pothier consisterait donc à supposer que cette controverse se serait ranimée. Elle ne nous semble pas admissible; et nous croyons préférable l'opinion de Cujas qui distingue ces traités en plusieurs catégories. La loi 7 de Proculus nous semble, d'ailleurs, correspondre parfaitement à l'avis de Cujas. Car, si le § 1er nous donne la définition du peuple libre absolument et considéré comme égal ou à peu près, le pr., dans son expression *fœderati et liberi*, désigne bien les nations qui n'ont, par traité, conservé que la liberté, qui n'ont pas été faites prisonnières de guerres et esclaves. Tels étaient les peuples *dedititii* qui s'étaient livrés à discrétion, *in ditione populi romani*, et dont ne parle pas le § 1er de notre loi 7. Peut-être y avait-il encore d'autres catégories de traités ; mais, ce qui est certain, c'est que, pour être parfaitement, honorablement libres, les peuples alliés devaient avoir traité de l'une des deux manières indiquées au § 1er de notre loi 7. Or, ceux-ci seulement pouvaient encore devenir *ennemis;* avec eux seulement pouvait exister le *postliminium.* Les autres étaient des sujets; les guerres qu'ils soulevaient étaient des révoltes. Telle est l'opinion qui nous semble la plus compatible avec les textes ; sans être absolument celle de Cujas, elle s'en rapproche du moins au point de vue de la conciliation des textes et de la distinction à faire pour y arriver.

Il ne nous reste que deux observations à faire pour en finir avec notre loi 7 : la première consiste dans une simple rectification de texte; à la fin du § 1er, les mots *neque viri boni nobis præsunt*, qui n'ont pas de sens admissible, doivent, selon Cujas, être remplacés par ceux-ci : *neque viribus nobis pares sunt;* — la seconde est contenue au § 2 de notre loi 7 ; les accusés provenant des cités alliées, *fœderatis*, étaient jugés à Rome ; il ne pouvait s'agir ici encore que des alliés d'un rang inférieur.

Tel est le captif ; nous allons étudier maintenant les effets de sa captivité.

SECTION PREMIÈRE

Effets de la captivité sur l'état du captif et des personnes en sa puissance, et sur le mariage du captif.

Le captif est esclave mais avec une position mixte ; il ne l'est pas définitivement ; s'il revient, une fiction dite du *postliminium*, dont nous parlerons plus tard, lui rendra tous ses droits ; il est donc esclave sous la condition qu'il ne reviendra pas ; et la confiance dans son retour est telle qu'on pourrait presque dire que la condition à laquelle est subordonnée sa qualité d'esclave, est à la fois résolutoire et suspensive, en ce sens que, s'il est, à raison de sa situation, privé de l'exercice de ses droits, personne ne peut s'en dire saisi sous condition résolutoire. Quoi qu'il en soit, considéré en lui-même, il n'en est pas moins esclave sous la condition résolutoire de son retour.

Pour ceux qui étaient en la puissance du citoyen pris par l'ennemi, leur état reste incertain pendant tout le temps de sa captivité. Si plus tard il revient, ses fils de famille auront toujours conservé cette qualité en vertu de la fiction du *postliminium*. Si, au contraire, le prisonnier meurt chez l'ennemi, ceux qui étaient en sa puissance au jour où a commencé sa captivité, ont cessé dès ce jour d'être sous cette puissance ; ils sont, à ce moment même, devenus *sui juris* et *patresfam.*, en vertu d'une autre fiction établie par la loi *Cornelia* portée sous Corn. Sylla en l'an 673 de Rome (80 avant J.-C.). Toutes ces règles sont contenues à la loi 12, § 1er, D., « De captivis, » L. XLIX, titre 15.

Nous devons faire immédiatement sur ce texte une remarque importante, c'est que cette fiction qui fait rétroagir au jour de la captivité la mort du captif chez l'ennemi, s'appliquait, non-seulement au testament du captif pour le valider, ou à son hérédité abintestat pour la déférer à qui de droit, mais même à toutes les autres parties du droit, et à l'état de ses enfants comme de lui-même. C'est ce qui résulte du texte que nous venons de citer et principalement de la loi 18 d'Ulpien, au même titre, d'après laquelle *in omnibus partibus juris*, celui qui n'est pas revenu de sa captivité est présumé mort au jour où elle a commencé. Comment donc comprendre le § 129 du comm. I de Gaius qui nous déclare que, de son temps, un doute s'élevait sur l'époque du changement d'état des fils de famille du captif? Sera-ce au jour de la captivité de leur père, sera-ce au jour de sa mort que ces fils deviendront *sui juris*, nous dit Gaius? Et il ne résout pas la question; il n'en indique même pas l'intérêt. Cet intérêt, c'est Tryphoninus qui nous le signale au § 1er de notre loi 12, après avoir donné sa solution sur la question principale. Les fils de famille, nous dit-il, peuvent acquérir pendant la captivité de leur père par stipulation, par tradition, par legs. Et il s'arrête un instant pour nous faire remarquer que le fils ne peut acquérir par voie d'hérédité; le fils de famille, en effet, a besoin du *jussus* de son père, comme l'esclave du *jussus* de son maître, pour faire adition d'hérédité. Mais, pour les choses acquises par le fils pendant la captivité de son père par les modes indiqués, à qui appartiendront-elles? ou à quel titre appartiendront-elles à ce fils? Supposons, continue Tryphoninus, que ce fils ait été exhérédé dans le testament fait par son père avant sa captivité, et qu'un tiers ait été institué héritier soit pour la totalité, soit seulement pour partie; sera-ce l'héritier institué qui, en cette qualité, aura droit aux acquisitions faites par le fils pendant la captivité de son père mort chez l'ennemi? Ces objets, au contraire, appartiendront-ils aux fils comme à leur acquéreur *sui juris*, et à leur propriétaire?

Et si l'institution d'un tiers n'est que partielle, le fils aura-t-il droit à la totalité de ces acquisitions comme les ayant faites valablement pour lui-même? ou, à l'inverse, ne pourra-t-il en réclamer qu'une partie en proportion de sa part héréditaire et comme héritier de son père? Tel est l'intérêt qu'il y a à savoir si le fils est devenu *sui juris* à la captivité de son père ou à sa mort. A l'époque de Tryphoninus et d'Ulpien, aucun doute ne peut plus s'élever, et la loi *Cornelia* doit s'appliquer; leur décision fut ratifiée ensuite par Justinien (Inst., L. I, t. 12, § 5). Mais, même à l'époque de Gaius, il est difficile de s'expliquer un pareil doute. En admettant qu'on se soit refusé à appliquer à notre sujet et aux questions d'état en général, la fiction de la loi *Cornelia*, il n'en demeure pas moins certain que, même avec les principes antérieurs à cette loi, il eût fallu logiquement admettre que le fils de famille était *sui juris* du jour de la captivité de son père, si ce père ne revenait pas ensuite. Et, en effet, le père devenant esclave, sa puissance s'éteignait; la captivité, par l'existence du *postliminium*, était un esclavage sous condition résolutoire de retour; et la condition, venant à défaillir, devait rétroagir au jour de la captivité. En présence de cette conséquence si logique, on a peine à comprendre le texte de Gaius. Serait-ce un effet d'une confiance excessive dans les armes romaines et dans le courage de chaque citoyen, confiance qui allait presque jusqu'à la certitude du retour et de l'application du *postliminium?* Aurait-on induit de cette certitude que le fils de famille ne pouvait croire à la possibilité de se voir rétroactivement *sui juris* ni vouloir acquérir pour lui-même? Nous ne le pensons pas. Et d'abord quelle influence pouvait avoir sur la nature et l'effet de l'acquisition par le fils la conviction où il se trouvait au jour de cette acquisition? Puis, les jurisconsultes romains avaient trop de logique dans leur argumentation pour se départir ainsi des règles générales du droit et soulever une controverse à l'encontre de ces règles. Nous croyons plutôt que Gaius a laissé échapper une légère erreur dans l'exposé de l'objet de la controverse. Si la fiction de la loi *Cornelia* s'appliquait sans réclamations à toutes les parties du droit au temps de Tryphoninus et d'Ulpien, il n'en était pas de même sous Gaius. Si donc la mort du captif ne rétroagissait pas au jour de sa captivité, selon quelques auteurs, au moins leur fallait-il reconnaître que le captif, la condition résolutoire du retour venant à défaillir, avait toujours été esclave de l'ennemi. Or, la puissance du père cesse avec sa liberté. La discussion s'élevait donc, non pas, comme le dit Gaius, sur l'époque à laquelle les fils du captif devenaient *sui juris;* il est de toute évidence que c'était au jour même de la captivité de leur père; mais sur l'événement qui motivait ce changement d'état. Était-ce la mort qui remontait au jour de cette captivité par l'effet de la loi *Cornelia?* Était-ce l'esclavage du père qui était confirmé à sa date par la défaillance de la condition résolutoire de son retour?

Telle était, selon nous, la seule question qui pût être discutée. Et alors quel en était l'intérêt? Le voici : dans son testament antérieur à sa captivité, le père a établi un substitué pupillaire à son fils impubère; cette substitution ne peut avoir force, que si c'est la mort du père qui rend l'impubère *sui juris*, cet impubère ne devient pas *paterfamilias* du vivant de son père (loi 41, § 2, L. xxviii, t. 6, « De vulg. subst. »). Si donc la loi *Cornelia* ne s'appliquait pas à l'état du fils, il est certain que ce fils, étant impubère, et devenant *sui juris* rétroactivement par l'esclavage de son père, ne pouvait jamais avoir de substitué pupillaire. La controverse véritable s'élevait donc, au temps de Gaius, sur l'application à l'état des personnes de la fiction de la loi *Cornelia*, non pas pour fixer l'époque à laquelle le fils du captif devenait *sui juris,* mais pour déterminer l'événement qui lui donnait cette qualité. Cette controverse, du reste, nous est révélée par Papinien dans la loi 10, pr., à notre titre *De captivis.*

Un savant magistrat et jurisconsulte, reconnaissant avec nous l'inexactitude de Gaius, accepte cependant son texte tel qu'il est et propose comme explication l'espèce suivante : Le fils du captif a fait un acte qu'on ne peut faire que quand on est *sui juris,* et il l'a fait pendant la captivité de son père; il a, par exemple, affranchi un esclave; le père meurt ensuite chez l'ennemi; dirons-nous que l'affranchissement est nul, « ab initio, » *propter spem postliminii,* à cause de l'incertitude qui a existé tout d'abord sur sa validité, ou qu'il se trouvera valable si le père meurt sans avoir recouvré la liberté? Nous ne pouvons reconnaître là un intérêt à la question posée par Gaius. Comment, en effet, soutenir que l'affranchissement ait été nul? Le droit de celui qui reçoit une chose corporelle ou incorporelle à titre onéreux ou gratuit, ne dépend-il pas, avant tout, de l'existence du droit de disposition dans la personne de celui qui le confère? Et, s'il est vrai que l'affranchissement accordé par une personne qui n'en a pas le droit, doit être considéré comme nul, n'est-il pas aussi vrai que, dès que la preuve est faite, même rétroactivement et conformément aux principes du droit sur la condition, de la capacité de l'affranchissant, l'affranchissement est valable si d'ailleurs sa validité est parfaite à tous autres égards? En un mot, une fois admis que le fils de famille devient *sui juris* rétroactivement du jour de la captivité de son père par la défaillance de la condition résolutoire du retour de ce père, nous pensons qu'il le devient à tous égards, et nous ne pouvons admettre que tel acte fait par lui soit nul comme fait par un *filiusfamilias,* tandis que tel autre acte, accompli par lui dans le même état, sera valable comme fait par un *paterfamilias.*

Quoi qu'il en soit de cette controverse qui durait encore aux premiers temps du droit classique, et dont l'explication partage encore les jurisconsultes, il n'en demeure pas moins comme certain que l'état des enfants du captif restait en suspens durant la captivité tout entière, et que cette incertitude finissait par le retour ou le décès du père. Mais, si le père ne revenait pas, et si son décès restait ignoré, restait-on éternellement dans cette incertitude? Il n'y a à cet égard aucune solution dans les textes. Il semble bien résulter de la loi 18, à notre titre, que la loi *Cornelia* finissait par s'appliquer à cette espèce; Ulpien, en effet, y étend la fiction de la loi *Cornelia* à toutes les parties du droit, non pas au profit de celui qui meurt en captivité, mais au profit de celui *qui reversus non est ab hostibus,* qui n'est pas revenu de chez l'ennemi, si cette expression nous est permise. Tryphoninus, à la loi 12, § 1er, à notre même titre, applique aussi la loi *Cornelia* aux questions d'état. Mais après combien de temps d'absence la présomption de mort était-elle établie, et la fiction de la loi *Cornelia* pouvait-elle s'appliquer? C'est ce que nous ne trouvons nulle part. Quelques délais spéciaux en dehors des questions d'état ont été déterminés postérieurement dans des hypothèses toutes favorables, dans un intérêt à la fois social et de justice; mais pour les autres cas, restait-on dans une incertitude perpétuelle, attendait-on que la centième année du captif fût accomplie? Plusieurs jurisconsultes répondent affirmativement à cette dernière question. Ils appuient cette opinion sur plusieurs textes qui nous montrent ce terme de cent ans appliqué à Rome comme celui de la plus longue vie humaine. Gaïus, à la loi 56, D., « De usufr. et quemad., » L. VII, t. 1er, et à la loi 8, D., « De usu et usufr., L. XXXIII, t. 2, l'impose à l'usufruit créé au profit d'une personne morale, d'un municipe; Justinien en fait la durée de la prescription contre l'Église, de l'action en paiement du legs fait pour le rachat des captifs (loi 23, C., « De sacros. eccles.; » L. I, t. 2). Ces trois textes indiquent la période de cent ans comme la *finis longissimus vitæ hominum;* mais ils ne s'appliquent que dans des cas essentiellement exceptionnels et éminemment favorables. Nous préférons croire, sans pouvoir cependant l'affirmer, ni le fonder sur aucun texte, qu'on pouvait recourir au magistrat qui, semblable à nos tribunaux, appréciait les probabilités et prononçait une sorte de déclaration de mort, en décidant que les fils du captif seraient à l'avenir, et sauf son retour, considérés comme *sui juris* et *patresfamilias*. Toutefois, nous devons ajouter immédiatement qu'une constitution des empereurs Dioclétien et Maximien, la loi 4, au Code, « De postliminio, » L. VIII, t. 51, exige la certitude du décès pour conférer des droits aux héritiers du captif. Pour éviter ce résultat, le préteur donnait, pendant la durée même de la captivité, une *bonorum possessio decretalis* dont nous parlerons à la section 2 de notre chap. II.

Après avoir reconnu que l'état des fils du captif restait incertain pendant la durée de la captivité, nous devons indiquer, comme conséquence de ce principe, qu'il en était de même de leurs droits intimement liés à leur état même. Une seule exception doit être faite à l'égard du mariage des enfants du captif. On reconnut bien l'impossibilité de contraindre ces enfants à attendre

2

le retour de leur père de famille. Pour les filles qui ne donnaient pas d'enfants à la famille de leur père, on leur permit facilement de se marier sans son consentement; puis, on appliqua la même concession aux fils; et Ulpien et Paul sont d'accord, dans les lois 9, § 1er, D., L. XXIII, t. 2, «De ritu nuptiarum,» pour permettre aux enfants des deux sexes de contracter mariage après trois ans passés sans retour du captif et sans nouvelles de l'absent. Tryphoninus décide de même à la loi 12, § 3, «De captivis.» Julien (loi 11, «De ritu») va même jusqu'à déclarer valable le mariage contracté avant l'expiration de ce délai par le fils ou la fille du captif, si le conjoint est de condition telle que le père n'eût pas refusé de l'admettre. Ce délai de trois ans n'a, du reste, été établi que sous Justinien; si nous le trouvons indiqué aux lois précitées, c'est grâce à une interpolation de Tribonien, le Questeur ou Chancelier de Justinien. Son style se reconnait facilement. C'est lui qui a ajouté la condition de ce délai dans les trois textes d'Ulpien, de Paul et de Julien, omettant d'agir de même pour le texte de Tryphoninus. C'est lui aussi, ajoute Cujas, qui dans le texte de Julien a étendu cette règle au père absent, en interpolant les mots *vel absit*, *vel absentiæ*. Ce qui prouve encore l'interpolation du texte de Paul, c'est que le même Paul, aux Sentences, L. II, t. 19, § 2, ne parle pas de ce délai de trois ans, et déclare inattaquable le mariage une fois contracté. Posée en termes aussi généraux, cette règle serait fausse et contraire à l'idée romaine qui permettait au père de famille de rompre le mariage régulier, même malgré les époux; Paul faisait allusion à une décision de Marc-Aurèle qui exigeait, pour cette rupture, des motifs graves et justes. En Moldavie, le droit du père est resté le même.

Les mêmes motifs existaient pour permettre le mariage aux enfants du *mente captus*, faible d'esprit, dont la guérison est presque impossible, et du *furiosus* ou insensé; cependant des doutes s'étaient élevés sur la permission à donner aux fils de ces personnes pour se marier sans consentement. Les filles l'avaient reçue sans difficulté; mais les fils ne purent l'obtenir, que sous Marc-Aurèle pour les fils du *mente captus*, et sous Justinien pour les fils du *furiosus*, les dots et donations *propter nuptias* restant à fixer par le curateur du père avec l'approbation du préfet de la ville ou du président de la province (loi 28, C., L. I, t. 4; — loi 25, C., « De nuptiis, » L. v, t. 4). Il y avait toujours, en effet, dans ces deux cas, l'espoir d'intervalles lucides pendant lesquels le consentement pourrait être donné, tandis que le père captif ou absent ne pouvait donner aucun consentement.

Nous avons dit que l'état du père captif et celui de son fils en puissance restaient en suspens. En conséquence, si ce fils acquiert pendant la captivité de son père par stipulation, par legs ou autrement, il reste incertain de savoir s'il acquiert pour lui ou pour son père. Et s'il vient à décéder pendant cette même captivité, aucune *bonorum possessio* ne peut-être demandée sur ses biens; et elle ne pourra l'être que quand on connaîtra la mort du père et quand on saura que le fils aura été *sui juris* à son décès, et non pas par ce seul fait que le fils n'aura pas fait de testament (loi 2, § 3, « Unde legitimi,» L. XXXVIII, t. 7). Il n'en sera ainsi toutefois que pour la *bonorum possessio edictalis;* et pour permettre aux héritiers du fils prédécédé de recueillir cette hérédité, si leur auteur meurt durant l'incertitude et conséquemment avant toute adition possible, le préteur leur accordera la *bonorum possessio decretalis* (loi 1, § 1, « Ad sen. cons. Tertull., » L. xxxviii, t. 17 ; — loi 4, § 3, « De bon. poss. contra tab., » L. xxxvii, t. 4; — loi 84, « De adquir. vel omitt. hered., » L. xxix, t. 2). Ce fils ne peut avoir d'héritier ni testamentaire, ni abintestat. Si le fils a emprunté, et qu'il s'agisse d'appliquer le sénatus-consulte Macédonien, tant que dure l'incertitude sur son état de fils de famille, l'action sera refusée.

Après avoir parlé de l'état du captif et de ses enfants en puissance, pendant la captivité, et, à ce propos, du mariage de ces derniers, il faut prévoir pour la résoudre par une règle unique, l'hypothèse où le captif serait fils de famille; l'état de ce fils de famille et la puissance de son *paterfamilias* sur lui, et tous les droits attachés ou subordonnés à cet état ou à cette puissance sont en suspens.

Enfin il nous reste à étudier les effets de la captivité sur le mariage même du captif.

Il y eut sur ce point plusieurs changements dans la législation romaine, changements qui nous sont révélés par les constitutions des Empereurs et par les interpolations dont nous trouvons la trace dans plusieurs lois du Digeste et provenant évidemment du remaniement opéré par Tribonien; le style et la nature des innovations le prouvent assez. C'est en signalant ces changements et ces interpolations qui en étaient la conséquence que nous nous proposons d'expliquer les différences fondamentales qui rendent inconciliables certains textes.

Énumérons d'abord ces textes dans l'ordre où nous les rencontrons. Ce sont, au Digeste, les lois 1 et 6 « De repudiis, » L. xxiv, t. 2; les lois 8, 12 § 4, 14 § 1, et 25, « De captivis; » ce sont, au Code, les lois 7, « De repudiis, » L. v, t. 17; 1re « De postliminio, » L. viii, t. 51; ce sont enfin les Novelles 22, chap. 7, et 117, chap. 11, de Justinien, et la Novelle 33 de l'empereur Léon.

Il est facile de reconnaître quelle a été l'influence de la civilisation Chrétienne sur les modifications apportées à la législation romaine au point de vue du mariage du captif, et comment on en est arrivé à un principe acceptable même dans notre société moderne; après être parti de l'idée indiquée à la loi 1re au Digeste, « De divortiis, » loi qui cite la captivité parmi les causes de dissolution du mariage. Tel fut, jusque sous Justinien, sauf certaines réserves accessoires, l'effet de la captivité sur le mariage.

Mais nous nous trouvons arrêtés ici dès le début par des textes contradictoires. Si la loi 1re, de Paul, «De divortiis, » dont nous venons de parler, se combine facilement avec la loi 12, § 4, « De captivis, » de Tryphoninus, pour établir que la captivité dissout le mariage considéré comme étant essentiellement un état de fait, et ce malgré la volonté formelle de la femme du captif, et malgré sa demeure dans la maison qu'occupait son mari, la loi 6, « De divortiis, » loi de Julien, nous dit, au contraire, que la femme du captif peut être considérée comme tenant le rang de femme mariée par cela seul qu'elle ne peut convoler à d'autres noces *temerè*, sans formalités préalables. « Et il faut décider par une formule générale, ajoute cette loi 6, que la femme ne pourra jamais se remarier tant que la vie de son mari captif sera connue, à moins qu'elle ne préfère invoquer une cause de divorce. Mais, lorsqu'il y aura incertitude sur la vie du captif, la femme aura droit de se remarier à l'expiration d'un délai de cinq ans. Au cas où elle userait de ce droit, l'ancien mariage sera considéré comme dissous *bonâ gratiâ*, de gré à gré, et les droits respectifs des époux resteront entiers. » Nous serions fort embarrassés pour expliquer une telle divergence d'opinion émanant de Julien, jurisconsulte antérieur, si le style même du texte ne trahissait l'époque de sa rédaction, et si le chapitre 7 de la Novelle 22 de Justinien ne donnait identiquement la même solution à notre espèce. Sans doute, dit cette Novelle, dès que la servitude frappe l'un des conjoints, l'inégalité de fortune ne permet pas de conserver entre eux l'égalité qui provient du mariage ; *car, telle est la raison qui, dans la rigueur et la subtilité du droit, rompt le mariage du captif;* mais, par un motif d'humanité, Justinien déclare que le mariage sera maintenu tant que la vie du captif sera certaine, et que l'époux présent, qui enfreindra cette prohibition, perdra, le mari la donation *propter nuptias*, et la femme sa dot. Mais, s'il y a incertitude sur la vie du captif, l'époux présent peut se remarier au bout de cinq ans ; le premier mariage sera alors dissout par la captivité dont l'effet sera semblable à celui du divorce par consentement mutuel qui laisse intacts les biens et les droits de chaque époux.

Ce ne fut pas là le dernier mot de Justinien sur notre matière, et nous verrons tout à l'heure une autre Novelle du même empereur qui fit un pas de plus vers l'indissolubilité du mariage. Mais d'autres textes du Digeste nous rappellent. C'est d'abord la loi 10, *Soluto matrimonio*, dans laquelle Pomponius nous dit que la dot profectice, qui, en principe, doit être restituée au père constituant si la femme est encore en sa puissance lorsqu'elle meurt dans le mariage, lui reviendra encore si la fille meurt captive chez l'ennemi. Voici le raisonnement qu'on pourrait nous faire en invoquant cette loi : Le père de famille de la femme a droit de recouvrer la dot profectice par lui constituée, de quelque manière que le mariage prenne fin ; Pomponius déclare, dans notre loi, que, pour faire obtenir au père la dot de la fille, il est nécessaire d'appliquer ici la fiction de la loi *Cornelia*, et de la considérer comme morte au jour de sa captivité ; c'est donc que le mariage ne se dissout que par la mort et non par la captivité. A cette objection, notre réponse est prête. Non, ce n'est pas que le mariage se dissolve uniquement par la mort, Mais, quand le mariage ne se dissout pas par le prédécès de la fille, le père ne peut intenter l'action *rei uxoriæ* sans le concours de sa fille ; et, comme ce concours eût été impossible dans l'espèce, le père n'aurait pu réclamer la dot profectice, si l'on eût eu recours à la fiction de la loi *Cornelia* qui, à la différence du *postliminium*, comme nous le verrons ci-après, s'applique même aux états de fait. Remarquons encore que ce même Pomponius, à qui l'on voudrait prêter cette arrière-pensée, nous donne, dans la loi 14, § 1er, « De captivis, » la manifestation la plus formelle de l'opinion contraire, lorsqu'il nous dit que le mariage doit être recommencé, renoué par le consentement des parties, *redintegrari*, pour exister après le retour du captif. Cette réflexion doit faire écarter toute tentative d'interprétation contraire de la loi 10, pr., « Soluto matrimonio. »

Un autre texte cependant, la loi 8, « De captivis,» après avoir exprimé à peu près dans les mêmes termes cette idée que la captivité dissout le mariage (car, Paul y exige le consentement de la femme et sa liberté de tout autre lien conjugal pour la renvoyer à son premier mari), semble revenir sur cette pensée, en condamnant aux peines du divorce sans cause la femme qui refuse son consentement sans motif valable. On s'est demandé si, dans cette dernière partie de la loi 8, il fallait conserver le mot *voluerit*, et traduire ainsi : « Si la femme a voulu se remarier avant le temps fixé par la constitution; »

ou s'il était préférable d'écrire *noluerit*, et de traduire : « Si la femme refuse sans motif valable de retourner avec son mari. » Nous préférons faire cette légère correction, quoique le sens soit toujours à peu près le même, parce que cette traduction contrarie moins le texte. Mais là encore, du reste, nous retrouvons la main de Tribonien, d'abord dans les mots *post constitutum tempus,* « après le temps fixé par la constitution, » temps que nous ne trouvons fixé que dans la Novelle 22 de Justinien ; et ensuite dans la dernière proposition tout entière, où les expressions *causa probabilis* et *pœnis dissidii teneri* nous révèlent une langue latine plus dégénérée, et dont la solution appartient à la législation d'une époque postérieure. Le même Paul nous donne, d'ailleurs, la décision que nous soutenons avoir été celle de son temps, lorsqu'à la loi 56, « Soluto matrimonio, » il déclare que, par l'effet de la captivité de la femme comme par l'effet de sa déportation ou de son esclavage, le mari sera tenu d'exécuter la promesse qu'il a faite de restituer la dot à la cessation du mariage, de quelque manière que le mariage prenne fin. Car, dit-il, la captivité est comprise dans les cas de dissolution du mariage. Une interpolation de Tribonien est donc encore évidente dans notre loi 8, « De captivis, » comme dans la loi 6 de Julien, « De divortiis, » que nous avons déjà expliquée ; mais sans indiquer dans quelle mesure elle devait être mise en doute. Toute la dernière phrase de cette loi 6 appartient à Tribonien ; son style et son esprit s'y reconnaissent. Dans la première phrase, le mot *temerè* a encore été introduit par lui ; mais il reste encore un texte qui nous embarrasserait fort, si Ulpien ne s'était chargé de nous l'expliquer, en nous en indiquant la véritable portée. Ce jurisconsulte nous rapporte, en effet, à la loi 45, § 6, « De ritu nuptiarum, » L. xxiii, t. 2, la décision de Julien en ce qui concerne l'affranchie, femme de son patron captif. Selon Julien, le mariage de cette affranchie n'était pas dissout par la captivité du patron, *propter patroni reverentiam,* à cause de la vénération qu'elle doit à son patron. Ce texte nous autorise à raisonner « à contrario, » et à invoquer l'opinion de Julien pour dire que le mariage, dans lequel les conjoints n'étaient pas liés par cette *patroni reverentia,* était dissout par la captivité de l'un d'eux.

Qu'a donc fait Tribonien? Il a pris un texte que Julien appliquait à l'affranchie, épouse de son patron captif, et l'a modifié pour en faire un texte général.

Mais un texte reste encore, dont on va essayer d'argumenter pour prouver que la captivité ne dissout pas le mariage, que le mariage n'est pas un état de fait, et que la fiction du *postliminium* s'y applique. Une constitution des empereurs Sévère et Antonin, la loi 1re au Code, « De postliminio, » rapportée par Marcien dans la loi 25, au Digeste, « De captivis, » fournit un argument puissant contre nous. Or, Paul, Pomponius, Tryphoninus étaient contemporains de Marcien ou postérieurs à lui; et Ulpien, à la loi 9, au même titre, prévoit la même espèce que Marcien et se réfère à la même constitution : Si une femme, disent les deux empereurs, est captive avec son mari, conçoit de ses œuvres et met au monde chez l'ennemi, et si ensuite elle revient avec lui et avec l'enfant, cet enfant sera légitime; mais si l'enfant ne revient qu'avec sa mère, il sera *spurius,* né de père inconnu. Donc, va-t-on dire, le mariage n'était pas dissout par la captivité; ce n'était pas un état de fait, puisque le *postliminium* des parents et de l'enfant va le faire revivre. Comment combiner cette décision avec les solutions que nous avons citées?

Pour nous, nous voyons dans cette décision un motif de plus pour décider que le mariage est essentiellement un état de fait à cette époque du droit romain. Le *postliminium* s'applique ici, non pas au mariage, mais aux personnes; grâce à sa fiction, les conjoints recouvrent leur qualité de citoyen et sont déclarés ne l'avoir jamais perdue; donc, en droit, les cérémonies usitées pour le *matrimonium* ont été maintenues; leur effet eût été détruit si l'état de fait n'y eût été conforme; mais, dans l'espèce, l'état de fait a-t-il donc été contraire à la conservation de leur effet? les époux ne sont-ils pas de fait restés ensemble?

Nous justifions donc la solution des empereurs Sévère et Antonin, sans y chercher une exception à notre règle. Nous ajouterons seulement que, si elle a été introduite, ç'a été pour déclarer que l'enfant conçu et né chez l'ennemi de citoyens romains captifs, pouvait invoquer le bénéfice du *postliminium*, quoiqu'il n'eût jamais été personnellement fait prisonnier.

Il est donc bien établi maintenant que, sous l'empire du droit classique, et jusqu'à l'avénement des empereurs Chrétiens, le mariage fut dissout par la captivité à une exception près faite en faveur du patron, et que le conjoint présent put se remarier immédiatement après la captivité de son conjoint.

Mais dès que la civilisation Chrétienne triompha, elle fit modifier cette législation. Nous savons quelles précautions Justinien exigeait de l'époux présent avant de lui permettre un nouveau mariage, et comment il en sanctionnait l'observation; nous avons vu aussi comment, par interpolation, Tribonien avait inséré dans une loi du Digeste ce principe de la Novelle 22, que le mariage du captif subsistait tant que son existence chez l'ennemi était certaine. Justinien avait été précédé dans cette voie. Une constitution de Constantin, la loi 7, au Code, « De repudiis, » infligeait déjà la perte de la dot et la peine capitale contre la femme qui se serait remariée furtivement, clandestinement, et indiquait les précautions à prendre par la femme pour n'être pas soupçonnée de cette clandestinité. Quand la femme était restée quatre ans sans nouvelles de son mari parti pour la guerre, et songeait à se remarier, elle devait signifier acte de son intention au chef de corps de son mari. Le principe indiqué par Justinien avait donc été posé implicitement par Constantin. Cette forme d'un libelle de signification adressé à l'officier du mari, était un moyen plus sûr d'arriver à la connaissance des faits et à la certitude de la vie ou de la mort du mari.

Aussi Justinien, après l'avoir abandonné dans la Novelle 22 et l'avoir remplacé par un simple délai de cinq ans, fut obligé d'y revenir. La Novelle 117, au ch. 11, décide, en effet, que la femme du soldat devra demeurer telle pendant toute la durée de l'expédition, alors même qu'elle n'en aurait reçu ni lettres, ni réponses; mais que, le jour où, ayant appris la mort de son mari, elle voudra se remarier, elle devra interroger ou faire interroger sur ce décès les premiers archivistes (sorte de secrétaires ou d'adjudants) du corps où servait son mari, ou le tribun lui-même, s'il est présent, et leur faire jurer solennellement sur les Évangiles que son mari est mort. Après cette formalité, elle devra encore rester une année avant de contracter un nouveau mariage. Si la femme a violé ces dispositions, elle sera punie, ainsi que son complice, des peines de l'adultère. Des peines sont aussi édictées contre les officiers qui auraient fait un faux serment, et le mari pourrait reprendre sa femme s'il le voulait.

Telle était la législation romaine à la fin du règne de Justinien. On était loin de ce droit qui déclarait le mariage rompu par le seul effet de la captivité, qui permettait le divorce par consentement mutuel pour cause de vieillesse, de maladie ou de service militaire (Gaius, loi 61, Dig., « De donationibus int. vir. et uxor., » L. xxiv, t. 1).

Il restait un pas à faire pour proclamer l'indissolubilité du mariage, c'était de contraindre la femme à fournir la preuve du décès de son mari avant de se remarier. L'empereur Léon le Philosophe eut l'honneur de le faire. Dans sa Novelle 33, après avoir longuement exposé le droit de Justinien, comparant les époux aux membres inséparables d'un même corps, il proclame son innovation et prononce contre la femme qui enfreindra ses règles les peines édictées par Justinien dans la Novelle 117.

Telle fut la législation romaine sur le mariage du captif. Nous terminons ainsi ce qui regarde les effets de la captivité sur les personnes.

SECTION II

Effets de la captivité sur les biens du captif.

Nous allons rechercher maintenant ce que devenaient les biens du captif par le fait de la captivité et pendant sa durée.

Nous avons dit que, pendant la captivité du père, l'état et les droits du fils étaient en suspens, et que les droits du père existaient sous condition résolutoire. Ce père conserve tous ses droits, même celui de recueillir une hérédité par lui-même ou par son esclave (loi 32, § 1er, D., « De hered. instit. »); de même du droit de propriété. S'il ne revient pas, sa succession ne sera dévolue à ses héritiers qu'au jour où son décès sera certain, et, jusque-là, aucune transaction, aucun jugement n'aura pu intervenir valablement sur les biens de son patrimoine (loi 4, C., « De postl. »).

Mais nous ne pouvons ainsi parler que des droits et non des faits. Si les droits de propriété du captif sont en suspens, il en est autrement de la possession qu'il avait au jour de sa captivité. Par le fait de la captivité, la possession est interrompue, parce que celui qui est l'objet d'une possession ne peut être en même temps possesseur en son propre nom (loi 54, § 4, « De adquir. rer. dominio, » L. XLI, t. 1; — loi 118, « De reg. jur., » L. L, t. 17). Le *postliminium* lui-même ne pourra rien, si le captif revient ensuite, pour lui restituer l'effet de la possession pendant la durée de la captivité, parce que la cessation, l'abstention de la possession est un fait comme la possession même, et qu'aucun droit, aucune fiction ne peut faire considérer comme non fait ce qui l'est, et comme fait ce qui ne l'est pas (loi 19, « Ex quib. caus. maj., » L. IV, t. 6). En conséquence, l'usucapion est interrompue par la captivité sur les choses que le captif possédait par lui-même (loi 12, § 2, « De captivis; » — loi 23, § 1, « Ex quib. caus. maj., » L. IV, t. 6). Toutefois, si le captif meurt chez l'ennemi, la fiction de la loi *Cornelia* fera considérer les objets qu'il a possédés et laissés, comme possédés par son hérédité, personne morale capable d'usucaper et de transmettre l'usucapion à l'héritier au jour de son adition. C'est en ce sens que la fiction de la loi *Cornelia* est considérée comme plus complète que celle du *postliminium;* grâce à elle, en effet, une usucapion sera accomplie au profit d'un héritier, tandis que son auteur ne pourra prétendre au même avantage en invoquant la fiction du *postliminium.* Paul, qui semble décider à la loi 15, pr., « De usurp. et usucap., » que l'usucapion commencée par le captif mort chez l'ennemi ne peut servir à son héritier, n'a fait, selon Cujas, après avoir posé la question, qu'essayer une opinion qu'il ne défendait pas, et a omis ensuite et la conclusion de son raisonnement et la solution vraie de la question. Le texte même, qui semble vouloir justifier avant tout le doute émis, est d'accord avec cette interprétation.

Mais pour les choses que possédaient à titre de pécule les fils et les esclaves du captif, ou pour celles dont ces mêmes personnes ont acquis la possession depuis la captivité au même titre de pécule, la possession continue sur la tête du captif, tant que ces objets ne changent pas de mains; et, par conséquent, l'usucapion pourra s'accomplir ainsi à l'insu du captif (loi 29, de Labéon, « De captivis »). Tel était du moins l'avis de Julien; et cet avis prévalut contre celui de Marcellus qui ne voulait pas favoriser le captif dans un cas plus que dans l'autre. Il semble bien cependant au premier aperçu que Julien ait tourné dans un cercle vicieux; car si l'on possède par son esclave, ce n'est qu'à la condition de posséder cet esclave; on ne peut usucaper par l'esclave fugitif, ni par l'esclave qui se prétend affranchi (loi 54, § 4, « De adquir. rer. dominio »). Or, le captif possède-t-il son esclave? Il faut répondre affirmativement avec Julien, parce que, par sa volonté, l'esclave conserve à son maître la possession de sa propre personne, comme le maître conserve la possession de son esclave pris par l'ennemi, par l'espoir de le voir revenir et de le recouvrer par *postliminium* (loi 44, § 2, « De usurp. et usucap. »). En vertu de ce texte, pour l'usucapion de l'esclave pris par l'ennemi et de retour, on examinera la bonne foi du maître, non pas au moment de ce retour, mais au commencement de la première période de possession.

Il avait été admis par un motif d'utilité et comme *jus singulare,* c'est-à-dire contrairement aux règles du droit civil, que le maître pouvait *à son insu* usucaper son esclave possédant à titre de pécule; on voulait ainsi éviter au maître l'obligation de s'enquérir continuellement de l'origine et de la composition du pécule; c'est, du moins, ce que nous dit Papinien dans la loi 44, § 1, D., L. XLI, t. 2, « De adquir. vel omitt. poss.; » — loi 8, pr., loi 44, § 7, « De usurp. et usucap., » L. XLI, t. 3; — loi 23, § 3, « Ex quib. caus. maj., » L. IV, t. 6). L'une des conséquences de cette idée était d'admettre le captif à usucaper de même à son insu, s'il revenait ensuite avec le *postliminium,* parce qu'alors il était supposé n'avoir jamais perdu sa liberté (loi 16, d'Ulpien, « De captivis »). Mais alors l'usucapion rentrant dans le domaine des droits est tenue en suspens par la captivité; elle se sera accomplie pour le captif s'il revient, et pour ses héritiers en vertu de la loi *Cornelia* s'il meurt chez l'ennemi (loi 22, § 3, au même titre). Si Marcellus contestait, comme nous l'avons dit ci-dessus, l'opinion de Julien déclarant valable l'usucapion accomplie par l'esclave au profit de son maître de retour, il n'exprimait aucun doute sur l'accomplissement de cette usucapion au profit des héritiers, à raison même de la supériorité de la fiction de la loi *Cornelia* sur celle du *postliminium.* Paul semble partager son opinion sur ce point dans la loi 15, pr., *in fine*, « De usurp. et usucap., » L. XLI, t. 3. Mais il impute à Julien des doutes qui n'avaient jamais été émis par ce jurisconsulte sur notre solution, comme nous pouvons le voir dans la loi 22, § 3, « De captivis. » Il n'y avait pas du reste de motif à ces doutes, l'hérédité pouvant toujours usucaper, en sa qualité de personne morale (loi 44, § 3, « De usurp. et usucap., » Papinien).

Quant aux choses possédées par les fils ou esclaves à tout autre titre qu'à titre de pécule, l'uscapion ne pourra s'en accomplir entre leurs mains à l'insu du père ou du maître qui revient ensuite. Si le captif ne revient pas, le fils aura possédé et usucapé pour lui-même (loi 44, § 7, L. XLI, L. 3, « De usurpationibus »); quant à la possession par l'esclave, elle servira à l'héritier, en ce sens que, grâce à la fiction de la loi *Cornelia*, l'esclave aura eu pour maître, depuis la captivité du défunt, son hérédité même, et aura pu, du chef de ce maître, posséder et usucaper. L'hérédité continuant, d'ailleurs, la personne du défunt, la possession par l'esclave, antérieure à la captivité, servira pour cette usucapion.

En nous résumant sur ces questions de possession et d'usucapion pendant la captivité, nous pouvons poser les règles suivantes : 1° la possession par le captif, ou pour laquelle le captif aurait dû faire acte continuel de volonté, est interrompue en sa personne ; 2° la possession que le captif pouvait conserver sans même en avoir connaissance, c'est-à-dire la possession par l'esclave à titre de pécule, est maintenue ; 3° l'usucapion, rentrant dans le domaine des droits, est en suspens : si le captif meurt chez l'ennemi, elle se sera toujours accomplie pour son héritier, parce que la possession se sera continuée en la personne de son hérédité (en cela, la fiction de la loi *Cornelia* est plus complète que celle du *postliminium*) ; s'il revient, il faut distinguer selon la nature de la possession : si cette possession était de la nature indiquée à notre première règle, comme elle a été interrompue, l'usucapion n'a pu s'accomplir pendant la durée de la captivité ; si c'était celle de notre deuxième règle, comme elle a continué, l'usucapion se sera accomplie au profit du captif pendant la durée de la captivité, sauf la controverse soulevée par Marcellus contre l'avis de Julien qui avait prévalu.

Tel était l'effet de la captivité sur les droits du captif et sur la possession qui existait à son profit au moment où il était fait prisonnier. Mais que devenaient les biens qu'il laissait au jour de sa captivité? La propriété de ces biens, comme tous les droits du prisonnier, était en suspens, ou plutôt, grâce à la faveur du *postliminium*, était présumée durer encore. Mais, pour les biens eux-mêmes, comment étaient-ils administrés, à quelles mains étaient-ils remis?

D'ordinaire, nous dit Cujas, on nommait un curateur au captif ou à ses biens. Plusieurs textes concourent à établir la vérité de cette assertion et nous donnent à ce sujet des solutions qui prouvent les précautions prises par le législateur romain pour sauvegarder contre certaines personnes les intérêts du prisonnier de guerre. La loi 7, § 1, « De tutelæ et rationibus, » L. XXVII, t. 3, nous parle d'un curateur donné aux biens du captif, et ayant pouvoir de défendre pour lui à une action.

Ulpien, à la loi 15, pr. et § 1 « Ex quib. caus. maj., » promet au captif le secours de la *restitutio in integrum*, alors même qu'un curateur lui aurait été nommé, *ut plerumque*, comme cela arrive ordinairement. Voici bien la constatation de ce fait qu'il était d'usage à Rome de nommer un curateur au captif. Mais encore fallait-il, pour que ce curateur fût nommé, que la captivité fût révélée au magistrat. Aussi, pour le cas où il n'y en aurait pas déjà, ou si jusque-là l'utilité de cette mesure ne s'était pas manifestée, Paul décide qu'il y aura lieu de nommer un curateur dans l'espèce particulière qu'il rapporte à la loi 6, §2. « Quib. ex caus. in poss., » L. XLII, t. 4. Il s'agit d'administrer les biens du captif, quand ses créanciers se sont fait envoyer en possession de ces biens. Paul reconnaît bien qu'ils ont droit à cet envoi en possession; mais il leur interdit de faire vendre les biens du captif avant son retour (même texte, et loi 39, § 1, « De reb. auctor. judicis, L. XLII, t. 5); et jusqu'à ce retour, ces biens seront gérés par un curateur. Enfin, une constitution des empereurs Dioclétien et Maximien, prévoyant la dilapidation frauduleuse d'un patrimoine, décide que le préteur, sur la demande des héritiers présomptifs, devra nommer un curateur qui donnera des fidéjusseurs, et qui, sur la stipulation de l'esclave public (loi 3, C., « De postl. »), à défaut d'esclave personnel du captif, promettra *rem captivi salvam fore*. Ce curateur des biens du captif ne sera pas, du reste, tenu de donner de *privilegium*. C'est ce qui est décidé par Ulpien, dans la loi 22, § 1, au même titre.

Ce curateur devra gérer, au nom du captif, les biens laissés par ce dernier à son départ. Il rentrera aussi dans ses attributions de demander, du chef du captif, la *bonorum possessio*. Il n'en est pas de même pour l'adition d'hérédité; une hérédité ne peut être acquise par curateur (loi 90, pr., « De adquir. vel omitt. hered., » L. XXIX, t. 2). Mais pour la *bonorum possessio*, on peut l'acquérir, même par mandataire, sauf nécessité de ratification, si la volonté du mandant devient douteuse avant l'exécution du mandat (loi 48, au même titre). Elle peut même être octroyée par le préteur sans qu'aucune demande soit formée, soit à un absent, soit à une personne quelconque qui ne la demande pas ; une femme même pourra la demander pour autrui (Ulpien, loi 7, pr., « De bon. poss., » L. XXXVII, t. 1). Mais, comme la *bonorum possessio* sera, dans ces différents cas, *decretalis,* c'est-à-dire déférée par un décret du préteur, le prisonnier pourra encore la demander à son retour; et cette fois, elle sera *edictalis,* c'est-à-dire déférée en vertu d'une disposition générale de l'édit (loi 1, § 11, « Unde cognati, » L. XXXVIII, t. 8). Le curateur du captif aura donc le même devoir que le curateur du *furiosus,* au point de vue des successions qui pourraient échoir au captif pendant la captivité, celui de provoquer un décret conférant à ce captif la *bonorum possessio* (loi 2, § 11, *in fine,* « Ad sen. cons. Tertullianum, » L. XXXVIII, t. 17).

Ainsi donc, un curateur qu'il était d'usage de nommer à la personne, ou qu'à défaut de désignation antérieure, on nommait aux biens dans une espèce déterminée, et la conservation des droits successoraux qui pouvaient s'ouvrir pendant la captivité; telles étaient les sauvegardes données aux intérêts du citoyen romain captif.

Nous savons maintenant quelles étaient les situations respectives du captif, d'une part, et, d'autre part, de son conjoint et de ses fils de famille ou de son père de famille, selon son état antérieur à la captivité ; nous avons vu également ce que devenaient ses droits, sa possession, ses biens pendant sa captivité. Il faut maintenant étudier les effets de son retour ou de son décès chez l'ennemi.

CHAPITRE II

Du retour du captif ou de son décès chez l'ennemi.

Lorsque nous avons recherché qui peut être qualifié captif, nous avons dit que l'intérêt de la question consistait dans l'application du *postliminium* aux citoyens faits captifs par les ennemis. Ajoutons que la même question se soulève avec un intérêt identique, quand le captif meurt chez l'ennemi et qu'il s'agit de lui appliquer la fiction de la loi *Cornelia*.

Il y a trois sortes de captifs au point de vue de l'événement qui met fin à la captivité : 1° ceux qui reviennent dans leur pays, soit en s'échappant du territoire ennemi, soit renvoyés par les ennemis, soit libérés par les armes de leurs concitoyens, soit enfin rachetés de leur propre argent ; 2° ceux qui sont rachetés à l'ennemi par l'un de leurs concitoyens ; 3° ceux qui meurent chez l'ennemi. Le *postliminium* s'applique aux deux premières classes, et la loi *Cornelia* à la troisième. Mais, comme en réalité la deuxième classe profite du même droit que la première, nous traiterons dans une section 1re de la première classe de captifs, et de la seconde dans un appendice à cette même section, réservant ainsi une section 2e aux captifs morts chez l'ennemi.

Nous croyons urgent de donner immédiatement la définition de ce *postliminium* dont nous avons tant parlé en renvoyant toujours à ce que nous allons en dire, et aussi de déterminer exactement la fiction de la loi *Cornelia*.

Le postliminium *est une fiction de droit en vertu de laquelle est considéré comme n'ayant jamais été captif, le citoyen romain qui, après avoir été en réalité fait prisonnier par les ennemis, cesse d'être en leur pouvoir.*

Le *jus postliminii* sera donc le droit qu'aura un captif d'invoquer cette fiction.

Cujas définit le *postliminium*, « une institution de droit des gens, qui suspend, sans les détruire, tous les droits du captif, » et appuie cette définition sur la loi 32, § 1er, « De hered. instituendis, » L. XXVIII, t. 5.

Quant à la fiction de la loi *Cornelia*, elle fait considérer le captif qui meurt chez l'ennemi comme mort au moment même où il a été fait prisonnier.

Nous avons vu que ces deux fictions, comme toute fiction de droit, ne peuvent s'étendre aux faits, et doivent rester dans le domaine du droit; c'est ce que nous dit Tryphoninus, pour le *postliminium*, à la loi 12, § 6, « De captiv. » Nous avons vu aussi dans quel sens il fallait entendre la proposition où Cujas déclare la fiction de la loi *Cornelia* plus puissante que le *postliminium;* c'est en ce sens seulement que, grâce à la nature même de cette fiction, une usucapion pourra se trouver accomplie pendant la captivité au profit de l'hérédité du captif, tandis que le *postliminium* ne pourra jamais produire cet effet au profit du captif dans la même hypothèse.

SECTION PREMIÈRE

Du captif de retour et du postliminium.

Nous savons maintenant ce qu'est ce *postliminium*, et nous comprenons mieux que jamais la portée de cette question que nous agitions à la fin du chap. Ier. Les textes que nous citions ne s'occupaient que du *postliminium* pour rechercher à quels peuples il était applicable ; mais nous étions bien fondés à nous en servir, ayant commencé par nommer *ennemis* les peuples en guerre avec Rome et avec lesquels il y avait *postliminium*, et recherchant alors quels peuples nous devions faire rentrer dans cette dénomination. On comprendra mieux aussi cette traduction que nous avons donnée des mots *fœderati et liberi,* compris dans la loi 7, pr., « De captiv., » « les peuples qui n'ont, par le traité, conservé que leur liberté, » mais non pas leur dignité, leur individualité ; nous avions remarqué les lignes qui suivent et où Proculus se demande quelle pourrait être l'utilité du *postliminium* à l'égard de ces peuples, puisqu'ils conservent à Rome leur liberté et la propriété de leurs biens, et que les Romains ont chez eux les mêmes avantages. C'est qu'en effet ils ne peuvent plus désormais être captifs ; la guerre qu'ils feraient aux Romains ne serait pas une guerre véritable, mais une rébellion contre l'autorité romaine ; et leur peine serait établie, non par le droit de la guerre, mais par le droit pénal, aux termes du § 2 de la même loi. Or, telle est la position de tous les peuples avec lesquels il n'y a pas de *postliminium*. Dans les luttes à soutenir contre eux, le citoyen romain pris par eux ne perd jamais sa qualité de citoyen et la conserve jusqu'à sa mort même survenant chez eux.

Mais il nous faut faire dès à présent une distinction importante. Dans la définition que nous avons donnée du *postliminium,* nous ne l'avons envisagé que dans son application aux personnes ; c'est celui qu'on appelle *postliminium* actif. Mais le *postliminium* s'applique aussi aux choses captives qui sortent du pouvoir de l'ennemi ; il les fait rentrer alors aux mains de leur ancien propriétaire ; en ce cas, on le qualifie de *passif* (loi 14, pr., « De captiv. ») ; c'est celui qui est mentionné et défini par Paul dans la loi 19, pr., à notre titre. Il existe, du reste, en ce cas, entre les mêmes peuples et aux mêmes conditions que lorsqu'il s'applique aux personnes. Nous en parlerons au chapitre suivant.

Le mot *postliminium* venait de la réunion des deux mots *post* et *limen;* mais cette étymologie est expliquée différemment par Justinien (Inst. L. I, t. 12, § 5) et par Heineccius. *Limen,* selon Justinien, c'est le *seuil,* la *frontière* de l'empire ; le captif a *repassé* la frontière. Selon Heineccius, *limen* conserve son sens naturel. Cette expression se réfère à une coutume bizarre rapportée par Plutarque. Les captifs qui revenaient dans leurs foyers considéraient comme de mauvais augure de rentrer par la porte, et ils pénétraient dans leur maison par le toit et la cour située *derrière* la maison. Cette question n'a, du reste, aucun intérêt pratique.

Nous devons étudier maintenant, d'abord les conditions auxquelles est subordonnée l'existence du *postliminium,* et ensuite ses effets à l'égard des droits du captif.

§ 1er. — Des conditions d'existence du *postliminium*.

Ces conditions doivent se rencontrer dans la personne du captif, ou dans son retour au point de vue du temps où il s'effectue.

I. Dans la première de ces deux espèces de conditions, nous ne trouvons guères que des conditions négatives. Il ne s'agit pas, en effet, de savoir si le captif était, à son départ, père de famille ou fils de famille. Le *postliminium* existe pour ce dernier comme pour le premier, et même avec cette circonstance qui nous est révélée par

Pomponius dans la loi 14, pr., précitée, que, dans la personne du fils, il est à la fois *actif* et *passif; actif,* en ce qu'il lui rend tous ses droits de liberté, de cité et de famille ; *passif*, en ce qu'il restitue à son père sur lui les droits de puissance paternelle, comme nous le verrons ci-après au § 2. Il n'y a pas non plus à rechercher le sexe ou la condition du captif; homme ou femme, ingénu ou affranchi, il aura droit au *postliminium,* parce que cette fiction n'est pas établie seulement pour celui qui peut combattre, mais pour tout homme ; il est dans la nature de l'homme qu'il puisse être libre (loi 19, § 10, « De captiv. »). Il s'agit, pour le captif, de ne pas s'être trouvé dans des situations exceptionnelles et spéciales à notre matière.

1° Modestin, à la loi 4 « De captiv.,» après nous avoir parlé du *postliminium* comme ayant été créé fort anciennement au profit des citoyens faits prisonniers par l'ennemi, ou livrés entre ses mains, rapporte une controverse qui s'était élevée entre Brutus et Scévola sur la qualité de citoyen de celui qui, livré à l'ennemi et étant de retour, n'avait pas été reçu, *receptus,* par les Romains. On livrait ainsi à une nation celui qui avait frappé ses ambassadeurs; et l'on avait reconnu, après controverse, que celui qui était condamné à être livré, était chassé de la cité, comme si on lui avait interdit le feu et l'eau. La question s'était soulevée pour un citoyen nommé Hostilius Mancinus, et une loi avait dû intervenir pour le réintégrer dans ses droits de citoyen romain; ces faits nous sont rapportés par Pomponius dans la loi 17 « De legationibus,» L. I, t. 7. Il fallait donc, pour qu'il eût le *jus postlimini*, que le captif ne le fût pas, par suite d'une condamnation le livrant à l'ennemi, ou que, si cette condamnation était intervenue, il eût été réhabilité par une loi. Modestin partage, du reste, cette opinion.

2° Il faut encore que le captif ne se soit pas rendu volontairement, même en cédant à la force des armes (loi 17, de Paul, « De captiv. »). S'il n'était pas permis au Romain de fuir sans se déshonorer, il encourait, quand il cédait au nombre et se rendait, la perte absolue et irrévocable de ses droits de citoyen ;

« Que vouliez-vous qu'il fît contre trois? — Qu'il mourût!

Cette règle est reproduite par les empereurs Gratien, Valentinien et Théodose à la loi 19, C., « De postl.; » on recherche, pour accorder le *postliminium*, et avant de restituer au captif de retour ses terres, ses esclaves et ses autres biens, si c'est volontairement qu'il s'est rendu aux barbares.

3° Il n'aura pas davantage le *jus postliminii* et *à fortiori*, s'il est transfuge (loi 19, § 4, « De captiv. »). Paul nous en donne pour motif qu'on doit mettre au nombre des ennemis celui qui, dans une intention coupable et par trahison, abandonne sa patrie. Pour le transfuge, il n'y a plus de *postliminium*, plus de *restitutio in integrum* (loi 14, « Ex quib. caus. maj. »). Quoique considéré comme ennemi et repris par le droit de la guerre (Celse, loi 51, pr., D., « De adquir. rer. dom., L. XLI, t. 1er), le transfuge qui revient à Rome n'est pas esclave, mais il est saisi et brûlé vif (Ulpien, loi 8, § 2; — Paul, loi 38, § 1er, « De pœnis, » L. XLVIII, t. 19). Ulpien, d'après le texte, assimilerait l'ennemi au transfuge ; c'est, selon Cujas, une erreur typographique ; il faut lire *ad hostes autem transfugæ* et s'en rapporter au sens de la loi de Paul à cet égard. Tel est le sort du transfuge, homme ou femme, père de famille ou fils de famille; car le droit du père de famille sur son fils transfuge n'est pas même respecté ; « l'intérêt de la discipline des camps l'a toujours emporté, auprès des pères de famille romains, sur leur affection pour leurs enfants, » nous dit Paul (loi 19, § 7, « De captiv. »). Et il faut déclarer transfuge, non-seulement celui qui passe à l'ennemi ou qui déserte pendant la guerre, mais même celui qui déserte pendant les trêves, ou qui joint une nation n'ayant aucun traité d'alliance avec Rome et prend des engagements envers elle (même loi, § 8).

Celui même qui refuse de retourner dans son pays, lorsqu'un traité le lui permet, est privé à l'avenir du *postliminium* (loi 20, au même titre).

Peu importe, d'ailleurs, que le captif soit né à Rome ou chez l'ennemi de citoyens romains, bien qu'en ce cas il n'ait pas été personnellement fait prisonnier. Ulpien est d'accord sur ce point avec Marcien, et se fonde, comme lui, sur le rescrit des empereurs Sévère et Antonin, rescrit dont nous avons déjà parlé antérieurement et qui forme la loi 1re, C., « De postl. »

4° Enfin, pour avoir droit au *postliminium*, le captif doit avoir l'intention de rester à Rome, de ne pas retourner chez les ennemis. C'est ce que nous dit Pomponius, dans la loi 5, § 3, « De captiv., » en nous citant deux exemples conformes à cette solution. Le premier de ces exemples est celui d'Attilius Regulus, fait prisonnier dans la première guerre punique, et qui, envoyé à Rome par les Carthaginois pour traiter du rachat des prisonniers, sous promesse de retour au cas de refus des Romains, retourna, en effet, à Carthage où une mort certaine l'attendait ; il fut déclaré n'avoir pas eu de *postliminium*, parce qu'il n'avait pas eu l'intention de rester à Rome; lui-même, en effet, engagea les Romains à refuser l'offre qui leur était faite. Le second exemple cité par Pomponius est celui d'un interprète nommé Ménandre; c'est, à l'inverse, un captif des Romains, affranchi et déclaré par eux citoyen romain; après l'avoir chargé d'une mission pour ses concitoyens, on proposa une loi pour déclarer qu'il resterait citoyen romain; mais on reconnut que cette loi était inutile, parce que, de deux choses l'une, ou il avait l'intention de rester chez les siens, et alors il cessait d'être citoyen, ou il avait l'intention de revenir, et il restait citoyen; de toute manière, la loi était inutile. Et peu importe que le captif soit renvoyé par les ennemis, ou qu'il leur échappe par force ou par ruse; mais il faut que l'intention dont nous parlons existe. « Il ne suffit pas, dit Florentinus, à la loi 26, « De captiv., » que vous soyez corporellement chez vous, si votre cœur est ailleurs. » Puis, il ajoute que les citoyens qui sont délivrés à la suite d'une victoire remportée sur l'ennemi, sont considérés comme de retour et ont droit au *postliminium*.

II. Pour pouvoir invoquer le *postliminium*, le captif doit encore, dans son retour, remplir certaines conditions de temps.

Le principe général, posé dans la loi 5, pr., de Pomponius et dans la loi 12, pr., de Tryphoninus, « De captiv., » est d'admettre le *jus postliminii* et le *postliminium*, soit en guerre, soit en paix.

Il faut, à cet égard, faire une distinction : Si aucun traité n'a modifié le droit à cet égard, celui qui a été fait prisonnier durant la guerre doit revenir pendant la guerre pour pouvoir invoquer le *postliminium*, celui qui a été fait captif, *in pace*, pourra revenir même *in pace*. Pomponius lui-même fait cette distinction aux §§ 1 et 2 de la même loi 5. Mais le texte de Tryphonius paraît dire le contraire :

« Pendant la guerre, le *postliminium* est appliqué ; il en est de même *pendant la paix*, pour les prisonniers de guerre, sur le sort desquels *aucun* traité n'est intervenu. » Puis, il ajoute : « Le motif de cette solution, selon Servius, est la volonté qu'avaient les Romains de voir les citoyens fonder l'espoir du retour sur le courage guerrier plutôt que sur la paix. Mais ceux qui, *dans la paix*, sont allés chez un peuple étranger (*ad alteros; ad exteros*, selon d'autres) contre lequel la guerre s'enflamme tout à coup, deviennent esclaves de ce peuple déjà ennemi, chez lequel leur destin les rend prisonniers (*suo fato* et non *facto*, quoique Bynkershoëck veuille l'entendre du fait des ennemis); mais pour eux le *jus postliminii* existe tant en guerre qu'en paix, à moins qu'un traité n'ait dit le contraire. »

Ces dernières propositions sont incompréhensibles en face de la première, et en désaccord complet avec elle. Il faut donc que le texte ait subi quelque altération typographique. Bynkershoëck le maintient cependant tel qu'il est, en appliquant à la dernière proposition le second membre de la première; mais alors on ne comprend plus ni les spécifications de cette première proposition, ni la seconde ; et il faut bien en venir, pour saisir le texte dans son ensemble, à la rectification proposée par Pierre Faber, Cujas et Pothier. Cette rectification consiste à substituer dans la première proposition le mot *id* au mot *nihil*, ce qui permet de traduire : « Il en est de même pendant la paix pour les prisonniers auxquels un traité a accordé cet avantage. »

Ainsi donc, celui qui est fait captif dans le cours de la guerre, doit revenir pendant cette même guerre pour profiter des avantages du *postliminium*. Celui qui est surpris chez l'ennemi par la guerre, et celui qui est fait captif par un peuple n'ayant aucune relation d'amitié avec Rome, peuvent tous deux ne revenir que pendant la paix, sans encourir aucune déchéance.

Il faut d'autant plus admettre ce principe que, pendant la paix, le retour du citoyen fait captif pendant la guerre ne peut lui donner les avantages du *postliminium*, que la règle est la même pour le temps des trèves; c'est évidemment la même idée qui a inspiré ces deux dispositions. Paul, au § 1er de la loi 19, « De captiv., » définit la trève, une cessation réciproque des hostilités pour un temps court et actuel; et il ajoute que pendant sa durée, il n'y a pas de *postliminium*. Par la même analogie, nous devons faire une exception à la décision de Paul en faveur de ceux qui avaient été surpris chez l'ennemi par la déclar. tion de guerre.

Telles sont les conditions sous lesquelles le captif pourra invoquer le *postliminium*, pourvu que, d'ailleurs, il soit de retour de captivité. Or, il sera considéré comme de retour dès qu'il sera rentré au camp romain, ou dès qu'il se sera mis en sûreté sur le territoire d'une cité ou d'un roi allié. Du reste, le prisonnier reste citoyen jusqu'à ce qu'il ait été conduit au camp ennemi; et s'il revenait avant d'y avoir été emmené, il n'aurait jamais été captif, et n'aurait pas besoin du *jus postliminii* (loi 5, § 1er, loi 19, § 3, « De captiv. »).

§ 2. — Effets du *postliminium*.

Nous savons déjà que le captif qui revient dans les conditions nécessaires pour pouvoir invoquer le *postliminium*, est considéré comme n'ayant jamais été captif.

Telle est la règle générale. Nous savons encore que nous devons en restreindre l'application aux droits, parce que les fictions ne peuvent rien dans le domaine des faits.

Faisons l'application de cette règle.

I. Si le captif était fils de famille quand il a été pris par l'ennemi, et s'il retrouve son père de famille vivant encore à son retour, il retombe en sa puissance, et est présumé n'en être jamais sorti. Et si, après l'émancipation de son père adrogé, le fils captif est de retour, il conserve bien certainement la qualité de petit-fils de l'adrogeant qui sera son *paterfamilias* (Paul, loi 13, « De captiv. »). Le doute pouvait naître à cet égard de ce qu'avant sa captivité le fils de l'adrogé n'avait jamais été en la puissance de l'adrogeant; mais il suffit qu'il ait dû s'y trouver s'il n'avait pas été chez l'ennemi, pour que le captif puisse invoquer son *jus postliminii*, et qu'à un point de vue passif l'adrogeant puisse aussi invoquer le sien et exercer la puissance paternelle. Pour lui, du reste, il ne peut être question de patrimoine; son pécule *castrens* appartient de droit à son père de famille, s'il n'en a disposé par testament; et, quant à la validité de ce testament, il faut s'en référer à ce qui sera dit ci-après pour le testamment du père de famille.

Si ce fils captif ne retrouve plus à son retour son père de famille, par application de notre règle, il aura été *sui juris* depuis la mort de ce père de famille et recueillera sa succession comme héritier sien; car, la captivité ne fait perdre ni la qualité d'héritier sien, ni celle d'héritier légitime (Paul, sent., L. IV, t. 8, § 24; — loi 14, C. « De postl., » où les empereurs Dioclétien et Maximien donnent à la fille de retour, en vertu du *jus postliminii*, l'hérédité légitime de la mère morte pendant la captivité). Il n'en est pas de même de l'esclavage; celui qui devient esclave perd tous ses droits, et ne peut les recouvrer par l'affranchissement, parce que cet affranchissement ne lui rend pas l'ingénuité; Modestin le décide ainsi pour les droits de la cognation, à la loi 7, « Unde congnati, » L. xxxviii, t. 8. Toutefois, celui qui serait esclave de la peine, *mines* ou autres, ou serait déporté, et qui obtiendrait du prince une *restutitio in integrum per omnia*, recouvrirait ainsi son ingénuité et la cité, et avec elles tous ses droits comme par une sorte de *postliminium* (loi 1re, § 4, « Ad sen. cons. Tertull., » L. xxxviii, t. 17; — loi 1re, § 9, « De bon. poss. contra tab., » L. xxxvii, t. 4).

II. Si le captif était père de famille, il n'a pas cessé de l'être; il reprend, à son retour, la puissance paternelle comme s'il l'avait toujours exercée; et, de fait, elle est restée en suspens pendant la captivité, et ne s'est jamais éteinte complétement (lois 8 et 14, § 1, « De captiv. »). Et non-seulement il recouvre cette puissance sur son fils, même né chez l'ennemi et revenu avec lui (lois 9 et 25, « De captiv. »), mais encore sur le petit-fils, quand même le fils, père de cet enfant, serait né, se serait marié et l'aurait eu pendant la captivité (loi 23, au même titre). Il en serait de même encore à l'égard du petit-fils, quand même le fils serait mort pendant la durée de la captivité. Dans ce dernier cas, le père de famille reprendrait, en outre, tout ce qu'aurait acquis son fils jusqu'à sa mort (loi 15, *in fine*, « De suis et legit. hered., » L. xxxviii, t. 16). Pour les biens ainsi acquis par le fils, la propriété en reste incertaine jusqu'au retour du père ou jusqu'à sa mort chez l'ennemi. Jusque-là, la *bonorum possessio*, comme nous l'avons déjà vu, ne pourrait être déférée à l'héritier du fils. Du reste, dès que le père est de retour, le fils est présumé n'avoir jamais acquis que pour son père (loi 11, « De verb. oblig., » L. XLV, t. 1).

En un mot, dès que le père captif revient avec le *jus postliminii*, les fils de famille qu'il avait en sa puissance au jour de sa captivité, ou qui, étant nés depuis, s'y seraient trouvés effectivement s'il eût été présent, sont reconnus être et avoir toujours été en cette puissance.

De même, pour ses droits, ils ont toujours reposé sur sa tête, dès qu'il peut invoquer le *postliminium*.

Par conséquent : 1° Pour les successions qui se sont ouvertes à son profit, il pourra, comme nous l'avons dit précédemment, obtenir la *bonorum possessio*, sous toute réserve pour son curateur du droit de demander pendant la captivité la *bonorum possessio decretalis* (loi 1, § 11, « Unde cognat., » L. XXXVIII, t. 8). Spécialement, la *bonorum possessio* de l'affranchi décédé ne sera pas déférée aux fils du patron captif, mais à ce dernier, parce qu'à raison de l'espoir de son retour, il aura fait obstacle au droit de ses enfants; il n'en eût pas été de même, s'il eût été déporté et non captif (Paul, loi 4, § 2, « De bonis libert., » L. XXXVIII, t. 2). Si le déporté est ainsi frappé d'une sorte de mort civile, c'est que ses biens sont confisqués (loi 65, § 12, *in fine*, « Pro socio, » L. XVII, t. 2). Rien de semblable pour le captif.

2° Si le captif de retour prend pour lui, comme nous l'avons vu tout à l'heure, tout ce qui a été acquis par ses fils de famille pendant sa captivité et leur pécule s'ils meurent avant son retour, il fait de même pour les acquisitions de ses esclaves. Nous avons vu, au chap. Ier, comment ces esclaves pouvaient avoir usucapé pour lui. Il se peut que cette usucapion soit injuste; ce sera dans le cas où, le captif n'ayant pas de représentant, et ses esclaves ayant acquis *à non domino*, le propriétaire n'aura pu intenter sa revendication contre personne en temps utile. Il se peut aussi, à l'inverse, qu'un tiers ait usucapé contre le captif pendant qu'il était dans l'impossibilité de revendiquer; son absence était nécessaire (Paul, Sent., L. I, t. 7, § 2; — loi 1re, D., « De in integr. restitut., » L. IV, t. 1er). Dans ces deux cas, le préteur refusera de reconnaître comme valable l'usucapion accomplie, et accordera la *restitutio in integrum* contre elle. Cette *restitutio* ne pourra être valablement demandée que dans l'année du retour de l'absent (loi 1re, § 1er, « Ex quib. caus. maj. »). Le captif, comme tout citoyen absent pour service public, et le citoyen présent ont, contre l'usucapion accomplie à leur préjudice, et à la suite de la *restitutio in integrum*, soit la revendication, soit une action *in rem*, utile, rescisoire, pour reprendre le bien usucapé, et une action utile *ex testamento* pour recouvrer l'hérédité dont les objets auraient été usucapés; dans ce dernier cas, il aurait aussi une pétition d'hérédité utile (lois 17, 27 et 41, « Ex quib. caus. maj. »).

Mais ce n'est pas assez d'une action que le § 5, « De actionibus, » aux Institutes, L. IV, t. 6, accorde au citoyen dont la chose a été usucapée par le captif, et qu'il faut étendre au captif contre celui qui a usucapé à son préjudice aux termes des textes que nous avons cités; il faut encore que cette action ne puisse être repoussée. L'action *in rem* utile en revendication, dont nous venons de parler, n'est autre que la Publicienne, et non pas, comme on l'a prétendu, une *Publicienne rescisoire* spéciale; or, le possesseur qui a usucapé, a acquis par là même le *dominium ex jure Quiritium* et peut opposer l'exception *justi dominii*. Mais ici le magistrat, qui n'accorde cette exception que *cognitâ causâ*, refusera de l'insérer dans la formule, ou, s'il l'y admet, il la fera suivre d'une réplique ainsi conçue : *Si non me absente usucepisti*, ou *Si non, cum esses absens ne defendebaris, rem meam usucepisti*, selon l'espèce du litige. Telle serait aussi la teneur de l'exception qu'accorderait le préteur, s'il n'y avait pas lieu à action (Ulpien, loi 28, § 5, « Ex quib. caus. maj.; » — loi 9, § 4, « De jurejurando », L. XII, t. 2). Les empereurs Dioclétien et Maximien ont levé, à cet égard, toute difficulté, en décidant que le préteur repousserait de la formule toute question de *dominium* provenant de l'usucapion, et admettrait la revendication directe du captif de retour, indépendamment du bénéfice de l'action rescisoire (loi 24, C., « De rei vendicatione, » L. III, t. 32; — loi 18, C., « De postliminio »). Justinien a transformé l'année utile en quatre années consécutives, et a permis au propriétaire présent d'interrompre l'usucapion commencée par l'absent, par une simple protestation devant le magistrat (loi 7, C., « De temp. in integr. restit., » L. II, t. 53; — loi 2, C., « De annali except., » L. VII, t. 40). C'est le premier exemple d'une interruption civile.

Cette faculté qu'a le captif d'usucaper par ses esclaves est justement ce qui le distingue le plus complétement de celui qui est *in servitute*. Ce dernier, en effet, lorsqu'il revendiquera sa liberté, recouvrera avec elle son ingénuité et n'aura jamais été esclave ; mais il aura été l'objet d'une possession légale, et n'aura pu, pendant ce temps, ni posséder, ni par conséquent usucaper. Si c'est une action temporaire que la durée même de la captivité a éteinte entre les mains du captif ou contre lui, le préteur la restituera encore (Ulpien, loi 1, § 1, loi 23, § 3, « Ex quib. caus. maj. »). Sous Justinien, ces questions n'existent plus pour le citoyen présent contre l'absent.

3° Le captif, en revenant, retrouve valable le testament

qu'il avait fait avant sa captivité ; sa qualité et ses droits n'ont pas changé (Paul, loi 9, « De injusto, rupto, irrito facto testam., » L. xxviii, t. 3). Ce testament ne serait pas rompu davantage, si c'était le fils qui eût été captif et qui revînt ; comme dans l'autre espèce, la position n'aurait pas changé et le fils serait censé avoir toujours été là (loi 10, au même titre) ; aussi l'exhérédation prononcée contre lui par ce testament conserverait-elle tout son effet (Ulpien, loi 8, § 9, « De bon. poss. contrà tab., » L. xxxvii, t. 4). Et, si le fils de retour était omis dans le testament du père, ce testament serait *injustum*, mais non pas *ruptum*, bien que le fils eût été peut-être captif au moment même de la confection du testament, parce qu'il est rétroactivement considéré comme ne l'ayant pas été et qu'il y a lieu, dès lors, d'appliquer ici la nullité provenant de l'omission du fils (loi 6, § 1er, d'Ulpien, « De injusto testam. ; — Ulpien, Fragm., t. 22, § 16; — Gaius, comm. II, § 123). Il en serait encore de même si le fils mourait après son retour, parce que le testament n'aurait pas été valable « ab initio ; » tel était le motif invoqué par les Sabiniens contre les Proculiens pour soutenir cette doctrine rigoureuse, motif reproduit par Justinien (pr., « De exhered. liber. Inst., » L. ii, t. 13 ; — Ulpien, loi 1, § 3, « De bon. poss. contrà tab., » L. xxxvii, t. 4). Le § 4 de la même loi nous enseigne que, si, de trois fils, l'un seulement était prisonnier, les deux autres pourraient demander pour les deux tiers (huit onces), la *bon. poss.* contre le testament où leur frère serait omis. Mais si le fils mourait captif, la loi *Cornelia* le présumant mort au jour de sa captivité, c'est-à-dire avant sa captivité, le testament serait valable ; il le serait aussi, dans le cas où ce fils, au lieu d'être captif, serait déporté, sauf à être *ruptum* ensuite par la *restitutio integrum* du prince, c'est-à-dire par l'agnation nouvelle d'une personne qui avait cessé d'être agnate.

Mais revenons au testament du captif. Si ce testament a été fait pendant la captivité, il n'a aucune valeur. Le captif ne peut tester (Gaius, loi 8, pr., D., « Qui testam. fac. poss., » L. XXVIII, t. 1er). C'est ce qui résulte encore d'une Novelle 40 de Léon le Philosophe, qui permet au captif de tester et lui indique les formes à observer après avoir vivement reproché à l'ancien droit de ne lui avoir pas accordé cette permission; l'état de servitude conditionnelle où se trouvait le captif, exigeait la même solution. La loi romaine avait, d'ailleurs, reconnu l'impossibilité matérielle pour le captif chez l'ennemi de faire un testament auquel devaient toujours assister plusieurs témoins citoyens romains. Mais, s'il en est ainsi du testament fait chez l'ennemi, que dire des codicilles qui y sont faits? En principe, il faut la même capacité pour ces derniers que pour l'autre, la *testamenti factio* (Marcien, loi 6, § 3, D., « De jure codicill., » L. XXIX, t. 7; — loi 12, § 5, « De captiv. »). Cependant, dans ce dernier texte, Tryphoninus fait exception dans un intérêt d'humanité au profit du captif de retour, dont les codicilles avaient été confirmés par avance dans un testament antérieur à la captivité. Cette exception n'est même pas admise par Marcien qui, dans la loi 7, pr., D., « De jure codicill., » s'attache à la règle générale. Tryphoninus et Marcien étaient contemporains; c'est donc là une dissidence entre eux; l'avis du premier a dû être suivi de préférence comme plus doux et plus équitable.

Comme les droits du captif renaissent ou plutôt se confirment par son retour, ses obligations renaissent aussi. S'il était voleur et qu'il n'eût pas encore été poursuivi au jour de sa captivité, l'action *furti* se sera éteinte momentanément pour revivre à son retour.

Et il en est ainsi, non-seulement pour les obligations purement personnelles, mais même pour les charges civiles de la patrie, et avant même que le captif soit de retour dans cette patrie. A Rome, comme si un lien plus fort attachait l'homme au pays de sa famille, le citoyen avait pour patrie, non pas, comme chez nous, le lieu de sa naissance, mais le lieu de naissance de son père ; c'est ce que Cicéron appelait la patrie *germaine* (loi 3, C., « De municipibus, » L. x, t. 38) ; sauf au fils à avoir un domicile différent (loi 6, § 1, loi 17, § 11, « Ad municipalem, » L. L, t. 1er).

Si le captif exerçait une tutelle au jour de sa captivité, il la reprendra à son retour ; dans l'intervalle, il y aura été pourvu par un tuteur provisoire nommé en vertu des lois Atilia, ou Julia et Titia (Inst., § 2, « De Atiliano tutore, » L. I, t. 20 ; — Ulpien, loi 1re, § 2, « De legit. tutor., » D., L. XXVI, t. 4).

En résumé, le captif, par sa seule qualité, a droit, selon qu'il revient libre ou meurt chez l'ennemi, à l'application du *postliminium* ou de la fiction de la loi *Cornelia* à sa personne, à ses charges civiles, à son état, à l'état des personnes qui sont en sa puissance, à ses droits sur les biens qu'il avait déjà au jour de sa captivité et sur ceux qu'il a acquis depuis par ses fils de famille ou par ses esclaves.

De ces deux fictions, la première est du droit des gens, de sorte que ce droit fait alternativement perdre et recouvrer la liberté au captif ; la seconde est du droit civil, et nous en traiterons spécialement à la section 2e ci-après. S'il en est autrement du déporté que du captif, c'est que le premier perd la liberté par l'effet du droit civil et ne peut la recouvrer que par un mode de droit civil, la *restitutio* du prince, mode essentiellement douteux et inespéré.

Toutefois, si le captif est, par le seul effet du *postliminium,* présumé n'avoir jamais été captif, il ne reprendra ses droits que dans l'état où ils se trouveront à son retour; et si un tiers avait, par usucapion, éteint l'un de ces droits, il faudrait recourir à la *restitutio in integrum* dont nous avons parlé, et à l'action rescisoire ou à l'exception correspondante (loi 18, C., « De postliminio »). Pour les fruits échus, ils seront compris dans cette action (loi 28, § 6, « Ex quib. caus. maj. »).

Par l'effet du *postliminium,* le captif reprend ses droits de puissance paternelle et dominicale sur ses fils de famille et sur ses esclaves, et s'empare de ce qu'ils ont acquis pendant la captivité; cette même fiction rend toute sa force au testament que le captif avait fait avant sa captivité; mais elle est impuissante à valider celui fait en captivité, parce que son but est d'effacer cette captivité et ce qui peut en rappeler le souvenir.

Enfin, il se peut que le captif n'ait pas été citoyen romain au moment de sa captivité. S'il est esclave, le *postliminium* ne peut pas exister *actif* sur sa tête ; il réside *passif* dans la personne de son maître, parce que l'esclave n'a rien à recouvrer. Mais s'il n'a perdu que la cité, si par exemple il est déporté, il reprend par *postliminium* sa condition tout entière, sa liberté et son état de déporté avec sa résidence dans une île (Tryphoninus, loi 12, § 15, « De captiv. »). Si son retour provient d'un rachat, comme le suppose cette loi, il sera déporté de nouveau, dès que le prix sera remboursé au rédimant en vertu des règles qui vont suivre.

Appendice à la section première.

Des rédimés.

Nous venons d'étudier les effets du *postliminium*, et nous avons dit, auparavant, que le *jus postliminii* appartenait au captif de retour qui n'en était pas, d'ailleurs, déchu par certaines circonstances énumérées. Nous avons alors considéré le captif comme de retour, dès qu'il avait quitté le pays ennemi. Il n'en est cependant pas toujours ainsi; et ici nous devons nous référer à une distinction que nous avons faite entre les captifs, en commençant le présent chapitre. Nous abordons la deuxième catégorie que nous avons déterminée, celle des *rédimés*, c'est-à-dire des captifs qui sont rachetés à l'ennemi par un de leurs concitoyens, avec un argent qui ne leur appartient pas. Le fait seul de leur retour ne leur permet pas d'exercer le *jus postliminii*. Ils doivent auparavant rembourser à leur rédimant le prix qu'il a déboursé pour leur rachat. Il n'en est ainsi, bien entendu, que du rédimé qui aurait quelque chose à rembourser; nous avons remarqué, en effet, en commençant le présent chapitre, que celui dont la rançon aurait été payée sur sa propre fortune, rentrerait immédiatement dans sa condition passée et recouvrerait l'exercice de ses droits.

Il y a cependant des circonstances où le rédimé reprend immédiatement tous ses droits, sans être obligé à aucune restitution. Après avoir exposé ces circonstances, et bien déterminé les personnes qui ne peuvent invoquer le *jus postliminii* dès le moment de leur retour parce qu'elles sont soumises à un rédimant, nous verrons quelle est la nature du droit de ce rédimant, et comment il s'éteint.

I. Il y a des personnes que les sentiments de la nature obligent à racheter un captif. Ce sont les fils de ce captif et ses plus proches parents. Si ces fils étaient encore en puissance du captif au jour de la captivité, ce seraient ses biens qui serviraient à le racheter, et, dès lors, plus de difficultés. Mais, au cas contraire, les fils devraient racheter leur père, même avec leur propre argent. La sanction de cette obligation était la privation de l'hérédité du captif mort chez l'ennemi, hérédité déférée, comme nous le verrons, par la loi *Cornelia*. Que le captif ait ou non laissé un testament, il est à présumer que, s'il était revenu, il aurait exhérédé l'héritier testamentaire ou abintestat qui ne l'a pas racheté, et il y a lieu de déclarer cet héritier indigne, sauf exception pour les mineurs. Il est donc à croire que, si l'une des personnes liées au captif par un *officium pietatis* le rachetait de ses deniers à elle, elle ne pouvait se prévaloir de sa créance pour empêcher ce captif d'exercer le *jus postliminii*.

Nous trouvons un exemple d'un rachat de cette nature dans la loi 7, C., « De postl., » qui est une constitution des empereurs Dioclétien et Maximien. Après avoir posé le principe que le rédimé ne reprend son ancien état qu'après le remboursement du prix par lui ou la remise qui lui en est faite, les deux empereurs déclarent à une mère qu'il ne serait pas convenable à elle de regretter d'avoir racheté son fils et de vouloir recouvrer la somme d'argent qu'elle a payée pour cela, parce que certainement sa première intention n'avait pas été de faire une opération pécuniaire ; ils l'autorisent seulement à réclamer sa dot encore due par son fils, *jure concesso,* c'est-à-dire dans la mesure de ses facultés pécuniaires. Pothier fait avec raison ici une rectification de texte, et propose de remplacer le mot *judicio*, qui n'a pas de sens, par le mot *indicio*; ce serait une erreur de copiste.

Au reste, pour être soumis à la restriction dont nous parlons, il faut avoir été réellement rédimé à prix d'argent et non délivré par les soldats (lois 5 et 12, C., « De postl. »).

Enfin le rédimé seul est soumis à cette restictrion, à cette suspension de ses droits. Si nous supposons que, dans l'intervalle du rachat au remboursement, une femme captive est devenue mère, ses enfants ne sont pas tenus comme elle du remboursement, parce que, disent les mêmes empereurs, le prix n'a pas été payé pour eux (loi 8, C., « De postl. »). Encore ici une correction nécessaire à faire subir au texte; la négation du mot *nullis* ne se comprendrait pas; il faut dire *ullis* ou *nonnullis*.

Le rédimé, dont l'état est tenu en suspens jusqu'au remboursement à effectuer par lui, est donc celui dont la rançon a été payée par une personne qui ne lui était liée par aucun lien légal d'affection, et qui ne lui en a pas fait remise. Lui seul voit l'exercice de ses droits arrêté pour la garantie de cette dette.

II. Quelle était donc cette garantie, et quelle était la situation du rédimé avant le remboursement? En un mot, quels étaient les droits du rédimant sur la personne du rédimé? Nous savons déjà que, jusqu'au remboursement, le *jus postliminii* ne pouvait être exercé; le rédimé ne conservait cependant pas la position d'esclave qu'il avait chez l'ennemi; il n'était ni esclave, ni *in servitute;* il ne s'agissait que de procurer au rédimant une garantie pour le remboursement. Il en sera de cette dette comme de beaucoup de dettes garanties; elle le sera par un gage, et ce sera la personne même du débiteur qui sera en gage. Il ne peut pas s'agir, bien entendu, d'un gage proprement dit sur une personne libre et ingénue; les mêmes empereurs Dioclétien et Maximien, à la loi 2, C., « De postl., » qualifient ce gage, *gage naturel*. Nous allons rechercher les conséquences de cette appellation.

1° L'obligation qui pèse sur la personne du rédimé est un gage; et par conséquent, si le paiement de la rançon a été fait à titre de libéralité, ou s'il y a eu remise par le rédimant de la dette de remboursement, le gage n'a pas de raison d'être ou est libéré, et le rédimé reprend l'exercice de ses droits; le rédimant qui, après cette remise, épouserait la femme rédimée, n'aurait rien à craindre sur l'état de cette femme ou des enfants communs (même constitution). Les enfants d'une mère rédimée, née des œuvres d'un esclave pendant ce même intervalle, suivent la condition de leur mère quant à son ingénuité, et sont ainsi immédiatement ingénus (loi 16, C., même titre).

2° Une seconde conséquence de cette idée de gage est que la remise de cette dette rend le rédimé à son ingénuité et n'en fait pas un affranchi sur lequel les fils du rédimant puissent avoir un droit (loi 11, C., même titre).

3° Enfin, nous trouvons à la loi 7, au même titre, que le rédimant ne doit pas abuser de son gage, à peine de le perdre, ni traiter la fille rédimée comme une esclave qu'on pourrait prostituer (loi 7, C., « De postl. »).

III. Comment s'éteint ce droit de gage naturel?

1° Par la restitution du prix de rachat. Et pour faciliter cette restitution, les empereurs Dioclétien et Maximien avaient autorisé le captif à exercer ses droits sur la succession qui lui serait échue, avant même de pouvoir invoquer le *postliminium* à tous autres égards. De cette manière il pourra se libérer avec l'argent qu'il recueillera (loi 15, C., « De postl. »). Le rédimant, comme tout créancier, sera contraint de recevoir son remboursement et de rendre le rédimé à la liberté dès que le prix lui sera offert. Si l'on a accordé au rédimant ce droit à un remboursement, c'est dans un intérêt public, pour ne pas écarter les personnes bien intentionnées par la crainte d'une perte pécuniaire (loi 6, C., au même titre). Mais il ne faut pas non plus permettre au rédimant de s'enrichir par l'opération d'un rachat, ni de demander au captif, directement ou indirectement, une somme plus forte que la rançon payée ; et si le rédimant avait cédé à un tiers son droit de gage pour une somme plns considérable, le rédimé ne devrait toujours que le prix de sa rançon à ce tiers, sauf le recours de ce dernier contre le rédimant par l'action *ex empto* (loi 19, § 9, D., « De captiv. »). Ce tiers ne peut pas non plus avoir sur le rédimé plus de droits que le rédimant créancier gagiste, ni acquérir sur lui un droit de propriété (loi 21, C., « De pignor., » L. VIII, t. 14).

2° Par la remise du prix de rachat, parce que cette remise éteint la dette. Le mariage du rédimant avec la femme ingénue et rédimée fait présumer cette remise. La dignité des noces et le désir d'une postérité légitime éteignent le lien de gage sur cette femme et lui rendent ses droits de naissance à l'ingénuité (loi 13, C., « De postl. »). Les empereurs Dioclétien et Maximien sont d'accord sur ce point avec la décision d'Ulpien, dont nous trouvons le texte à la loi 21, pr., D., « De captiv. » Si un citoyen rachète à l'ennemi une ingénue dans l'intention d'en avoir des enfants, et croyant acheter une esclave, et si ensuite il l'affranchit avec le fils qui est né d'elle; en donnant à ce fils la qualité de fils naturel, l'ignorance de ce mari et père ne peut préjudicier à l'état de ceux qu'il a voulu affranchir. Dès que cette erreur sera reconnue, l'obligation de gage qui pesait sur la mère sera présumée éteinte rétroactivement à partir du jour où le père avait désiré avoir d'elle des enfants, et cette mère, étant réputée revenue ce jour-là avec le *jus postliminii* libre et ingénue, aura donné naissance à un ingénu. Ulpien continue sa pensée; il suppose que cette femme, au lieu d'avoir été rachetée à l'ennemi, a été englobée dans le butin public fait par les soldats, et que celui qui s'est uni à elle n'a payé aucun prix pour l'obtenir; dans ce cas, elle a pu invoquer immédiatement le *postliminium;* elle s'est donc trouvée dès le principe chez un mari et non au pouvoir d'un maître. Remarquons, en passant, les expressions dont nous venons de nous servir, « butin *public* fait par les soldats, » et qui ne sont que la traduction de ces mots d'Ulpien : *Publicè prædâ virtute militum reciperatâ.* A Rome, en effet, le butin fait à la guerre par les soldats appartenait au trésor public, sauf à être partagé ensuite. Il n'en était pas de même des choses appartenant à l'ennemi et surprises sur le territoire romain par la déclaration de guerre; elles appartenaient au premier occupant (loi 51, § 1, D., « De adquir. rer. dom., » L. XLI, t. 1).

3° Par la mort du rédimé. Ulpien, à la loi 15, D., « De captiv., » tout en adoptant cette opinion, paraît craindre qu'on ne l'accepte pas. Il déclare d'abord héritier sien du père rédimé, le fils qui, après la mort de ce père, rembourse la rançon au rédimant. « On peut cependant dire plus judicieusement, ajoute Ulpien, qu'à l'instant de raison de sa mort, le droit de gage venant à prendre fin, le rédimé a été saisi du *jus postliminii*, et est mort sans être obligé pour la dette, de telle manière qu'il pourra avoir un héritier sien; cette décision est raisonnable. » Aucune, en effet, ne peut être plus logique que celle-ci. Que trouvons-nous ici, sinon l'extinction du gage par la perte de la chose engagée? Et ce que nous disons pour la personne sur laquelle existe le *jus pignoris naturalis*, nous aurons à le répéter pour la chose captive rachetée à l'ennemi et dont le rédimant est propriétaire jusqu'à son remboursement par l'ancien maître.

4° Tant que l'un de ces modes d'extinction n'avait pas rendu au rédimé le *jus postliminii* et l'exercice de tous ses droits, il en restait privé, et devait au rédimant le service d'un esclave; ce service même pouvait servir à le libérer. Pénétrés de cette dernière pensée, les empereurs Honorius et Théodose ont fixé à cinq ans au plus le temps de service nécessaire au rédimé pour se libérer. Le montant de la rançon peut seul être réclamé; les vêtements et la nourriture ne peuvent entrer en ligne de compte, parce qu'ils constituent un bienfait peu coûteux et bien naturel. Enfin, ces mêmes empereurs édictent des peines sévères (mines et déportation) contre ceux qui voudraient empêcher un rédimé de profiter de cette disposition, et (amende) contre les officiers qui, par négligence, ne les poursuivraient pas (loi 20, C., « De postl.).

Le rachat par un concitoyen donne donc au captif la facilité de revenir dans son pays, et ne lui enlève pas le *jus postliminii*; il ne change rien à ce droit (loi 20, § 2, D., « De captiv. »), et ne fait qu'en retarder l'exercice. Il n'en serait pas de même s'il était acheté par un *extraneus*, c'est-à-dire par le citoyen d'un peuple non allié. Dans ce dernier cas, il resterait esclave.

Disons, en terminant, que sous les empereurs Chrétiens, les évêques furent spécialement chargés du rachat des captifs.

SECTION II

Du captif qui meurt chez l'ennemi et de la fiction de la loi Cornelia.

Nous abordons ici la troisième branche de la division que nous avons faite en commençant le présent chapitre, la troisième classe des captifs, ceux qui meurent chez l'ennemi.

Nous savons déjà qu'à l'origine, ces captifs étaient considérés comme ayant été esclaves depuis le jour de leur captivité; parce que, la condition de leur retour venant à défaillir, le *postliminium*, subordonné à cette condition (et dont l'origine, toute de droit des gens, se perd dans la nuit du passé), ne pouvait leur être applicable. Puis, en l'an 673 de Rome (80 av. J.-C.), le dictateur Cornelius Sylla fit adopter un plébiscite qui porte son nom, la loi *Cornelia de falsis*, dite aussi *testamentaria*, et qui contenait deux chapitres. Dans l'un d'eux, des peines publiques étaient édictées contre les faux et les suppressions en matière de testaments; dans l'autre se trouvait renfermé la fiction que nous allons étudier.

Cette fiction, nous l'avons déjà vu, consiste à faire considérer le captif mort chez l'ennemi comme décédé au moment même où il a été fait prisonnier, et ce, de quelque partie du droit qu'il s'agisse, questions d'état, matières des successions et testaments de ce captif ou de ses fils de famille, ou attribution à ses héritiers des augmentations survenues à son hérédité pendant sa captivité (Ulpien, loi 18, « De captiv. »). Ces trois chefs, qui résument toutes les applications de la loi *Cornelia*, formeront dans notre section trois paragraphes distincts.

§ 1er. — Questions d'état.

Le captif est présumé mort au moment de sa captivité. En conséquence, depuis ce moment même, ses fils de famille sont devenus *patresfam.;* les fils, nés de la femme laissée enceinte par le captif et depuis la captivité, sont réputés posthumes et nés *patresfam.* Tout ce qu'ils auront acquis pendant cette captivité par stipulation, tradition ou legs, tout ce qu'ils auront usucapé, aura été leur propriété du jour même où ils ont cru l'acquérir pour leur père de famille captif (loi 44, § 7, « De usurpat., » L. XLI, t. 3; — loi 12, § 1, « De captiv. »). Remarquons immédiatement que l'enfant, conçu chez l'ennemi de deux captifs, et dont s'étaient occupés les empereurs Sévère et Antonin dans la loi 1re, C., « De postl., » ne pourra invoquer la fiction de la loi *Cornelia* pour se faire reconnaître fils légitime du captif qui n'est pas de retour. C'est ce que nous disent ces mêmes empereurs; Marcien le répète à la loi 25, D., « De captiv.; » si ce fils revient avec sa mère seule, il est considéré comme *spurius*, né de père inconnu, parce que la loi *Cornelia*, loin de lui être favorable, sera applicable contre lui; le père sera présumé mort avant la conception. Cet enfant suivra donc la condition de sa mère, grâce au *postliminium* que son retour et le retour de sa mère lui permettent d'invoquer. Il ne pourra donc rien prétendre sur la succession de son père. Tel fut le droit jusqu'à Léon le Philosophe qui, dans sa Novelle 36, déclara que cet enfant recueillerait l'hérédité de ses père et mère quand même tous deux seraient morts chez l'ennemi ; cet empereur appliquait ainsi aux parents le *postliminium*, au lieu de les considérer comme morts dès le jour de leur captivité.

Si le fils de famille est mort dans sa patrie avant le décès de son père captif, il n'a jamais été, pendant sa vie, libéré définitivement de la puissance paternelle ; mais, du jour du décès de son père, il est présumé avoir vécu et être mort *paterfamilias*, et il aura pour héritier son plus proche agnat (loi 15, « De suis et leg. hered., » L. XXXVIII, t. 16).

Si le captif était un fils de famille, dès qu'il meurt chez l'ennemi, peu importe que le père, resté libre, soit décédé avant ou après lui ; il sera déclaré mort fils de famille, et ce qu'il a pu laisser dans la cité reviendra par droit de puissance à son père ou à l'héritier légitime ou testamentaire de ce père.

Enfin, les biens échus au captif depuis sa captivité, et dont l'acquisition est subordonnée à son existence au moment de l'échéance, par exemple ceux qui lui seraient advenus par legs, ne lui appartiendront pas ; le legs n'aura aucun effet, quoiqu'à l'origine il ait pu être validé par le retour du captif légataire (loi 101, § 1er, « De leg., » 1°).

§ 2. — Hérédité testamentaire ou ab intestat du captif ou de ses fils impubères.

Nous savons déjà quelle était l'utilité de la fiction établie par la loi *Cornelia* au point de vue de l'état des personnes. C'était de mettre fin à l'incertitude créée par l'espoir du retour du captif. Remarquons cependant que le résultat pratique de cette fiction n'existe qu'à l'égard du testament ou de l'hérédité légitime du captif, et découle de ce vieux principe rappelé par Ulpien dans la loi 3, § 1er, « De verb. signif., » « Celui qui meurt chez l'ennemi ne peut avoir d'hérédité, parce qu'il meurt esclave. » L'esclave, en effet, ne peut avoir d'hérédité, sauf l'esclave public du peuple romain ; cet esclave a la *testamenti factio* pour un demi-as et peut disposer de la moitié de ce qu'il possède. Reportons-nous au temps antérieur à la loi *Cornelia;* à cette époque, le changement d'état des fils de famille du captif s'opère déjà au jour de la captivité, parce que la condition du retour de ce captif, condition à laquelle sont subordonnés sa liberté et l'exercice par lui du *jus postliminii,* vient à défaillir par sa mort, et qu'il est ainsi réputé esclave depuis le jour où il a été fait prisonnier ; or, l'esclavage du père de famille dissout définitivement la puissance paternelle. Nous serions donc arrivé au même résultat au point de vue de l'état des fils du captif, sans la loi *Cornelia;* mais, pour lui-même, il serait mort esclave. La loi *Cornelia*, au contraire, le fait mourir citoyen ; *Tempora captivitatis ex die quo capitur, morti junguntur*, dit Papinien, à la loi 44, § 7, « De usurpat., » que nous avons déjà citée, « La durée de la captivité depuis son commencement, se concentre sur le décès et s'absorbe en lui, » s'il nous est permis de traduire ainsi l'image du texte latin; mourant citoyen, le captif aura une hérédité, pourra avoir fait valablement un testament qui, en droit strict, serait *irritum* (loi 6, § 5, D., « De injusto, rupto, irr... » L. XXVIII, t. 3), et jouira, en un mot, de tous les avantages d'un citoyen mort dans sa patrie.

La loi *Cornelia* pouvait s'arrêter là ; la fiction que nous venons d'indiquer résout toutes les difficultés, et ce que nous allons dire ne renferme que des conséquences de la situation nouvelle faite au captif. Il a une hérédité, avons-nous dit; qui la recueillera? Pas d'innovation à cet égard; et Ulpien nous répond qu'elle sera dévolue à ceux qui auraient été déclarés héritiers dès le principe, si le captif était décédé au jour de sa captivité; et ce, d'une manière absolue, aussi bien à l'égard de l'héritier testamentaire que de l'héritier légitime. Ulpien en tire cette conséquence que, si le captif n'a pas laissé de testament antérieur en date à sa captivité, il sera déclaré abintestat (loi 1re, pr., *in fine,* D., « De suis et leg. hered., » L. XXXVIII, t. 16). La loi *Cornelia* confirme donc aussi bien l'hérédité abintestat du captif que son hérédité testamentaire (Julien, loi 22, pr., « De captiv. »). C'est ce que Paul dit aux Sentences, L. III, t. 4 A, § 8. Dans ce texte, nous trouvons ces mots : *Quâ lege (Corneliâ) etiam legitimæ tutelæ hereditatesque firmantur;* en déclarant confirmée par la loi *Cornelia* la tutelle légitime comme l'hérédité légitime du captif, ces mots semblent nous ramener à l'objet de notre § 1er. Sans doute, il ne peut s'agir ni de la tutelle qu'il exerçait, ni de celle dont il était l'objet, puisque la loi *Cornelia* fait considérer son existence de tuteur ou de pupille comme ayant cessé à l'instant où il a été fait captif. Mais quoi de plus simple, va-t-on dire? Le captif laisse un fils impubère et un agnat plus proche. Le captif est déclaré mort, le fils pupille, l'agnat tuteur légitime depuis la captivité. Mais, si l'on réfléchit qu'en l'absence de la loi *Cornelia* le résultat serait absolument le même à l'égard de cette tutelle, puisque le père serait considéré comme esclave depuis le jour de la captivité, et par conséquent son fils comme *sui juris* et pupille à partir de la même époque, on éprouve une insurmontable difficulté à trouver l'application de cette disposition. Nous ne croyons même pas pouvoir admettre l'explication suivante que nous avait donnée un savant jurisconsulte : La dévolution est de principe en matière de tutelle légitime, pour le cas où le premier agnat viendrait à mourir ou à être *capite minutus;* mais, s'il est captif, il en est autrement; nous avons vu précédemment (page 53) que le préteur nommait un tuteur Atilien; si l'on suppose que, par erreur, l'agnat du degré subséquent se saisit de la tutelle légitime, la loi *Cornelia,* s'appliquant ensuite, confirmera cette tutelle. Notre réponse est toujours la même; si la loi *Cornelia* n'existait pas, le tuteur captif serait, par sa mort chez l'ennemi, considéré comme esclave, c'est-à-dire *capite minutus* depuis le jour de sa captivité; si donc le second agnat s'était, à tort et par erreur, emparé de la tutelle, la rétroactivité de la condition suffirait pour confirmer cette tutelle, si toutefois elle peut l'être. Il faut l'admettre pour expliquer le texte de Paul; car, d'une part, il ne semble pas y avoir eu, dans la loi *Cornelia,* de texte spécial à cet égard, et, d'autre part, la fiction de mort qui remplaçait l'esclavage n'a pu avoir aucune influence sur cette question. Qu'a voulu dire Paul d ce passage? Toutes nos recherches pour le découvrir sont restées sans résultat. Hasarderons-nous la proposition suivante dans laquelle la loi *Cornelia* confirme, quoiqu'indirectement, une tutelle légitime? Le patron d'un affranchi impubère a fait l'*adsignatio* à l'un de ses fils (Inst., pr., « De adsign. libert., » L. III, t. 8) par testament; puis, il est fait captif; la loi *Cornelia*, en validant son testament, confirme cette tutelle légitime; sans doute, ce fils serait toujours tuteur légitime; mais il ne le serait que pour partie, et il va l'être pour le tout par l'effet de la loi *Cornelia*. Nous ne croyons pas que Paul ait eu en vue cette hypothèse, et nous ne la soumettons que sous toutes réserves et comme application de son texte.

Mais ce n'est pas assez de déférer l'hérédité du captif; l'héritier n'est saisi de la succession et ne peut la transmettre à ses héritiers que du jour de l'adition; or, il ne peut y avoir d'adition que du jour de l'ouverture de l'hérédité, c'est-à-dire à partir du moment où il devient certain que le captif ne reviendra pas; jusque-là, pas d'adition, pas de transmission aux héritiers de l'héritier; c'est le degré subséquent qui se présente.

Les empereurs Dioclétien et Maximien, à la loi 4, C., « De postl., » ont accepté cette conséquence et déclaré sans effet l'adition prématurée faite pendant la captivité de sa mère par un fils décédé avant elle; et les fils d'une sœur de la mère vinrent, comme cognats plus proches, primer les héritiers du fils, en obtenant la *bonorum possessio unde cognati* après la mort de leur tante chez l'ennemi. Cette incertitude causait encore d'autres dangers; elle pouvait d'abord se prolonger fort longtemps, peut-être toujours, et personne alors ne jouissait de la fortune du captif; puis, le fisc aurait pu s'emparer des biens de ce captif, comme étant vacants. Il fallait un remède à tout cela; le préteur le trouva en conférant à l'héritier du captif, avant même le décès de ce captif, une *bonorum possessio decretalis* qui finira de produire son effet au jour où l'incertitude cessera. Celui qui s'en trouvera alors investi pourra demander la *bonorum possessio edictalis*. Nous avons trouvé déjà cette *bonorum possessio decretalis* accordée au curateur du captif pour les hérédités qui viennent à échoir à ce dernier pendant sa captivité; il en est de même pour le *furiosus* héritier, dont on espère la guérison; l'édit Carbonien la donnait encore à l'impubère dont l'état était contesté, jusqu'à la décision à intervenir sur ce litige qui ne pouvait être vidé qu'à la puberté de cette enfant (loi 1re, pr., D., « De Carboniano edicto, » L. XXXVII, t. 10). En un mot, toutes les fois qu'il y a une incertitude, cette *bonorum possessio decretalis* sert à exclure le fisc qui voudrait s'emparer des biens comme vacants. C'est, du reste, ce que nous dit Ulpien dans la loi 12, pr., D., « De bon. poss., » L. XXXVII, t. 1. Tel est le moyen donné à l'héritier pour se faire admettre malgré le fisc pendant la captivité. Mais, quand la mort du captif est connue, son héritier demande la *bonorum possessio*, non plus pour se faire admettre malgré le fisc, puisqu'il l'exclut *ipso jure*, mais pour devenir maître définitif des biens du captif; et cette *bonorum possessio* sera *edictalis*. C'est encore la loi *Cornelia* qui permet de l'accorder (Ulpien, loi 3, § 6, « De bon. poss. »); car, sans elle, le captif serait mort esclave, et ne pourrait pas plus l'obtenir que se présenter comme héritier; la loi le lui défendrait (Ulpien, loi 12, § 1, « De bon. poss. »). Enfin, s'il ne se présente personne pour demander cette *bonorum possessio*, nous savons déjà que le fisc sera encore écarté par un *furiosus* ou par un enfant qui n'est que conçu, personnes à qui le préteur accordera encore la *bonorum possessio decretalis*. Si le fisc n'est arrêté par aucune de ces personnes certaines ou incertaines, la loi caducaire lui donne le droit d'obtenir la *bonorum possessio*. Au surplus, l'attribution de l'hérédité par la *bonorum possessio* se fera selon les règles ordinaires; ceux que des lois ou sénatus-consultes appellent à défaut des agnats, recevront du préteur la *bonorum possessio unde legitimi*; et le patron obtiendra, sur les biens de l'affranchi captif mort chez l'ennemi, la *bonorum possessio unde legitimi* ou *contra tabulas* (loi 4, § 1er, D., « De bon. libert., » L. XXXVIII, t. 2).

Si nous supposons maintenant que le fils du captif ait été prisonnier aussi, mais revienne seul avec le *jus postliminii*, il aura encore droit à l'hérédité de ce captif; et peu importe à cet égard, disons-le une fois pour toutes, que le captif soit mort chez l'ennemi avant ou après le retour de son fils, avant ou après tel événement qu'on voudra supposer, puisque l'époque de sa mort sera toujours fixée par la loi *Cornelia* au jour où il a été pris par l'ennemi. Il n'importe pas davantage ici que la captivité du père ou des père et mère du captif soit antérieure à celle du fils, ou qu'ils aient été pris en même temps que lui ou après lui. Ici, nous ne sommes plus dans l'espèce prévue par le rescrit de Sévère et Antonin, nous supposons le fils né avant la captivité de ses père et mère, ou, au moins, conçu, dans la seconde hypothèse. Aussi, les empereurs Dioclétien et Maximien promettent au fils, de retour, une action utile pour recouvrer la succession de ses père et mère faits captifs avec lui et morts chez l'ennemi pendant sa propre captivité (loi 5, C., « Quib. ex caus. maj., » L. II, t. 54), et le déclarent héritier sien de son père mort captif pendant sa captivité, quand même ce père ne serait tombé au pouvoir de l'ennemi que depuis la captivité du fils ; ils chargent en même temps le préteur de lui faire recouvrer les biens de son père, si l'on ne peut induire du retard qu'il a mis depuis son retour à réclamer, sa renonciation à cette hérédité (loi 9, C., « De postl. »). Le texte de cette dernière loi ne spécifie pas d'une manière complète l'espèce qu'il prévoit ; il n'y est pas fait mention expresse de la captivité du père ; c'est ce qui avait entraîné Accurse à cette conviction, que les empereurs avaient commis une erreur et parlé de la loi *Cornelia*, alors qu'il ne pouvait être question que du *postliminium*;

mais il vaut mieux expliquer le texte des empereurs tel qu'il est que d'y chercher une erreur.

Nous venons d'étudier les principes qui régissent l'hérédité abintestat du captif; et nous avions indiqué, en commençant, la nature et le but de la fiction de la loi *Cornelia*, en ajoutant qu'elle validait le testament du captif et confirmait son hérédité testamentaire.

En effet, le captif étant présumé mort citoyen au moment de sa captivité, le testament antérieur à cette captivité doit avoir son effet; c'est ainsi que l'héritier le plus proche en ligne descendante sera héritier sien du captif, que l'esclave institué par lui serait son héritier nécessaire, bien qu'au moment de sa mort naturelle, il ait depuis longtemps perdu les qualités de *paterfamilias* et de *dominus* (loi 8, C., « De suis et legit., « L. VI, t. 56; — Julien, loi 12, D., « Qui testam. fac. post., » L. XXVIII, t. 1er). A cette expression de *mort naturelle*, nous pourrions opposer la qualification de *mort civile* que Cujas donnait à la captivité, en se référant, sans doute, au cas où elle finit par la mort du captif.

Le testament antérieur à la captivité est donc toujours conservé, que le captif revienne avec le *jus postliminii*, ou qu'il meure chez l'ennemi (Paul, Sent., L. III, t. 4 A, § 8); et dans ce dernier cas, c'est grâce à la fiction de la loi *Cornelia*, sans laquelle ce testament serait *irritum*. Mais cette fiction n'empêcherait pas le testament du captif d'être *ruptum*, si un enfant, né viable de la femme laissée enceinte par le captif, y était omis (loi 22, § 4, « De captiv. »), et alors même que cet enfant mourrait ensuite (loi 2, C., « De posthumis, » L. VI, t. 29). Javolenus, à la loi 15, D., « De injusto, rupto..., » L. XXVIII, t. 3, n'admet pas de doute sur cette rupture du testament à la naissance du posthume;

et le pr. de la loi 12, au même titre, ne peut faire obstacle à cette solution, car il se réfère, non pas au posthume par rapport au décès, mais au *postumus* par rapport au testament, c'est-à-dire à l'enfant né depuis la confection du testament.

Si le testament est celui d'un fils de famille soldat, fait captif et mort chez l'ennemi, la loi *Cornelia* lui donnera encore son effet (Papinien, loi 14, pr., D., « De castr. pecul., » L. XLIX, t. 17). Si ce fils de famille a laissé un fils omis dans son testament, et si le père de famille meurt pendant la captivité en omettant aussi son petit-fils, la mort du fils de famille survenant ensuite chez l'ennemi, le testament du père de famille sera rompu par la présence du petit-fils comme héritier sien, et celui du captif ne le sera pas, parce qu'il est présumé mort fils de famille, et qu'en cette qualité, il n'a pu avoir d'héritier sien dont l'omission ait rompu son testament (loi 39, D., « De testamento militis, » L. XXIX, t. 1er).

Dans le cas d'une disposition par un fils de famille de son pécule castrens, Paul, loi 18, pr., D., « Ad leg. Falcid., » L. XXXV, t. 2, suppose que ce fils a chargé son père, par fidéicommis, de restituer ce pécule; sans doute, la loi Falcidie s'applique même à l'hérédité ab intestat pour le cas où il y aurait des codicilles; mais, dans l'espèce, à défaut de testament, le père pourra avoir tout le pécule castrens, non plus à titre d'hérédité, mais à titre de pécule; il finit, du reste, en affirmant, pour le cas où le père serait héritier et chargé de fidéicommis, l'application de la loi Falcidie au testament du captif mort chez l'ennemi, application qu'il avait déjà constatée à la loi 1re, § 1er, au même titre. C'est une conséquence de cette règle contenue à la loi 9, D., « De castr. pecul., » L. XLIX, t. 17, que le pécule castrens, dont on a disposé par testament, forme une hérédité véritable.

Enfin, une dernière conséquence de la confirmation de l'hérédité du captif par la loi *Cornelia*, consiste dans le droit accordé à ses héritiers d'exercer l'action *familiæ erciscundæ* pour sortir d'indivision (Paul, loi 25, pr., « Fam. ercisc., D., L. x, t. 2).

Nous ne nous sommes occupés jusqu'ici que de l'hérédité testamentaire du captif; mais qu'adviendra-t-il de la substitution pupillaire qu'il aurait faite dans la prévision que son fils mourrait impubère après lui, et avant d'avoir acquis la *testamenti factio?*

L'idée générale est que la loi *Cornelia* confirme le testament du père en entier, et que, le fils impubère mourant après son père décédé en captivité, comme ce père sera présumé mort au jour de sa captivité, la substitution produira son effet; c'est ce qui nous est révélé par Papinien, dans la loi 10, pr., « De captivis. » Toutefois, un doute s'était élevé dans l'esprit de certains jurisconsultes, qui considéraient le fils comme devenu *sui juris* du vivant du père, et comme n'étant plus en sa puissance à la mort de ce père (loi 41, § 2, de Papinien, « De vulg. et pupill. substit., » L. xxviii, t. 6).

Nous avons souvent répété que le fils de famille ne pouvait, en principe, avoir d'héritier, sauf exception pour les pécules castrens ou quasi-castrens, quand le fils militaire a fait un testament. Il est donc bien certain que le fils impubère ne peut avoir d'héritier; et lorsque le père, dans son propre testament, aura, comme nous allons le prévoir, institué à son fils un héritier, faisant ainsi le testament de son propre fils, cette disposition ne pourra avoir de force si l'impubère meurt fils de famille; aussi bien, cette disposition serait une partie du testament du père, et, si ce dernier peut, dans l'intérêt de son fils, empêcher l'ouverture des *secundæ tabulæ* jusqu'à la mort de ce fils, il ne peut faire qu'une disposition de son testament ait effet avant son propre décès (Gaius, loi 11, D., « Testam. quemadm. aper., » L. XXIX, t. 3). La substitution pupillaire a, en effet, pour but de permettre au père dont le fils peut décéder après lui, mais encore impubère, et qui redoute cet événement, de régler l'attribution de l'hérédité de ce fils devenu *sui juris* par la mort de son père. Si donc, avant la mort de son père, le fils de famille sortait de sa puissance, ou s'il décédait, ou si, après cette mort, il arrivait à la puberté, la substitution pupillaire n'aurait aucun effet. Tel est le principe posé dans la loi 15 de Papin., « De suis et leg. hered., » D., L. XXXVIII, t. 16; le fils, devenu *sui juris* et mourant père de famille, doit avoir un héritier soit institué par lui-même s'il est pubère et a fait un testament, soit substitué pupillaire, soit légitime.

Pour que la substitution pupillaire ait son effet, il faut, avons-nous dit, que le fils impubère devienne *sui juris* par le décès du père. La discussion, rappelée par Papinien à la loi 10, pr., « De captiv., » s'était élevée justement sur la violation de cette règle, certains auteurs considérant le fils du captif mort chez l'ennemi comme devenu *sui juris*, non par la mort, mais par l'esclavage de son père. Nous avons vu comment Papinien repoussait cette opinion, en s'appuyant sur la fiction de la loi *Cornelia*. Julien partageait l'avis de Papinien (loi 28, D., « De vulg. et pupill. subst. » L. XXVIII, t. 6).

Nous devrons appliquer la même décision et par le même motif, si le père est encore vivant chez l'ennemi au moment de la mort du fils dans sa patrie et meurt ensuite captif. C'est encore Papinien qui nous le dit dans la loi 11, pr., « De captivis. » A l'instant du décès du fils impubère, on ne peut savoir ce qui adviendra de la substitution pupillaire faite par le captif avant sa captivité, parce qu'on ignore s'il reviendra avec le *jus postliminii*; mais, lorsque le décès du père chez l'ennemi sera connu, la substitution pupillaire rétroagira au jour du décès du fils impubère.

Peu importe donc que le père soit mort avant ou après son fils, s'il est mort en captivité; la fiction de la loi *Cornelia* fera toujours remonter son décès au jour où a commencé cette captivité. Cette fiction est absolue et plus puissante que la vérité. Il faut donc écarter l'opinion d'Accurse qui traduisait ces mots : *Nihil est quod de secundis tabulis tractari possit*, en ce sens que les secondes tables, c'est-à-dire la substitution pupillaire, devenaient *irritæ*. Ces expressions ne signifient pas non plus, comme le prétend Cujas, qu'il y avait controverse sur la solution de la question; le texte de Papinien doit être traduit ainsi : « Si le fils meurt dans la cité avant son père, on ne peut rien décider sur le sort des secondes tables, puisque, si c'est du vivant du père (si le père revient et est reconnu vivant par l'effet du *postliminium*), le fils sera mort fils de famille; et, si le père ne revient pas (et doit être considéré comme mort par l'effet de la fiction de la loi *Cornelia*), le fils sera considéré comme ayant été *sui juris* dès l'instant de la captivité du père. »

Tel était le sort de la substitution pupillaire faite par un captif avant sa captivité pour son fils impubère.

Renversons l'espèce, et supposons que c'est le fils impubère qui est fait captif et meurt chez l'ennemi.

Si le fils est fait prisonnier du vivant de son père et meurt chez l'ennemi même après son père, il est certain que la substitution pupillaire reste sans effet ; car, la loi *Cornelia*, par qui seule elle peut valoir dans nos diverses hypothèses, en créant à la fois l'hérédité et l'héritier (loi 18, D., « Ad. leg. Falc., » L. xxxv, t. 2), se tourne ici contre elle en déclarant le fils mort avant son père à une époque où, étant en puissance, il ne pouvait avoir ni biens, ni hérédité, ni héritier (loi 28, « De vulg. et pupill. subst., » précitée). C'est en vertu du même principe que, le père d'un captif impubère venant à décéder dans la cité pendant la captivité de son fils, et cette captivité prenant fin par la mort du captif chez l'ennemi, nous avons appliqué la loi des XII Tables pour déférer l'hérédité à l'agnat le plus proche du père, et non pas la loi *Cornelia*, pour la donner à l'agnat du fils. Sur ce point, pas de difficulté.

Mais, si c'est après le décès du père que le fils est fait prisonnier et meurt chez l'ennemi, devrons-nous faire application de la loi *Cornelia*, et valider la substitution pupillaire faite par le père en considérant le fils fait captif avant sa puberté, comme mort au jour de sa captivité? Oui, sans doute ; et cependant Julien, dans cette même loi 28, « De vulg. et pupill. subst., » déclare que c'est avec peine, *non commodè*, qu'on admet cette solution. Et Papinien, dans notre loi 10, § 1er, « De captiv., » nous explique le motif de ce doute. L'argument sur lequel s'appuyaient les jurisconsultes qui refusaient d'appliquer ici la loi *Cornelia*, était le suivant : La loi *Cornelia* n'a parlé nulle part de la substitution pupillaire ; elle n'a donc voulu s'occuper que de l'hérédité de ceux qui avaient eu la *testamenti factio* au jour de leur captivité. Et Papinien, de répondre : Mais il est bien certain que l'hérédité légitime du captif impubère est déférée par la loi *Cornelia* qui le déclare, en ce cas, intestat sans qu'il ait eu la *testamenti factio;* il n'est donc pas étrange que le préteur observe autant la volonté du père que celle de la loi, et donne au substitué les actions utiles pour obtenir l'hérédité. Cette opinion de Papinien n'est que l'application de la règle générale que nous avons rencontrée, posée par Julien lui-même dans la loi 22, pr., « De captiv., » et par Ulpien dans la loi 1re, pr., D., « De suis et leg., » L. XXXVIII, t. 16, et qui consiste à donner l'hérédité à quiconque l'aurait si le captif était décédé dans la cité au moment de sa captivité. Faisons immédiatement deux rectifications de texte. A la fin de la loi 28 « De vulg. et pupill. subst., » Cujas nous enseigne qu'il faut substituer le mot *impubes* au mot *pubes;* le rapprochement se comprend mieux. D'autre part, dans notre loi 10, pr., « De captiv., » le sens de la phrase exige qu'on remplace le mot *quoniam* par le mot *quanquam*. Remarquons enfin que, dans notre espèce, le préteur ne donne que des actions utiles et non pas des actions directes ; c'est qu'en effet c'est une dérogation à la loi des XII Tables et au texte même de la loi *Cornelia* dont l'esprit général commande seul cette décision.

Nous avons vu quel serait l'effet de la substitution pupillaire faite par un père tombé depuis en captivité, ou pour un fils captif. *Quid,* si le père et le fils sont tous deux captifs, et tous deux meurent chez l'ennemi? Si le père et le fils sont faits captifs en même temps, ou si le père le devient après le fils, il est bien certain que la substitution pupillaire ne peut avoir d'effet, puisque le fils n'a jamais eu de biens dans la ville et n'a pu ainsi laisser d'hérédité. Si le fils revenait seul et mourait impubère dans la cité, la substitution pupillaire recouvrerait son effet (loi 29, de Scévola, « De vulg. et pupill. subst., » L. xxviii, t. 6). Mais qu'arrivera-t-il si le fils n'est fait captif qu'après la captivité de son père et meurt ensuite chez l'ennemi? L'époque des décès du père et du fils chez l'ennemi ne peut avoir pour nous aucune importance; mais l'ordre dans lequel ont eu lieu les deux captivités va exercer une grande influence sur notre décision. Nous venons de dire que, si le père est fait captif en même temps que le fils ou après lui, la substitution pupillaire n'aura pas d'effet; si c'est le fils qui est fait captif le dernier, et si nous appliquons la loi *Cornelia,* nous trouvons le fils vivant impubère après le jour où son père est dit être mort, et conséquemment devenu *sui juris* par ce décès et recueillant l'hérédité paternelle; puis, ce fils fait captif avant sa puberté, c'est-à-dire déclaré mort impubère, laissant une hérédité et la substitution pupillaire faite par son père. Cette substitution pupillaire doit donc valoir. Cependant Scévola nous dit le contraire dans la loi 29, précitée, « De vulg. et pupill. subst., » tandis que Papinien, son disciple, adopte, dans notre loi 11, § 1er, « De captiv., » l'argumentation qui précède. Papinien nous dit, en effet, dans ce texte, que, « Si le père et le fils meurent chez l'ennemi, et si le père est présumé mort le premier, la loi *Cornelia* doit suffire au substitué pour être admis, comme si, après le décès de son père chez l'ennemi, le fils était mort dans la cité. » Scévola décide, au contraire, que, « Si le père a été fait captif, et le fils ensuite, et si tous deux meurent chez l'ennemi, bien que le père décède le premier, la loi *Cornelia* ne s'appliquera pas à la substitution pupillaire, à moins que le fils, de retour dans la cité, n'y décède impubère; et cependant, si tous deux étaient décédés dans la cité, le substitué viendrait. »

A ne consulter que l'autorité des deux jurisconsultes, nous serions déjà bien fondés à maintenir notre opinion qui est celle de Papinien; car, le disciple a surpassé le maître. Mais il y a encore un autre motif non moins puissant pour agir ainsi. Nous avons dû rechercher dans notre chap. Ier si la loi *Cornelia* s'appliquait à toutes les espèces, et, en particulier, si c'était la mort ou l'esclavage du père décédé chez l'ennemi qui rendait le fils *sui juris;* et nous avons reconnu que, si Ulpien et Tryphoninus, et plus tard Justinien, consacraient l'application de la loi *Cornelia* à cette hypothèse, en étendant cette application même en dehors des termes de cette loi, Gaius constatait de son temps une divergence d'opinions sur cette extension (comm. I, § 129). Or, Scévola était, ou à peu près, contemporain de Gaius, et antérieur à Papinien, son disciple, à Ulpien et à Tryphoninus. La décision qu'il donne ici ne peut donc pas nous étonner; elle prouve seulement qu'il était contraire à l'opinion qui a prévalu. Nous retrouvons, d'ailleurs, des traces de controverses sur notre matière de la substitution pupillaire dans la loi 10, pr. et § 1er, « De captiv., » de Papinien, que nous avons étudiée; et ces controverses, déjà éteintes du temps de Papinien, provenaient toujours de ce que la loi *Cornelia* n'avait pas textuellement prévu la matière de la substitution pupillaire. Indépendamment de ce changement d'opinion, nous devons rectifier le texte même de la loi de Scévola, loi dont le sens général exige à la fin *quanquam* et non *quoniam*.

§ 3. — Attribution aux héritiers du captif ou à leurs propres héritiers, des augmentations survenues à son patrimoine pendant sa captivité.

Nous savons quand, comment et à qui l'hérédité du captif est déférée. Quant à la composition de cette hérédité, le principe est posé par Julien dans la loi 22, § 1er, « De captivis. » Tout ce que le captif aurait repris s'il fût revenu avec le *jus postliminii*, » appartiendra à son héritier en vertu de la loi *Cornelia*, et entre autres choses, tous les objets stipulés ou reçus par l'esclave du captif pendant la captivité, les legs faits à ce même esclave purement et simplement, ou sous condition (L. 1, D., « De captiv. ») ; de même, si cet esclave est institué héritier par un tiers, il pourra faire adition avec le *jussus* de l'héritier du captif. En tête de cette énumération, nous devons ajouter les biens laissés par le captif au jour de sa captivité. S'il ne se trouve aucun des héritiers appelés par la loi *Cornelia*, ces biens deviennent *publica*, appartiennent au fisc, comme vacants (Julien, loi 96, § 1er, D., De leg., 1°).

Toutefois, parmi les stipulations faites par l'esclave du captif pendant la captivité, il en est une qui ne profiterait pas à l'héritier et serait nulle ; c'est celle faite nommément *domino*, pour le maître captif ; dans ce cas, en effet, le maître est considéré comme mort dès avant la stipulation, et l'esclave n'a pu stipuler pour celui qui n'était plus son maître. Il en est tout autrement de la stipulation faite par l'esclave *simpliciter*, ou pour l'hérédité. Papinien (loi 18, § 2, D., « De stipul. serv., » L. XLV, t. 3), à qui nous empruntons cette décision, saisit cette occasion de comparer la situation du fils du captif à celle de l'esclave au point de vue de la validité des stipulations par eux faites pendant la captivité ; et voici le principe qu'il pose : La stipulation est-elle faite nommément par le fils ou l'esclave? Elle est nulle, parce qu'on ne peut stipuler que pour soi ou pour celui sous la puissance duquel on se trouve au jour de la stipulation, et que le captif réputé mort au jour de sa captivité, a cessé dès ce jour d'être maitre ou père de famille ; — la stipulation est-elle faite par l'un d'eux, *simpliciter*, celle de l'esclave profite à l'héritier comme nous l'avons dit ci-dessus, celle du fils ne profite qu'au fils, et l'héritier du père captif n'y peut rien prétendre, alors même qu'elle aurait été faite *peculii nomine*, parce que le fils est *paterfam.* et *sui juris* depuis le commencement de la captivité du père, et n'a pu stipuler valablement pour autrui (Tryphoninus, loi 12, § 1er, « De captiv. ; » — Julien, loi 22, § 2, même titre, où il y a lieu, selon Accurse et Cujas, de remplacer la conjonctive *et* par la conjonction négative *nec*). Au premier cas, *servus filio exæquabitur*, l'esclave et le fils aboutissent tous deux à une stipulation nulle ; au second cas, il en est autrement. Dans cette seconde hypothèse, si le fils, après avoir stipulé pour lui-même, meurt pendant la captivité et avant le décès de son père chez l'ennemi, le profit de cette stipulation appartiendra, non à l'héritier du père, mais à celui du fils (loi 9 *in fine*, D., « De castr. pecul., » L. XLIX, t. 17). De même, l'usucapion accomplie par le fils pendant la captivité l'est pour lui-même et non pour l'héritier du père captif (Papinien, loi 44, § 7, D., « De usurpat. et usucap., » L. XLI, t. 3). Enfin, Cujas nous fait remarquer que la stipulation, sans avoir été faite nommément pour le captif, ou *simpliciter*, peut avoir été faite pendant la captivité pour l'hérédité ; ici encore la situation du fils doit être séparée de celle de l'eclaves ; le premier n'a pas agi valablement, ne pouvant stipuler pour autrui; la stipulation faite par le second aura tout son effet et profitera à l'héritier.

L'héritier du captif ne peut donc pas toujours invoquer la stipulation faite pendant la captivité par l'esclave du captif; il ne profite jamais de la stipulation faite dans ce même temps par le fils de famille du captif. Ajoutons qu'il n'a aucun droit sur les biens légués ou échus au captif pendant la captivité, puisque le légataire est alors réputé mort avant le testateur.

Si le captif est un fils de famille ayant testé sur son pécule castrens, ne faudra-t-il pas encore restreindre les droits de l'héritier institué? Quels seront les droits du père qui recueillera le pécule au cas de répudiation par l'héritier institué? En un mot, quel sera le sort de la stipulation faite par un esclave du pécule? Il y a controverse à cet égard entre les jurisconsultes.

C'est une règle acceptée par tous, que le captif mort chez l'ennemi est réputé mort du jour où il a été fait captif; la loi *Cornélia* le veut ainsi; et l'héritier institué par le fils de famille captif, peut l'invoquer (Papinien, loi 14, pr., D., « De castr. pecul., » L. XLIX, t. 17). Personne ne met non plus en doute la rétroactivité du droit du père qui recueille *jure pristino* le pécule castrens *omisso testamento filiifamilias*. Mais ce sont là deux fictions qui ne peuvent s'appliquer qu'aux effets de droit et non aux faits; et la controverse s'engage sur la qualification qu'il convient de donner aux actes faits par l'esclave du pécule castrens pendant la captivité. Nous allons rencontrer des textes où il est question des actes faits par cet esclave après la mort du fils testateur et avant que son institué prenne parti. Ce que nous avons dit ci-dessus de la loi *Cornelia* nous permet de les appliquer ici. Il nous faut distinguer les hypothèses :

1° L'héritier institué par le fils de famille fait adition; la stipulation est-elle valable? Non, en principe, selon Papinien (loi 18, pr., D., De stipul. serv., » L. XLV, t. 3). De ce que le fils de famille a institué un héritier, il ne résulte pas qu'il ait dès maintenant une hérédité. Le but des constitutions impériales est de donner au fils le droit de disposer de son pécule par testament, et d'avoir ainsi une hérédité; mais le pécule castrens conserve sa qualité de pécule, jusqu'à ce que l'adition d'hérédité vienne consolider le testament du fils. La stipulation dont nous parlons est un fait accompli par l'esclave à un moment où il n'était pas encore esclave héréditaire, où l'on ne peut dire, *hereditas jacens sustinet personam defuncti;* elle est donc nulle. Mais cette solution est rigoureuse, et Papinien lui-même n'en admit pas toutes les conséquences. L'esclave qui a stipulé avait deux maîtres, le fils testateur au pécule castrens duquel il appartient pour partie, et Mévius; notre stipulation est nulle pour le pécule et l'héritier qui le recueille; mais la stipulation faite par un esclave ayant plusieurs maîtres, et nulle à l'égard de l'un d'eux, profite aux autres pour la totalité. Mévius profitera donc de toute la stipulation faite par l'esclave du pécule. Telle est la décision du pr. de la loi 18 précitée. Observons qu'ici, en admettant le principe dans sa rigueur, la stipulation n'en conserve pas moins tout son effet. Il n'en est pas de même dans l'espèce suivante prévue par Papinien au même Livre 27 de ses Questions (loi 14, § 1er, D., « De castr. pecul., » L. XLIX, t. 17) : L'esclave qui a stipulé appartenait en entier au pécule castrens; si l'héritier institué fait adition, l'esclave aura été esclave héréditaire au jour où il stipulait; la validité de la stipulation sera donc en suspens jusqu'à ce que l'héritier ait pris parti. Cette décision nous semble dictée à Papinien par le désir de maintenir une stipulation qui, si elle tombait à l'égard de l'héritier du fils, ne serait pas relevée par un copropirétaire de l'esclave, comme dans l'espèce précédente. Cette dernière décision de Papinien était acceptée par les autres jurisconsultes qui maintenaient toujours la stipulation au profit de l'héritier du fils testateur.

2° L'héritier institué par le fils répudie le pécule castrens; la stipulation faite par l'esclave du pécule est-elle nulle? *Nullius momenti videtur,* dit Papinien; c'est le père qui recueille le pécule, *jure pristino;* et au jour de la stipulation, l'esclave n'était pas *servus patris* et ne pouvait acquérir pour le père (même loi 14, § 1er, « De castr. pecul.). Il est vrai qu'à la fin de ce paragraphe, nous trouvons la solution contraire admise au nom de la *verecundia paterna;* mais la nature même de ce motif, les termes dans lesquels il est exprimé, et enfin cette circonstance que l'économie du texte est rompue par cette dernière partie du § 1er, nous prouvent assez que la décision qui y est donnée n'émane pas de Papinien; cette décision, quoique conforme à l'avis d'Ulpien, n'a pas non plus été écrite par lui dans notre loi, quoiqu'en ait dit Cujas; le style indique une époque postérieure et la main de Tribonien.

Ulpien était donc d'un avis contraire à celui de Papinien; et c'est ce que nous voyons à la loi 33, pr., D., « De adquir. rer. domin., » L. XLI, t. 1er. Sans doute, le pécule castrens reste pécule jusqu'à l'adition d'hérédité, et si, avant cette adition, le père doit effectuer un rapport, une *collatio bonorum*, il y devra comprendre le pécule castrens (loi 1re, § 22, D., « De collatione, » L. XXXVII, t. 6). Il est aussi évident que la stipulation est un fait et qu'aucune fiction ne peut changer le jour où elle est intervenue. Mais ses effets, sa validité, sa nullité sont des effets de droit susceptibles d'être modifiés par des fictions, et l'adition d'hérédité prouve que, dès la captivité du fils, son pécule castrens a constitué une hérédité, et, après la répudiation du pécule castrens, il est certain que, depuis la même époque, le père a été propriétaire du pécule, *jure pristino;* et, au jour où il a stipulé, l'esclave du pécule a été *servus hereditarius*, ou *servus patris*, selon le parti que prend l'héritier institué par le fils.

Ce que nous venons de dire de la stipulation faite par l'esclave du pécule, s'applique aux traditions par lui reçues.

Pour les legs qui viennent à lui échoir pendant la captivité du fils, tout le monde reconnaît qu'ils profitent, soit à l'héritier faisant adition, soit au père recueillant *jure peculii.* Mais Papinien et Ulpien ne s'accordent pas sur le motif de cette décision. Au point de vue de sa validité, la stipulation est considérée au jour où elle intervient, le legs, au jour de son ouverture. En règle générale, le legs est réputé ouvert au décès du testateur. Papinien, au § 2 de la loi 14, « De castr. pecul., » faisant arbitrairement exception à cette règle, fixe l'ouverture du legs fait à l'esclave du pécule castrens, au jour où l'institué prend parti; et c'est ainsi qu'il le fait reposer dès cette époque d'ouverture sur l'héritier ou sur le père. Tel n'est pas l'avis d'Ulpien qui veut maintenir la règle; l'ouverture du legs est un fait, mais son effet est un effet de droit tombant sous l'application de nos fictions.

L'opinion d'Ulpien, plus logique, plus conforme aux principes généraux, avait dû prévaloir. Nous la trouvons sanctionnée par Tribonien, à l'égard de la stipulation, dans son interpolation au texte contraire de Papinien.

Tels sont les effets de la fiction de la loi *Cornelia*. En nous résumant, nous trouvons que cette fiction, comme nous l'a dit Ulpien, s'applique à toutes les parties du droit; qu'elle valide en entier le testament fait par le captif avant sa captivité, et même la substitution pupillaire qui y est contenue, qu'elle défère l'hérédité testamentaire ou abintestat du captif aux héritiers qui y auraient droit s'il fût mort à l'instant de sa captivité; enfin, qu'elle s'applique au pécule castrens dont le captif fils de famille a disposé par testament, comme à toute autre hérédité testamentaire.

Nous finissons ainsi ce qui a rapport au captif citoyen romain, soit qu'il se trouve encore en captivité, soit qu'il revienne avec le *jus postliminii,* soit enfin qu'il meure testat ou intestat chez l'ennemi.

CHAPITRE III

Des choses captives.

Les choses ne sont des biens et ne peuvent être de quelque utilité à l'homme qu'autant qu'il peut s'en servir pour en retirer un profit. En définissant le droit de propriété et les autres droits qui n'en sont que des démembrements, le législateur n'a fait que consacrer cette idée, et sauvegarder les droits du juste possesseur. Cette sauvegarde a été son seul but; aussi, s'arrête-t-il dans son œuvre lorsqu'il lui est impossible d'y atteindre. Il n'y avait donc pas lieu de créer pour les choses prises par l'ennemi une fiction semblable à celle de la loi *Cornelia;* car, dès que la chose périt chez l'ennemi, et que l'ancien propriétaire n'en peut rien recouvrer, que lui importe qu'elle soit réputée perdue ou simplement captive depuis le jour où l'ennemi s'en est emparée? Ce qui est certain pour lui, c'est que, depuis ce jour, elle ne lui a été d'aucune utilité, et qu'un droit sur elle ne lui servirait de rien.

Mais si la chose est reprise à l'ennemi, il est fort utile à l'ancien possesseur de faire reconnaître l'immutabilité de son droit afin de recouvrer la chose même. Aussi, le législateur romain avait-il consacré l'existence d'un *postliminium* s'appliquant aux choses et que les auteurs nomment *postliminium* passif. Paul le définit dans le pr. de la loi 19, « De captiv., » texte dont nous avons invoqué précédemment certaines expressions. « C'est, nous dit-il, le droit de reprendre à l'ennemi la chose perdue, et de la rendre à son état primitif. » Cette fiction, en effet, fait considérer la chose captive sortie des mains de l'ennemi comme étant toujours demeurée en la possession de son ancien maître et grevée des mêmes charges qu'auparavant.

Voyons d'abord quelles choses sont susceptibles d'être ainsi reprises; nous saurons ensuite quels droits conditionnels subsistent sur la chose captive et quel est l'effet de son retour.

SECTION PREMIÈRE

Des choses auxquelles s'applique le postliminium *passif.*

Le *postliminium* passif existe entre les mêmes peuples et dans les mêmes temps et circonstances que le *postliminium* actif; mais ce dernier, comme cela résulte de sa dénomination et de ce que nous avons dit précédemment, ne s'applique qu'aux personnes libres captives, tandis que le premier ne s'entend que de la fiction qui rend à son ancien propriétaire l'esclave captif ou la chose occupée ou prise par l'ennemi. Dans notre rubrique, le mot *choses* comprend les esclaves comme les choses inertes et les animaux.

En première ligne, nous devons citer comme étant rendues à leurs anciens maîtres, les propriétés territoriales occupées par l'ennemi et qui lui sont reprises.

Elles ne sont pas vendues aux enchères publiques, ni traitées comme butin, comme le serait le territoire pris sur l'ennemi (Pomponius, loi 20, § 1er, « De captiv. »).

Le même jurisconsulte nous a déjà fait remarquer, dans la loi 14, au même titre, que les deux sortes de *postliminium* se rencontrent au retour du fils captif, en ce sens que, d'une part, ce fils recouvre ses droits de cité et de famille, comme s'il ne les avait jamais perdus, et que son père, d'autre part, reprend sur lui l'exercice de sa *patria potestas*. Mais, dans ce chapitre, nous ne voulons nous occuper du *postliminium* passif que dans les cas où on le rencontre seul.

Nous avons déjà dit que l'esclave de retour est supposé n'avoir jamais cessé d'être en la puissance de son maître, et lui est restitué, ou à son héritier si ce maître est décédé pendant la captivité de l'esclave. C'est ce que décident les empereurs Dioclétien et Maximien, dans la loi 10, C., « De postliminio. » Paul, dans la loi 19, § 10, D., « De captiv., » déclare que le *postliminium* est pour tout captif, homme ou femme, libre ou esclave. Le maître reprend ainsi son esclave, même transfuge ; la décision contraire serait moins sévère pour l'esclave transfuge qui reste esclave, que préjudiciable pour le maître

(Paul, loi 19, § 5, « De captiv. »). Le paragraphe précédent, en posant ce principe que pour le transfuge il n'y a pas de *postliminium*, l'avait restreint à l'homme libre.

En général, l'objet mobilier qui a été pris par l'ennemi et lui est repris par les soldats, fait partie du butin et ne revient pas à son ancien maître par l'effet du *postliminium* (Labéon, loi 28, « De captiv. »). Mais Paul, dans la même loi, fait immédiatement exception à cette règle pour celui qui, fait captif et esclave à la guerre, retourne chez ses concitoyens et est ensuite repris à la guerre. L'esclave qui échappe à son maître et retourne vers les siens, et ensuite est de nouveau fait prisonnier, revient par l'effet du *postliminium* à celui qui l'avait fait captif dans la première guerre ; sauf toutefois le cas où, dans le traité de paix, la restitution des captifs aurait été convenue, parce qu'alors le traité aurait éteint complètement le droit de l'ancien maître. En un mot, l'esclave captif de retour est rendu à son maître; c'est ce que nous disent les empereurs Dioclétien et Maximien dans la loi 12, C., « De postliminio. » Marcellus fait encore d'autres exceptions au principe ; les bâtiments de guerre, galères ou navires de transport retournent à l'État par l'effet du *postliminium* passif, quand, après avoir été capturés, ils sont repris à l'ennemi ; il n'en est pas de même des bâtiments de pêche ou de plaisance? Le cheval ou la jument, *freni patiens,* fait aussi exception à la règle, parce qu'il peut s'être échappé sans la faute du cavalier. Mais les armes ne peuvent être recouvrées, parce qu'on ne peut les perdre sans honte (loi 2, pr., §§ 1er et 2, « De captiv. »). Il en est du vêtement comme des armes, nous dit Pomponius, dans la loi 3 au même titre, et par le même motif. Nous avons dit que l'esclave captif de retour était restitué à son maître; il en est ainsi de l'esclave de la peine; il est rendu à sa peine; toutefois, il ne sera pas puni comme transfuge de la peine; c'est ce que Tryphoninus nous dit pour le condamné aux mines (loi 12. § 17. « De captiv. »). De même les terrains religieux ou sacrés cessent de l'être s'ils sont occupés par l'ennemi et reprennent par *postliminium* leur ancien état dès que l'ennemi en est chassé (Pomponius, loi 36, D., « De relig., » L. XI, t. 7).

Au point de vue de la restitution des navires, nous pouvons comparer aux règles de la législation romaine celles qui furent établies chez nous sous le Directoire et postérieurement. Une loi du 12 vendémiaire an VI (3 octobre 1797), reproduisit en partie les dispositions que nous venons de rencontrer dans le droit romain. Les propriétés foncières reprises sur l'ennemi par les armées de la République retournent à leurs anciens propriétaires. Mais l'intérêt privé y est mieux sauvegardé : il ne s'agit plus d'esclaves; mais toute chose mobilière est restituée à l'ancien maître qui prouve son droit. Pour les navires, il ne suffit plus de prouver son droit; d'autres conditions sont mises à la restitution: le navire doit avoir été pris dans une rade ou un port français et repris par les troupes de la République aussi dans un port français et avant d'avoir été conduit dans aucun port ennemi. Un décret du 1er octobre 1793 avait déjà, antérieurement, dans son art. 37, décidé que le navire repris « par les vaisseaux de la République » moins de vingt-quatre heures après la prise par l'ennemi, était restitué à son propriétaire, sauf le paiement d'un tiers de la valeur du navire et de sa cargaison à titre de droit de *recousse ;* mais le navire qui avait passé plus de vingt-quatre heures chez l'ennemi, lui appartenait définitivement, et devenait la propriété du « recapteur. » Cette disposition fut reproduite par un arrêté du 2 prairial an XI (22 mai 1803) : toutefois, si la reprise avait eu lieu par un bâtiment de l'Etat, le navire était toujours restitué, sauf un droit de *recousse ;* ce droit était d'un trentième de la valeur, si la reprise avait eu lieu dans les vingt-quatre heures de la capture, et d'un dixième au cas contraire. Aucune disposition législative n'a modifié ces dispositions.

Comme pour l'application du *postliminium* actif, nous n'avons pas ici à considérer la cause du retour : que ce soient les ennemis qui aient rendu la chose, ou les soldats qui l'aient reprise, ou, s'il ne s'agit pas d'une chose inerte, que cette chose se soit échappée de leurs mains, ou enfin qu'elle ait été rachetée à l'ennemi, sauf une distinction que nous ferons dans cette dernière hypothèse, peu importe ; le *postliminium* passif lui sera applicable.

Il faut cependant remarquer une différence entre l'esclave et les autres choses captives. Elle nous est signalée par Paul, dans la loi 30, « De captivis. » Labéon décidait que la chose captive était considérée comme revenue dès qu'elle avait repassé la frontière ; mais Paul déclare que pour l'esclave captif, fût-il rentré dans Rome, s'il ne sert ni son maître, ni personne autre, il n'est pas considéré comme de retour.

SECTION II

Des droits qui subsistent sur la chose captive avant ou après son retour.

Nous venons de voir quelles choses sont susceptibles de rentrer en la puissance de leur maître en vertu de son *jus postliminii* passif : qu'il nous soit permis de désigner par ces mots le droit qu'a l'ancien maître d'invoquer le *postliminium* passif pour recouvrer sa chose. Nous savons aussi à partir de quel moment l'ancien propriétaire est considéré comme n'ayant jamais cessé de l'être. Sur ce dernier point, nous devons immédiatement faire une réserve, que nous n'avons fait qu'indiquer ci-dessus, à l'égard des choses rachetées à l'ennemi par un autre que leur maître. Nous trouverons pour ces choses rachetées un état incertain analogue à celui du citoyen captif rédimé. Nous allons d'abord rechercher quels droits compétent sur la chose captive avant son retour.

§ 1er — Des droits qui compétent sur une chose pendant sa captivité.

I. Supposons d'abord un contrat intervenu sur une chose ou un esclave avant sa captivité. Cet esclave a été promis par son maître à un tiers stipulant. Si, au lieu d'être fait captif, il mourait, l'obligation serait éteinte ; mais on ne peut pas assimiler la captivité à la mort. Ici, comme pour le citoyen captif, nous voyons dominer l'espoir du retour, la *spes postliminii*. L'obligation dont il s'agit ne sera donc pas éteinte; son effet cessera momentanément, et son existence sera subordonnée au retour de l'esclave. Mais si la captivité de l'esclave provenait du fait de son maître qui a promis, ce dernier demeurerait toujours tenu de la valeur de l'esclave. C'est ce que nous disent, Paul dans la loi 98, § 8, D., « De solutionibus, » L. XLVI, t. 3, et Pomponius dans la loi 55, D., « De act. empti., » L. XIX, t. 1er. Ce dernier jurisconsulte donne pour motif du maintien de l'obligation que, par rapport aux contractants, l'esclave stipulé ou vendu reste dans le commerce; il y a plutôt difficulté de *prester*, qu'extinction provenant de la nature de l'obligation. Nous avons supposé qu'au jour de la captivité le promettant n'était pas en demeure de livrer. S'il se trouvait déjà en demeure à ce moment, il serait constitué en faute, comme si la captivité provenait de son fait, et il demeurerait obligé (Paul, loi 91, § 1er, D., « De verb. oblig. »).

Il se peut encore que l'esclave, sans être lui-même l'objet d'une obligation, promette sur son pécule ; il obligera ainsi son maître *de peculio*. Et il en serait de même du fils de famille à l'égard de son père. Du jour où l'esclave est captif, il n'y a plus de pécule proprement dit. Toutefois, l'action *de peculio* ne s'éteindra pas à l'expiration de l'année de la captivité, comme s'il s'agissait du décès de l'esclave, mais demeurera tant que cet esclave pourra revenir; le temps de la captivité ne sera pas compté (Paul, loi 2, § 1er, D., « Quando de pecul. act., » L. xv, t. 2). En droit strict, l'action *de peculio* devrait s'éteindre par la mort de l'esclave ; car, à partir de ce moment, plus d'esclave et conséquemment plus de pécule ; mais, dans un intérêt d'équité, le préteur continuait cette action, même au-delà de la mort de l'esclave; l'action qui était perpétuelle du vivant de l'esclave deviendra annale ; celle qui était temporaire demeurera telle, et l'action rédhibitoire ne durera toujours que six mois à partir du contrat dont l'objet y est soumis (Paul, loi 2, pr., D., au même tit.; — Ulpien, loi 19, § 6, D., « De ædil. edicto, » L. xxi, t. 1er). Mais ces règles ne trouvent pas leur application pendant la captivité.

II. Pendant la durée de la captivité, la chose peut être l'objet d'un contrat ou d'un acte de disposition quelconque. Nous l'avons dit, l'espoir du *postliminium* domine ; c'est lui qui conserve les droits antérieurs à la captivité; c'est lui aussi qui permet d'en créer de nouveaux pendant cette captivité. C'est ainsi qu'on peut léguer la chose captive (Pomponius, loi 9, « De leg., 1° »); l'esclave captif pourra être l'objet d'un legs, ou même être institué héritier (Julien, loi 98, même tit.); il pourra être vendu ou promis; il pourra enfin être affranchi, quoi qu'il se soit trouvé, aux deux époques de la confection du testament et de la mort du testateur, au pouvoir de l'ennemi, et non sous la puissance de ce testateur; nous venons de dire, d'ailleurs, qu'il pourrait être institué héritier; il peut donc recevoir en même temps la liberté (Ulpien, loi 30, D., « De manum. testam., » L. XL, t. 4). L'esclave captif compte dans l'hérédité; s'il revient après la mort de son maître et avant l'adition d'hérédité, il sera esclave héréditaire; il devra être compris dans le calcul de la Falcidie (Ulpien, loi 43, D., « Ad leg. Falcid., » L. XXXV, t. 2). Cet esclave, faisant partie de l'hérédité, doit encore être réuni aux autres choses héréditaires pour le partage de cette hérédité, et pour l'exercice de l'action *familiæ erciscundæ;* il subira donc l'adjudication qui est une faculté essentielle de cette action (Ulpien, loi 12, pr., D., « Fam. ercisc., » L. X, t. 2). La loi 22, § 5, à ce même titre, et du même jurisconsulte, énonce cette opinion comme étant celle de Papinien. L'adjudication se fait *verbo tantùm*, et non *re*.

Le juge, en faisant cette adjudication en vertu de son *arbitrium*, imposera au profit de l'adjudicataire une *cautio* ou promesse sur stipulation de le rendre indemne au cas où l'esclave mourrait chez l'ennemi (Paul, loi 23, D., au même tit.). En vertu de cette stipulation, si l'esclave ne revient pas, les parts héréditaires seront ramenées à l'égalité, comme si l'hérédité était diminuée du montant de l'estimation de l'esclave.

Toutefois, on peut, dans l'estimation, tenir compte du risque, de la chance contraire; si l'on a agi ainsi, il n'y aura plus lieu à la *cautio*. Nous trouvons des constitutions impériales qui reconnaissent la validité de conventions estimant un risque de cette nature (lois 1re et 21, C., « De pactis, » L. II, t. 3; — loi 11, C., « De transactionibus, » L. II, t. 4). Paul nous dit que, si elles interviennent sur des fidéicommis et sont contraires à la volonté du testateur, elles ne peuvent valoir (Sent., L. IV, t. 1er, § 13).

Si la chose captive est comprise dans l'action *familiæ erciscundæ*, il en est de même des accessoires de cette chose. Il en est de même aussi des *prestations* de cette chose, c'est-à-dire de la part pour laquelle chaque héritier doit contribuer aux dépenses faites sur la chose, des contributions respectives des héritiers à ces dépenses. Telle est, du moins, l'opinion de Papinien qui, au dire d'Ulpien (loi 22, § 5, D., « Fam. ercisc., » L. X, t. 2), combattait sur ce point l'avis de Marcellus. Si, avant l'exercice de notre action, un seul des héritiers avait dépensé quelque chose pour racheter l'esclave captif, ou pour le soigner avant sa captivité, ou si, avant cette captivité, il avait seul profité des services de l'esclave, le juge de l'action *familiæ erciscundæ* devrait tenir compte de cette circonstance et faire contribuer chacun de ses cohéritiers à la dépense ou au profit fait par celui dont nous parlons. Cette contribution, c'est ce qu'Ulpien, dans la loi 22, § 5, précitée, appelle une prestation; c'est ce que Papinien veut, avec raison, et malgré l'avis contraire de Marcellus, faire comprendre dans l'action *familiæ erciscundæ*. Pour tout argument, Papinien fait remarquer que la chose captive elle-même tombe sous notre action *familiæ erciscundæ;* et il n'en est ainsi qu'à raison de cet espoir de retour qui domine notre matière ; il est d'heureux présage qu'un testateur lègue, ou qu'un juge de l'action *familiæ erciscundæ* adjuge la chose captive ; c'est l'annonce de la victoire qui permettra de recouvrer cette chose.

§ 2. — Des droits qui compètent sur la chose, après son retour.

La chose captive, qui revient, est considérée comme n'ayant jamais échappé à la puissance de son maître. Telle est la règle ; et peu importe comment elle est revenue, pourvu qu'il s'agisse d'une chose susceptible d'être reprise en vertu du *jus postliminii* passif. Mais cette règle comporte une exception ; nous voulons parler de la chose, et en particulier de l'esclave captif racheté par un autre que par son ancien maître. Pour que cet ancien maître puisse faire valoir en ce cas son *jus postliminii* passif, il doit préalablement rembourser le rédimant. Comme garantie du remboursement sur les personnes libres captives, nous avons trouvé un droit de gage naturel subsistant jusqu'au remboursement au profit du rédimant. Sur la chose captive, le droit du rédimant est plus complet ; c'est un droit de propriété, mais droit de propriété sous condition résolutoire ; ce droit s'éteindra si l'ancien propriétaire rembourse le prix de la chose rachetée. Ce droit du rédimant existerait alors même qu'il aurait connu les droits de l'ancien propriétaire. C'est ainsi que l'esclave captif, racheté à l'ennemi, devient esclave du rédimant (Tryphoninus, loi 12, § 7, « De captiv. »).

Qu'il n'y ait qu'un ancien propriétaire de cette chose, qu'un ancien maître de l'esclave captif, ou qu'il y en ait plusieurs, le résultat sera toujours le même, si tous sont d'accord pour rembourser au rédimant le prix avancé par lui. S'ils sont d'avis différents à cet égard, un seul des anciens maîtres peut reprendre l'esclave en désintéressant le rédimant, et recouvrer ainsi son ancien droit pour la part qu'il avait dans la propriété de cet esclave ; pour la part des récalcitrants, il succédera aux droits du rédimant. Ce rédimant ne peut, d'ailleurs, exiger une tentative d'accord entre les anciens maîtres ; dès que l'un ou plusieurs d'entre eux se présente en offrant la totalité du prix de rachat, l'esclave leur revient par *jus postliminii* (Thryphoninus, loi 12, § 13, « De captiv. »).

Nous venons de faire prévaloir le droit de l'ancien maître de l'esclave captif sur celui du rédimant, si ce dernier est désintéressé par le premier. En serait-il encore de même, si le rédimant avait cru par erreur acquérir du vrai propriétaire ? ou, au contraire, y aurait-il, en ce cas, à son profit, une sorte d'usucapion éteignant le droit de l'ancien maître ? Telle est la question que Tryphoninus se pose au § 8 de notre loi 12, « De captiv., » et qu'il résout en faveur du rédimant. L'objection était tirée de la constitution portée sur les rédimés et qui faisait de l'esclave racheté la propriété du rédimant ; on ne peut pas, disait-on, usucaper ce qui vous appartient déjà. Mais la réponse est facile ; la constitution n'a pas voulu rendre pire la condition du rédimant ; elle a voulu la rendre meilleure ; sans elle, et en qualité d'acheteur de bonne foi, le rédimant aurait un droit inattaquable et définitif à raison du temps écoulé depuis sa possession : il serait inique et contraire à l'esprit de la constitution de ne pas faire prévaloir ce droit consacré par le temps.

On tire argument de ce même texte pour soutenir que la tradition, intervenant sur une *res mancipi* entre un citoyen romain et un pérégrin, suffit pour éteindre ou pour créer le *dominium ex jure Quiritium*. La tradition, qui transfère la propriété complète des *res nec mancipi*, laisse au *tradens* d'une *res mancipi* le *nudum jus Quiritium*, et place cette chose *in bonis* de celui à qui la tradition est faite, ne donnant ainsi à ce dernier qu'une propriété de droit des gens. Mais, pour qu'il puisse être question de *jus Quiritium*, il faut que celui qui prétend l'avoir soit citoyen romain. Si donc la tradition a eu lieu entre deux citoyens, celui qui l'a faite a conservé sur la chose une propriété Quiritaire imparfaite, un *nudum jus Quiritium;* et celui qui l'a reçue a acquis une propriété de droit des gens que les interprètes ont nommée *dominium bonitarium;* la chose est dans son patrimoine, *in bonis*. Si, au contraire, la tradition est intervenue entre deux pérégrins, il ne peut plus être question de propriété *Quiritaire* ou *bonitaire;* pour eux, il n'y a qu'une propriété, on est propriétaire ou on ne l'est pas. Gaius (Comm. II, § 40) nous dit qu'il en était de même à Rome dans le principe. La distinction se fit plus tard entre les deux sortes de propriété. Gaius nous fait, du reste, remarquer au paragraphe suivant qu'on arrivait à la première par la seconde, au moyen de l'usucapion. En était-il de même si la tradition était faite par un citoyen romain à un pérégrin, ou réciproquement? Le citoyen qui recevait par tradition un esclave, *res mancipi*, d'un pérégrin, acquérait-il sur cet esclave, immédiatement et sans usucapion, la propriété Quiritaire? Et le citoyen qui faisait à un pérégrin tradition d'un esclave, perdait-il, par ce seul fait, sur l'esclave la propriété Quiritaire? Telle est notre double question. Plusieurs textes motivent et confirment notre réponse affimative.

Et d'abord le § 40 du Comm. II de Gaius, que nous

avons cité; il est bien certain, en effet, que le pérégrin qui a fait tradition de sa chose à un citoyen romain, n'a pas retenu sur la chose le *nudum jus Quiritium*, qu'il a transféré tous ses droits de propriété tels qu'il les avait, qu'il a tout aliéné; le cessionnaire a donc tout acquis. A l'inverse, le pérégrin qui reçoit la tradition d'un citoyen romain, acquiert toute la propriété; car, pour lui, la tradition est un mode de translation complète de la propriété; il ne peut avoir qu'une propriété entière; une propriété qui ne serait que *bonitaire* ne serait rien pour lui. Cette argumentation est d'autant plus concluante qu'elle est fondée sur une idée qui nous semble indiscutable; c'est qu'il ne peut y avoir de *res mancipi* que la chose qui se trouve entre les mains d'un citoyen. Justifions cette pensée. Les Romains avaient, dans la loi des XII Tables, divisé les choses susceptibles de propriété privée en deux classes, les *res mancipi* et les *res nec mancipi*, les premières considérées comme ayant plus de valeur que les autres. Les *res mancipi*, ce sont les immeubles d'Italie au temps de Gaius et d'Ulpien (Gaius, Comm. II, § 1er; — Ulpien, Règ., t. 19, § 1er), et depuis que Jules César a conféré à tous les peuples d'Italie le droit de cité, et à leurs territoires la qualité qui fut désignée plus tard sous le nom de *Jus Italicum;* ce devaient être avant Jules César les immeubles situés sur le territoire de Rome; ce seront ensuite les immeubles situés dans tous les pays jouissant du *Jus Italicum*, jusqu'à ce que la distinction même des *res mancipi* et des *res nec mancipi* soit abrogée. A côté de ces immeubles, nous devons ranger comme *res mancipi* les droits de servitudes grevant directement les fonds qui se trouvent dans les mêmes territoires. Nous devons enfin, pour compléter cette énumération, citer les esclaves et les bêtes de somme ou de trait d'un usage habituel. Si maintenant nous recherchons le caractère distinctif de ces choses *mancipi*, nous n'en trouvons qu'un, celui de ne pouvoir être aliénés complétement que par *mancipation* ou par *cessio in jure*. Ce qu'avait voulu le législateur romain, c'était de protéger le citoyen contre une aliénation trop facile des objets qui faisaient le fonds, la partie importante de son patrimoine; et, pour cela, il exigeait l'emploi d'une forme solennelle ; c'est ainsi que notre législateur français s'est servi du même moyen pour protéger les débiteurs contre les fraudes et contre leur trop grande facilité à hypothéquer leurs biens. Mais, à Rome, cette protection ne pouvait s'appliquer qu'au citoyen, et le pérégrin qui aliénait l'une de ces choses ne pouvait prétendre à cette portion du droit de propriété qui était la sauvegarde du citoyen romain, le *nudum jus Quiritium* permettant la revendication, sauf par le préteur à admettre une exception qui fut juste. Il est donc certain que la chose doit sortir du patrimoine d'un citoyen romain pour qu'il y ait lieu de rechercher si elle était entre ses mains *mancipi* ou *nec mancipi*. Nous ajoutons qu'il faut, pour cela, qu'elle entre dans le patrimoine d'un autre citoyen. Et, en effet, la protection à donner au citoyen a dû céder devant la force du droit du pérégrin et devant une impossibilité matérielle : devant une impossibilité matérielle, car, le *nudum jus Quiritium*, qui prend fin naturellement lorsque le citoyen acquéreur arrive au domaine quiritaire par l'usucapion, n'aurait plus de cause d'extinction, si l'acquéreur était un pérégrin; devant la force du droit du pérégrin, car si le droit romain a partagé en deux une propriété qui, à l'origine, ne formant qu'un droit unique, était égal au droit de propriété du pérégrin, cette subdivision ne peut être opposable au pérégrin ; car pour lui, l'acquisition ne produirait aucun effet si l'on voulait retenir une portion du droit de propriété. Aussi, Paul, dans un texte contenu au § 47 des *Fragmenta Vaticana*, rapproche-t-il, pour les assimiler, l'acquisition d'un esclave par un pérégrin au moyen de la tradition, et l'acquisition par tradition d'une *res nec mancipi;* et il déclare que ces deux traditions, quoiqu'opérant translation complète de la propriété, ne peuvent contenir au profit du cédant une réserve de l'usufruit, parce que l'usufruit ne peut être constitué que par un mode de droit civil, et non par la tradition qui est de droit des gens. De même, Ulpien (Reg. t. 1er, § 16), voulant parler d'un esclave qui est *in bonis* de son maître, suppose qu'il a été livré par un citoyen à un autre citoyen, et déclare que l'affranchissement de cet esclave par son nouveau maître le rendra *Latin Junien* (Gaius, Comm. I, § 167). Enfin, notre § 8, à la loi 12, « De captiv., » vient corroborer les autres textes. Il résulte en effet de ce paragraphe que le rédimant d'un esclave n'a besoin d'aucune usucapion pour en devenir propriétaire complet, quoique conditionnel, que bien au contraire, sa propriété est dès lors assez complète pour l'empêcher d'usucaper véritablement ; il n'aura à son profit qu'une sorte d'usucapion libératoire, ou plutôt il aura la faculté de renoncer au droit spécial créé à son profit par la constitution, pour reprendre le droit commun.

Quelques savants jurisconsultes refusent de partager notre opinion ; le pérégrin, disent-ils, ne peut transmettre que les droits qu'il a ; il n'a pas le *jus Quiritium;* d'autre part, le citoyen ne peut transmettre au pérégrin un droit dont ce dernier est incapable de jouir, et surtout ne peut aliéner le *jus Quiritium*. Nous avons déjà répondu à cet argument par le § 40 du Comm. II de Gaius. Mais alors ces jurisconsultes invoquent l'analogie qui existe entre l'acquisition par tradition et l'acquisition par occupation. Ils décomposent la tradition en un abandon et une occupation. Nous ne pouvons reconnaître cette analogie : dans la tradition, la possession du *tradens* et celle de l'*accipiens* se rejoignent, se lient si intimement l'une à l'autre que l'*accipiens* pourra invoquer la continuité de possession depuis le jour où le *tradens* même l'avait reçue; entre l'abandon et l'occupation, il faut nécessairement admettre pour fonder le droit de l'*occupans* un instant de raison où la chose a été *nullius*. Il est essentiel, selon nous, pour qu'il y ait occupation, que l'ancien propriétaire ait abandonné sa chose avec l'intention unique d'en faire une *res nullius* et non pas de la transmettre à telle ou telle personne (Inst., § 47, « De divis. rer., » L. II, t. 1er). Si l'on en croit ce texte, l'occupation même donnerait immédiatement la propriété quiritaire; mais d'autres textes au titre « Pro derelicto, » D., L. XLI, t. 7, parlent d'usucapion à accomplir par l'*occupans*. C'est sur ces textes que se fondent nos adversaires. Nous ne croyons pas que l'assimilation soit possible; rien, d'ailleurs, dans ces lois du Dig. ne fait supposer qu'il puisse s'agir d'un ancien propriétaire, ou d'un *occupans* pérégrin.

Il est donc établi maintenant, pour nous, que, si l'une des choses énumérées par Gaius dans le § 15 de son Comm. II, tombe du patrimoine d'un pérégrin dans celui d'un citoyen romain, ce citoyen acquiert immédiatement le domaine quiritaire sur cette chose qui devient *res mancipi;* et que, si elle est, au contraire, livrée par un citoyen à un pérégrin, il ne reste pas à ce citoyen de *nudum jus Quiritium*. Cette solution est la conséquence de cette idée incontestable que, pour le pérégrin, il n'y a pas de *res mancipi*, que la chose dont nous parlons ne devient *res mancipi* qu'en entrant dans le patrimoine du citoyen romain, et cesse de l'être dès qu'elle est aux mains du pérégrin.

Nous avons vu que le rédimant de l'esclave en est propriétaire sous condition résolutoire; dirons-nous qu'il peut l'affranchir?

Tryphoninus, au § 9 de notre même loi 12, répond affirmativement à cette question malgré le résultat d'une comparaison qu'il fait entre notre hypothèse et celle où ce même esclave serait affranchi chez l'ennemi. L'affranchissement de cet esclave chez l'ennemi le libérerait certainement, mais ne pourrait être opposable à son ancien maître citoyen romain; il en résulte que, si cet esclave venait dans le camp romain avec l'intention de retourner chez l'ennemi, son maître pourrait le reprendre et exercer sur lui son *jus postliminii* passif. Pour les hommes libres fait captifs, il en serait autrement, puisqu'ils ne peuvent invoquer le *postliminium* que s'ils reviennent avec la volonté de rester chez leurs concitoyens et d'abandonner l'ennemi; chacun, en effet, dit Sabinus, peut disposer de son droit de cité, mais ne peut nuire aux droits de propriété d'autrui. Mais tout ceci ne se rattache guère à notre espèce; nous ne parlons pas d'un affranchissement accompli selon le droit ennemi et qui ne peut faire obstacle aux droits du citoyen romain propriétaire d'un esclave, mais bien de l'esclave qui a eu un citoyen pour maître aux termes de la constitution, et nous demandons s'il peut obtenir de ce maître la liberté. Qu'arrivera-t-il si l'ancien maître n'offre jamais le prix de l'esclave, et s'il n'est pas permis de le mettre en demeure? Il sera libre, parce que priver cet esclave de sa liberté, quelques titres qu'il puisse y avoir, serait inique et contraire à cette faveur que les anciens avaient admise pour la liberté. Le rédimant pourrait dépouiller l'ancien maître de ses droits en cédant l'esclave à un tiers de bonne foi qui l'affranchirait après l'usucapion accomplie; pourquoi ne le pourrait-il pas directement par l'affranchissement?

Ce que veut la loi romaine, c'est que le rédimant soit indemne, n'éprouve aucun préjudice; c'est pour cela que l'esclave, condamné à n'être pas affranchi, ou vendu sous la condition qu'il ne le serait pas, reste entre ses mains sans être soumis à cette peine (loi 12, § 16, *in fine*, « De captiv. »). On a voulu permettre au rédimant qui a racheté l'esclave plus cher, puisque chez l'ennemi la peine est inapplicable, de ne pas attendre le remboursement de l'ancien maître et d'aliéner l'esclave pour un prix égal, ou à peu près, à celui du rachat. De même le rédimant conserve l'esclave libre de toutes les charges qui le grevaient avant la captivité; c'est ainsi que le gage antérieur à cette captivité ne pourra s'exercer sur l'esclave qu'après le remboursement du rédimant (même loi, § 12). Il n'en est plus de même dès que le *postliminium* passif est invoqué. Cette fiction, comme le *postliminium* actif, rétablit la chose dans son état primitif, en la faisant considérer comme n'ayant jamais été captive.

Aussi, l'ancien maître ne reprend sa chose que grevée du gage qui existait sur elle avant la captivité; et le créancier qui désintéresse le rédimant a droit de gage sur la chose captive et pour sa créance primitive, et pour le montant du prix de rachat, avec un droit préférable à celui des autres créanciers pour cette dernière somme, à l'instar du créancier postérieur qui paie un créancier préférable pour consolider son gage; cependant on avait discuté sur cette préférence, nous dit notre même § 12 à la loi 12, « De captivis. » Cette controverse n'a pas laissé de trace ailleurs, et la Vulgate dit *conversa* au lieu de *controversa*, ce qui signifierait simplement, qu'ici nous trouvons un résultat inverse du résultat habituel, puisque c'est le créancier postérieur en date qui est reconnu préférable à l'autre et doit être désintéressé par lui, tandis que, d'ordinaire, c'est le créancier antérieur en date qui doit être désintéressé. C'est qu'ici la cause de préférence vient de ce que le créancier postérieur à remis le gage en position d'être poursuivi. Si la chose captive est de nouveau frappée par le droit de gage qui la grevait avant sa captivité, la peine ou la clause de la vente, qui empêche l'esclave d'être affranchi, le ressaisit aussi entre les mains de l'ancien maître (même loi, § 16). Dans le § 12 dont nous venons de parler ci-dessus, indépendamment de la rectification que nous avons déjà signalé, Haloander et Pothier veulent substituer le mot *propiorem* au mot *propriorem;* ce changemement est, du reste, sans influence sur le sens général de la proposition. Quant aux règles sur le gage, on les trouve au tit. *Qui potiores* au Digeste, L. xx, t. 4. Ajoutons enfin aux droits qui reprennent leur effet sur la chose captive de retour, l'usufruit dont elle était frappée lors de sa captivité (Paul, loi 26, D., « Quid. mod. ususfr., » L. vii, t. 4).

La chose captive qui revient reprend tous ses caractères, même celui de chose furtive. Si nous supposons avec Javolenus (loi 27, D., « De captiv. ») qu'un esclave, pris par des voleurs, et tombé ensuite au pouvoir des Germains, a été vendu comme esclave après la défaite des Germains, nous devrons décider avec Labéon, Ofilius et Trebatius qu'il ne pourra être usucapé par son acheteur, et le fait de sa captivité et de son retour ne pourrait faire obstacle à cette décision.

Quand nous avons dit que la chose captive rentrait à son maître, nous n'avons fait aucune distinction; et il n'en faut pas faire ; quand il s'agirait même d'un esclave de la peine, il reviendrait à sa peine, sous la conditon par le fisc d'indemniser le rédimant, cet esclave ne serait cependant pas puni comme transfuge de la mine ; c'est ce qui résulte d'un rescrit des empereurs Sévère et Antonin (loi 12, § 17, « De captiv. »).

Cette indemnité serait due par le fisc alors même que l'esclave de la peine n'aurait pas été fait captif, mais seulement pris par des voleurs d'une nation étrangère et racheté à prix d'argent. Pomponius le décide ainsi pour une femme qui avait été condamnée aux mines de sel, puis prise par ces voleurs et rachetée par un centurion Cocceius Firmus (loi 6, même titre), (et non Coccius Firmius comme l'écrit le texte du Digeste). Mais comment expliquer cette obligation pour le fisc de rembourser le prix de rachat? Pour les choses furtives, il n'en est pas ainsi habituellement ; le propriétaire de la chose furtive, qui revendique, n'est pas tenu d'offrir à l'acquéreur évincé le prix payé par lui ; c'est ce que décide une constitution des empereurs Dioclétien et Maximien, la loi 23, C., « De rei vindic., » L. III, t. 32. Les empereurs Sévères et Antonin font un reproche à des négociants d'avoir voulu exiger leur remboursement préalable, et les avertissent d'agir à l'avenir avec plus de circonspection pour éviter des pertes de cette nature et surtout pour ne pas encourir de graves soupçons (loi 2, C., « De furtis, » L. VI, t. 2).

Remarquons d'abord que dans notre loi 6, D., « De captiv., » il s'agit de brigands *cæteræ gentis* de nation étrangère, c'est-à-dire devant emmener l'esclave au loin et échapper eux-mêmes à l'action *furti;* de plus, c'était un centurion qui rachetait cette femme dont parle Pomponius. Il agissait, sans doute, comme gérant d'affaire; et, s'il n'en était pas ainsi, il ne serait pas juste que la peine s'enrichît à ses dépens; or, il est bien probable que ce serait un enrichissement inique; car, sans lui, il est probable que cette esclave n'aurait jamais été recouvrée. Au contraire, dans les espèces prévues par les empereurs, la chose furtive, revendiquée contre les négociants qui demandaient leur paiement, se serait trouvée, sans doute, entre les mains d'autres négociants contre lesquels la revendication eût été de même possible.

Voici encore une conséquence de cette idée que la chose, qui revient à son maître, est supposée n'être jamais sortie de sa puissance; c'est qu'il a sur le produit, sur l'accessoire de la chose, le même droit que sur la chose même. Si l'on vous a légué l'enfant à naître de l'esclave Pamphile, et si vous avez racheté la mère à l'ennemi et qu'elle accouche chez vous, vous ne serez pas considéré comme ayant l'enfant *ex causâ lucrativâ,* comme l'ayant reçu à titre gratuit; mais le juge, en vertu de son *officium* et de son *arbitrium*, devra estimer, dans le prix payé pour la mère, la portion représentative de la valeur de l'enfant. Si cet enfant a été mis au monde chez l'ennemi, et qu'il soit racheté avec sa mère par une même personne et pour un seul et même prix, l'ancien maître doit, pour faire rentrer l'enfant en usant du *jus postliminii* passif, offrir cette portion du prix total, qui est estimée être la valeur de cet enfant. Le résultat serait le même *à fortiori*, si la mère et l'enfant, ou l'un d'eux, étaient entre les mains d'acheteurs différents.

Enfin, si un même acquéreur les avait rachetés pour des prix distincts, il aurait droit au remboursement séparé de chacun des deux prix payés à l'ennemi, avant de permettre l'exercice séparé du *jus postliminii* passif (loi 12, § 18, « De captiv. »).

Enfin, cet effet signalé ci-dessus du *postliminium* passif, effet consistant à rétablir la chose captive dans l'état où elle serait si elle ne l'avait pas été, pourrait être invoqué par l'esclave même qui en serait l'objet. Il n'y a qu'à supposer un esclave affranchi sous condition, fait captif et revenant sur le territoire. Si la condition s'est accomplie pendant la durée de la captivité, cet esclave, qui était *statuliber*, aura été libre du jour de son accomplissement; et, à son retour, il invoquera le *postliminium* devenu actif de passif qu'il était ; mais si les choses sont encore entières à son retour, il revient à son maître en attendant l'accomplissement de la condition. Toutefois, le *statuliber* peut, par son fait, se priver du bénéfice de son affranchissement: par exemple, s'il passe à l'ennemi comme transfuge; dans ce cas, il faut distinguer : Si la condition n'était pas encore accomplie au moment du retour, le fait ne pourrait être opposable à l'esclave, parce qu'il faut sauvegarder l'intérêt du maître ; et quand arriverait la réalisation de la condition, il n'aurait jamais été transfuge punissable ; — si, au contraire, la condition s'est réalisée avant le retour du *statuliber,* à l'instant où il cessait d'être esclave de son maître, sa qualité de transfuge a empêché la liberté d'arriver jusqu'à lui; de telle sorte qu'il ne sera pas libre, et que l'héritier du testateur qui avait légué cette liberté conditionnelle, n'aura pas sur lui de *jus postliminii* puisqu'il n'éprouve aucun préjudice (Paul, loi 19, § 6, « De captiv. »). D'ailleurs, le transfuge ne peut invoquer le *postliminium* actif. A qui donc alors appartiendra ce *statuliber* transfuge de retour? Au soldat qui l'a saisi comme butin, ou au rédimant s'il a été racheté à l'ennemi. C'est, du moins, ce que dit Pothier. Ne serait-il pas plutôt esclave de la peine? Nous le croyons; au moment où la qualité d'esclave cesse en lui par l'arrivée de la condition, il est saisi et arrêté par la qualité de transfuge qui dure encore en lui et le condamne à l'esclavage de la peine.

Supposons enfin qu'un *statuliber* a été fait captif et racheté. Si le rachat a lieu après la réalisation de la condition, le rédimant a sur le rédimé devenu libre le droit de gage naturel dont nous avons parlé. Si la condition est encore en suspens, le rédimé reprendra sa situation antérieure à la captivité (loi 12, § 10, même titre). Que décider alors, si la condition consistait dans un paiement à effectuer par le *statuliber?* Avec quel argent ce paiement sera-t-il effectué? Sur le pécule acquis chez l'ennemi. Mais quand même le testateur aurait permis au *statuliber* de payer avec son pécule, si le rédimant a acheté le pécule avec l'esclave, ce dernier ne pourra s'en servir. Toutes les acquisitions faites au moyen des biens du rédimant, ou par le travail de ce *statuliber* ne seront pas non plus admises en paiement; mais, s'il paie avec ses autres profits, il sera considéré par bienveillance comme ayant satisfait à la condition.

Enfin, si un esclave captif recevait la liberté par fidéicommis, puis était racheté, il ne pourrait demander l'exécution de ce fidéicommis qu'après avoir remboursé le rédimant (même loi 12, § 14).

Le droit du rédimant, nous l'avons dit, s'éteint par le remboursement; il s'éteint aussi, bien entendu, par la perte de la chose captive ou la mort de l'esclave.

Nous terminons ici ce qui regarde le *postliminium* passif, et nous croyons avoir rempli le cadre que nous nous étions tracé.

En étudiant les règles applicables au prisonnier de guerre en droit Romain, nous avons vu à peu près toutes celles qui régissaient l'absence à cette époque. Nous avons dû faire application à ce captif des deux fictions du *postliminium* et de la loi *Cornelia ;* et le *postliminium* nous a amené à parler des choses reprises ou rachetées à l'ennemi. Tel est le résumé de notre travail.

DROIT FRANÇAIS

> « Le titre 4 du livre Ier du Code « civil est la meilleure ou plutôt la « seule bonne loi qui ait été faite « sur les *Absents*. » (Merlin, Rep., v° *Absent*, préambule.)

Nous avons vu combien était imparfaite la législation romaine sur la matière de l'absence, et spécialement par rapport au citoyen captif chez l'ennemi ; et nous avons déjà fait pressentir une semblable insuffisance dans notre ancien droit français. Ajoutons que le droit intermédiaire ne fut pas plus explicite ; quelques dispositions éparses composèrent, à cette époque de transition, toute la législation générale sur l'absence. Mais on s'occupa des besoins du moment ; les guerres continuelles de la République amenaient de nombreuses disparitions parmi les soldats et les diverses personnes attachées au service des armées ; plusieurs lois furent portées pour sauvegarder leurs intérêts. Ces guerres se continuèrent sous l'Empire ; mais on avait presque tout prévu, et les dispositions législatives ou administratives se bornèrent alors, ou à peu près, à continuer l'application des lois antérieures ; cet état de choses se continua jusqu'au commencement de la Restauration qui s'occupa, elle aussi, dans une loi que nous aurons l'occasion de citer, des militaires qui avaient disparu dans la guerre permanente, faite à l'Europe depuis 1792. On peut ainsi considérer comme d'une même période toutes les dispositions relatives aux militaires absents, rendues de 1792 à 1817. D'ailleurs, ces militaires, en dehors des quelques lois de faveur dont nous parlerons, étaient et sont encore soumis à la loi générale; aussi, nous bornerons-nous à indiquer les exceptions qui les concernent dans des appendices aux matières correspondantes du Code Napoléon, en recherchant quelles dispositions de l'époque intermédiaire leur sont encore applicables. Mais avant d'aborder le Code Napoléon, nous devons étudier les règles de l'ancien droit et les lois générales du droit intermédiaire sur l'absence. Tel est l'objet du préambule qui va suivre.

PRÉAMBULE

I. — DROIT ANCIEN ET ANCIENNE JURISPRUDENCE.

Au point de vue de l'ancien droit, l'absence est une matière neuve; quand on remonte vers ces époques de plus en plus obscures, il ne faut pas aller loin pour perdre les traces de la législation sur l'absence; l'origine de cette législation est dans le besoin qui s'en est fait sentir, et ce besoin s'est manifesté par le développement constant du commerce maritime et les progrès de l'émigration. Dans l'Exposé des motifs du titre de l'Absence au Code Napoléon, Bigot Préameneu démontrait en ces termes l'urgence de la législation nouvelle : « Les relations du commerce extérieur et les temps de troubles ont plus que jamais multiplié les absences; »

et M. Demante, au début d'un remarquable article inséré dans l'Encyclopédie du droit, nous montre notre législation comme « une conquête du temps et de l'expérience : » conquête du temps, car, le commerce extérieur, dont elle a dû suivre l'incessante progression, est lui-même une conquête du temps ; conquête de l'expérience qui a grandi avec les besoins naissant des circonstances. Nous avons maintenant une législation à peu près complète, codifiée; et jusqu'à Bigot Préameneu, c'est lui qui nous le dit à ce même Exposé de motifs, « il n'a point été rendu en France, à cet égard, de loi générale. »

Mais il est temps de mieux nous convaincre de la vérité de cette pensée en pénétrant dans l'étude des dispositions du droit ancien; et, pour suivre un ordre logique, occupons-nous d'abord des personnes, et en particulier du conjoint de l'absent.

Premièrement. — L'absence n'a pas d'effet sur l'existence du mariage; nous avons vu cette idée triompher au Bas-Empire sous Léon le Philosophe, après bien des luttes et sous l'influence croissante de la civilisation Chrétienne; il ne fallait rien moins que les idées perturbatrices et antisociales de 1793 pour porter atteinte à une institution dont le triomphe n'avait pu être empêché par la fausse philosophie en honneur à Constantinople. Ce qui s'était élevé malgré les principes dégénérés d'un peuple qui retournait à la barbarie et dont l'Eglise Chrétienne ne put que retarder la chute, fut ébranlé par la barbarie réactionnaire d'un autre peuple arrivé au faîte de la civilisation et qui, pour vérifier la parole d'un de ses plus grands poëtes, aspirait à descendre. Pothier semble toutefois admettre comme preuve suffisante du décès de l'absent, le laps de cent ans écoulés depuis sa naissance (Contrat de mariage, n° 106, — 4°); encore n'affirme-t-il rien, et croit-il prudent de rejeter cette décision sur les lois romaines qui sont le fondement de cette présomption. Son opinion est d'ailleurs repoussée dans le répertoire de Guyot et dans celui de Denisart, v° Absents. Après avoir parlé de la jurisprudence qui admettait la présomption de mort après la centième année de l'absent, Guyot ajoute : « Observez que cette jurisprudence n'a point d'application au cas où la femme d'un mari absent et le mari d'une femme absente voudraient contracter un nouveau mariage. Ils n'y seraient point admis sans prouver la mort naturelle de l'absent, quand même il se serait écoulé cent ans depuis la naissance de ce dernier. » Deux arrêts des 28 juillet 1691 et 12 juillet 1713 avaient condamné aux peines de la bigamie des époux qui s'étaient remariés sans avoir des preuves légitimes de la mort de leurs femmes absentes. D'autres arrêts, appuyés par nombre de jurisconsultes, proclamèrent le pouvoir d'appréciation des juges. Enfin, s'il y avait abandon volontaire de la femme par le mari, le fait seul de l'absence avait le même effet que la séparation de biens prononcée et exécutée ; c'est, du moins, ce qui fut jugé le 12 déc. 1754. Le principe était donc l'indissolubilité du mariage, sauf les questions de preuve sur lesquelles il y avait controverse. Si l'époux présent s'était remarié sur une fausse preuve du décès de l'absent, et si l'absent revenait, l'époux présent était tenu de retourner avec lui (Bretonnier, Quest. de dr., v° Absent, ch. 1er; Lacombe, v° Absent, n° 3). Dans ce cas, l'indissolubilité du premier mariage entraînait la nullité du second; mais, pour invoquer cette nullité, il fallait prouver l'existence de l'absent au moment où le second mariage avait été contracté; c'est ainsi que d'Aguesseau, dans son

28e plaidoyer, comme avocat général au Parlement de Paris, refusait d'admettre un sieur Colliquet à faire prononcer la nullité de son mariage avec une dame Marie Le Moine, parce qu'on ne prouvait suffisamment l'existence d'un premier mari qu'une année avant le nouveau mariage. Dans le doute, disait Bretonnier (Quest. de dr., v° Absent, ch. 2), et en attendant des nouvelles certaines de la vie ou de la mort de l'absent, les nouveaux époux devaient vivre séparément. Le nouveau mariage pouvait, du reste, être *putatif*, si les parties, ou l'une d'elles, étaient de bonne foi; dans ce cas, les enfants issus de ce mariage étaient légitimes à l'égard de l'époux de bonne foi. Telles étaient les seules conséquences de l'absence quant au mariage.

Nous devons maintenant nous occuper des enfants de l'absent. Leur état était frappé d'incertitude sous trois rapports différents, à l'égard de la puissance paternelle qui cessait de s'exercer sur eux, de la capacité de se marier, et de leur tutelle s'ils étaient en minorité. Pour la puissance paternelle, on ne trouve rien de précis; toutefois, si un fils s'était marié pendant l'absence de son père, ce père serait sans droit, à son retour, selon Bretonnier, sur les biens de ce fils et de sa femme dont les parents n'eussent peut-être pas consenti au mariage s'ils avaient prévu le retour de l'absent. Cette décision implique la faculté pour le fils de se marier pendant l'absence de son père. Sous ce rapport, en effet, l'ancien droit avait conservé en partie la règle romaine; « le fils de famille (s'il est majeur) peut se marier après trois ans d'absence de son père » (Denisart, v° Absence). Bretonnier semble imposer une condition de plus, le consentement de la mère présente ou, à son défaut, un avis de parents homologué par le tribunal; mais peut-être

Bretonnier n'exige-t-il ces formalités que pour le fils mineur ; quand il s'agissait de fille mineure, l'ancien droit, à la différence du droit romain, accumulait les formalités ; Denisart demande à la fois, selon l'usage du Châtelet de Paris, la volonté de la mère, un avis de parents où devaient être appelés les parents paternels, et l'autorisation du magistrat. C'est cette mère qui, en l'absence du père, prend la surveillance des enfants mineurs ; à son défaut, un tuteur est nommé à ces enfants un an après la disparition de leur mère. C'est ce que nous dit encore Bretonnier dans ce même ch. 2 de ses Questions de droit, v° Absent. Il est, d'ailleurs, bien entendu que ces différents avis ou autorisations que nous avons exigés de la mère pour le mariage de ses enfants, ne pourraient être demandés au père dont la femme serait absente. Guyot, v° Absent, nous expose les mêmes principes, en nous rappelant la peine d'exhérédation encourue par l'enfant qui avait omis ces formalités et ne s'était pas préoccupé du consentement à obtenir de son père ou de ses représentants.

Telles étaient les dispositions de l'ancien droit en ce qui regardait la femme et les enfants de l'absent. Il nous reste à étudier les règles relatives aux successions qui s'ouvraient à son profit pendant son absence, et aux biens qu'il laissait à sa disparition.

Deuxièmement. — Le principe général, absolu de l'ancien droit sur l'absence, le principe que nous voyons prédominer dans Denisart et les anciens auteurs jusqu'à Pothier, consiste à considérer la centième année de l'absent comme l'époque de sa mort ; jusqu'à l'âge de cent ans, il est vivant ; il meurt au centième anniversaire de sa naissance.

La conséquence nécessaire de ce principe était d'admettre l'absent à toutes les successions qui pouvaient s'ouvrir à son profit pendant la durée de son absence et jusqu'à la fin de la centième année à partir de sa naissance; ni la jurisprudence, ni la doctrine n'avait reculé devant ce résultat. Denisart cite à cet égard l'opinion de Lebrun et de Charondas qui voulaient voir le partage s'opérer comme si l'on avait la certitude de l'existence de l'absent. Plusieurs arrêts avaient été rendus conformément à ces idées, et, entre autres, deux arrêts célèbres du Parlement de Paris, l'arrêt de Tiellement, du 7 juillet 1629, et l'arrêt de Langlet, du 13 février 1672. Nous pourrions encore ajouter un arrêt du Parlement de Grenoble du 23 août 1749, et l'opinion de Bretonnier au chap. 4 de ses Quest. de droit, v° Absent. Les arrêts que nous venons de citer permettaient à des créanciers de l'absent de faire valoir des droits subordonnés à l'existence de leur débiteur, droits de succession ou autres, et, malgré cette circonstance, dans l'arrêt Tiellement, que l'absent avait disparu depuis quatorze ans au moment de l'ouverture de la succession, et depuis seize ans lors de l'arrêt rendu. Toutefois, ces créanciers devaient fournir caution de restituer s'il était prouvé plus tard que l'absent était décédé à l'ouverture du droit qui venait de lui échoir.

Cette idée et ses conséquences régirent notre matière jusqu'au XVIIIe siècle. Pothier vint enfin et montra la fausseté de cette présomption et l'erreur qui y avait donné naissance. Lorsqu'il s'était écoulé cent ans depuis la naissance de l'absent, il était présumé mort; tel était le sens du passage de la Bible (Ecclésiastique, chap. XVIII, verset 8) et des lois romaines citées à l'appui de l'opinion ancienne; Poullain du Parc, L. 1er, ch. 17, n° 6 et n° 11, 2°, s'exprimait sur ce point en ces termes : « Le premier principe est que l'absent dont on n'a point eu de nouvelles, n'est pas réputé vivre plus de cent ans. Après ce temps écoulé, il est présumé mort. » De là, la remise complète aux cohéritiers de l'absent ou aux héritiers du degré subséquent, de l'hérédité qui s'ouvrait à son profit après cette centième année ; on fut toujours d'accord sur ce point. Mais de ce principe on avait à tort tiré cette maxime, qu'avant l'âge de cent ans l'absent est vivant ; Pothier la qualifie d' « évidemment fausse et absurde. » Pour justifier cette idée qui fit à son époque et fait encore loi, nous ne pouvons mieux faire que reproduire les observations dont ce jurisconsulte l'accompagne dans l'Introd. au tit. 17 de la Cout. d'Orléans, n° 7. « Toute présomption, dit-il, doit être fondée sur quelque vraisemblance, et sur ce qui arrive communément.... Il faudrait donc, pour qu'un homme pût être présumé vivre cent ans, que ce fût le temps ordinaire de la vie des hommes, et qu'il y en eût très peu qui mourussent avant les cent ans... Jusqu'à ce que le temps de cent ans se soit écoulé depuis la naissance d'un absent, il n'est ni présumé vivre, ni présumé mort ; et c'est à ceux qui ont intérêt à ce qu'il soit vivant, à prouver sa vie ; comme c'est à ceux qui ont intérêt à ce qu'il soit mort, à prouver sa mort. » Pothier reproduit la même discussion de notre question au *Traité des Successions*, ch. 1er, sect. 2, art. 1er, où il admet la présomption de mort provenant de l'âge de l'absent, mais non la présomption de vie jusqu'à cet âge de cent ans. « Toutes les fois donc, nous dit-il, qu'un demandeur sera obligé de prouver la mort d'une personne, pour fonder sa demande, comme s'il demande... un legs qui lui a été fait sous condition de la mort d'une personne, en ces cas, et autres semblables, le demandeur, en justifiant par le rapport de l'extrait baptistaire de cette personne, qu'il s'est écoulé cent ans depuis sa naissance, sera dispensé de prouver sa mort; car elle sera présumée morte, parce qu'un homme est présumé ne pas vivre plus de cent ans. » Le Parlement de Paris, dès le 11 août 1719, rendait un arrêt conforme à ces principes, et qui fut suivi d'un autre en date du 21 mars 1737 ; les Parlements de province s'associèrent à cette jurisprudence (Toulouse, 23 juillet 1727; Bordeaux, 13 mai 1771).

Merlin (Rép., v° Légitime, sect. 3, § I,V), en cela contraire à Denisart, nous indique comme personnelle à Lebrun, une troisième opinion consistant à considérer l'absent comme vivant, et conséquemment comme capable de succéder, pendant tout le laps de temps fixé par sa Coutume pour la demande des héritiers présomptifs à fin d'envoi provisoire en possession des biens de l'absent. Cette durée aurait varié, selon Merlin, de sept à quarante ans. Cette opinion aurait même été adoptée par deux arrêts de Parlements, puis abandonnée complètement en faveur de la décision de Pothier qui était aussi celle de Guyot. Mais Poullain du Parc partageait l'opinion mixte indiquée par Merlin, mettant ainsi à la charge du cohéritier de l'absent la preuve de sa mort. Pothier lui-même devait bien admettre un tempérament; il ne posait sa règle que pour le cas de *longue absence;* mais, pour le cas de *courte absence*, c'est-à-dire pendant un laps de temps assez court à partir de la disparition, il ne pouvait pas admettre d'incertitude assez grande sur l'existence de l'absent pour l'écarter sans pitié des droits qui pouvaient s'ouvrir à son profit. A l'exception de ce tempérament d'équité, Pothier appliquait son principe à toute la législation sur l'absence. Ce que nous venons de dire pour les successions qui s'ouvrent au profit de l'absent après sa disparition ou ses dernières nouvelles, est applicable à tous les droits subordonnés à la condition de la vie de l'absent, legs ou donations à cause de mort, qui viennent à lui échoir dans le même temps.

Troisièmement. — Jusqu'ici, nous ne nous sommes occupés que des effets directs, immédiats de l'absence, soit que nous ayons parlé du conjoint ou des enfants de l'absent, soit que nous ayons exposé les principes de droit qui régissaient les rapports des représentants de l'absent avec ses cohéritiers ou les héritiers venant à son défaut dans une succession ouverte depuis sa disparition ou ses dernières nouvelles, soit enfin que nous nous soyons expliqués sur les autres droits subordonnés à son existence et soumis aux mêmes règles que les successions. L'absence a un troisième et dernier effet immédiat qui est, à son tour, la cause génératrice de beaucoup d'autres; c'est de rendre impossible à l'absent l'administration de son patrimoine et d'obliger le législateur à veiller sur ses intérêts actuels. A l'égard de ce patrimoine et des actions actives ou passives qui en dépendaient, l'ancien droit, imité en cela par le législateur du Code Napoléon, distinguait trois périodes de l'absence : la présomption d'absence, dont la durée variait selon les Coutumes, et qui prenait fin par un acte judiciaire reconnaissant, *déclarant* l'absence et remettant la possession des biens de l'absent à qui de droit ; alors commençait la période de l'envoi provisoire qui, si l'absent ne reparaissait pas, était suivie de l'envoi définitif. Nous allons parcourir successivement les principes qui régissaient ces trois périodes, et ce, sous trois points de vue différents : quant à l'administration des biens laissés par l'absent, quant à l'exercice des actions qui pouvaient compéter pour ou contre lui, enfin quant aux droits qui doivent s'ouvrir par sa mort.

Première période. 1° Pendant la durée de cette période, s'il y avait lieu de prendre quelques mesures d'administration, il était d'usage, nous dit Bretonnier, de nommer un curateur à la requête des intéressés.

2° Pour exercer une action du chef de l'absent, il n'y avait pas besoin de nommer un curateur; les *gens du Roi*, c'est-à-dire spécialement les substituts du procureur du Roi étaient chargés d'agir pour lui. C'étaient eux aussi qui le représentaient dans les inventaires, comptes, liquidations et partages où il était intéressé à raison de successions ouvertes avant sa disparition ou dont les héritiers n'avaient pas contesté son existence.

A l'origine, il n'en était pas de même quand un tiers voulait diriger une action contre l'absent; ce tiers devait préalablement faire nommer un curateur à l'absent. L'ordonnance de 1667, sur la procédure, tit. 2, art. 8, en rappelant l'ancien usage du curateur *ad litem*, déclara l'abroger, et décida qu'à l'avenir « les absents pour faillite, voyage de long cours ou hors du Royaume, seraient assignés à leur dernier domicile. » C'était reconnaître qu'il suffisait de la vigilance des *gens du Roi* pour défendre aux actions dirigées contre l'absent, comme pour intenter celles qui faisaient partie de son patrimoine. Au reste, le curateur nommé pourrait toujours intervenir pour rendre le jugement contradictoire.

3° Quant aux droits qui peuvent s'ouvrir par la mort de l'absent, aucun n'était ouvert par sa seule disparition, même provisoirement. La communauté existant entre l'absent et son conjoint présent était administrée par le curateur aux biens de l'absent, si cet absent était le mari, et par le mari lui-même si c'était la femme qui eût disparu. Au XVIIe siècle et auparavant, on déclarait les tiers qui faisaient valoir ces droits, non recevables à raison de la présomption de vie de l'absent : cette présomption, selon l'opinion générale rapportée par Poullain du Parc, Liv. I, ch. 17, n° 6, durait jusqu'à l'accomplissement de la centième année de l'absent. Lebrun, qui parlait pour lui-même, se borne à dire dans son *Traité des Successions*, Liv. I, ch. 1er, sect. 1re, n° 2, que l'absent n'est réputé mort qu'à sa centième année. A partir du XVIIIe siècle, on peut toujours répondre par une présomption de vie, puisque la loi ou les juges refusaient, pendant cette période, d'admettre les tiers à l'exercice des droits dont nous parlons, sans une preuve complète du décès.

Nous venons d'indiquer les premières précautions ordonnées par le législateur en cas d'absence. L'absent lui-même pourrait les avoir rendues inutiles, en désignant d'avance le mandataire chargé de le représenter et de veiller à l'administration de ses biens. Ce mandataire avait tous les pouvoirs dont aurait pu être investi le curateur.

Cette première période avait une durée *minima* qui variait, selon les Coutumes, de trois à dix ans. Elle était de trois ans dans le ressort du Parlement de Paris (Denisart, v° Absents ; et Guyot), bien que la Coutume de Paris fût muette ; Bretonnier (Quest. de dr., Absents, ch. 3) déclare que de son temps cette durée était de dix ans ou de cinq ans, selon que l'absent voyageait par curiosité, ou comme soldat ou marin. La Coutume de Hainaut, ch. 98, art. 2, avait admis expressément ce laps de trois ans. Il n'en était pas ainsi des Coutumes d'Anjou, art. 269, et du Maine, art. 287, qui avaient fixé la fin de cette période à l'expiration des sept premières années de l'absence. En Bretagne, où la Coutume était muette, on avait adopté cette durée de sept ans; Poullain du Parc nous présente cet usage comme exceptionnel pour un pays de Coutume muette. Ce délai était de neuf ans dans le ressort du Parlement de Toulouse, et de dix ans dans celui de Bordeaux et dans les pays de Coutumes; ce dernier terme était le droit commun de la France.

Observons immédiatement que, l'absence étant de *statut personnel*, tout ce qui la concernait était régi par la Coutume sous l'empire de laquelle se trouvait placée la personne de l'absent. C'était donc le délai fixé par cette Coutume et non pas le temps déterminé par la Coutume ou par l'usage de la situation des biens, qui formait la durée de la présomption d'absence.

Enfin, nous venons de signaler dans une indication de Bretonnier sur la Coutume de Paris une disposition spéciale aux absents qui disparaissent à la suite d'un combat ou d'un naufrage. Dans ces circonstances, si, d'ailleurs, le voyage sur mer n'était pas un voyage d'agrément, et si le navire ne reparaissait pas, la probabilité de la mort était tellement grave qu'on réduisait de moitié le délai de dix ans, durée ordinaire de la présomption d'absence. C'était presque une exception faite à l'égard des militaires et des marins, mais dont toutes les personnes se trouvant dans une position identique pouvaient profiter. Lebrun (Successions, Liv. I, ch. 1er, sect. 1re, n° 3) et Poullain du Parc (Liv. I, ch. 17, n° 5) en tiraient une conclusion fort juste, et ils avaient, paraît-il, été suivis par la jurisprudence : celui qui n'avait pas reparu depuis une bataille, ou qui s'était embarqué sur un vaisseau dont on n'avait pas eu de nouvelles, était présumé mort le jour de la bataille ou du départ du navire (arrêt du 31 mai 1746). Pothier partageait ces opinions (Successions, ch. III, sect. 1re, § 1er).

Deuxième période. 1° A l'expiration des délais ci-dessus indiqués, les héritiers présomptifs de l'absent pouvaient faire constater l'absence par les magistrats en présentant des pièces authentiques ou un acte de notoriété; tels étaient, du moins, les modes de preuve admis par le Châtelet de Paris, selon Denisart. Ces héritiers présomptifs engageaient l'instance en présentant au juge une requête par laquelle ils demandaient à être envoyés provisoirement en possession du patrimoine de l'absent et autorisés à faire un partage provisionnel de ses biens; à la requête était joint un acte de notoriété ou une autre pièce équivalente attestant une durée suffisante de l'absence; le ministère public devait nécessairement être entendu, et le juge accordait ou refusait l'envoi en possession, selon qu'il le croyait juste ou non. Dès qu'il s'agit de ce partage provisoire, l'absent « est réputé mort dès l'instant de son absence, et sa succession n'appartient qu'à ceux qui étaient ses héritiers au moment qu'il s'est absenté » (Denisart). Deux arrêts du Parlement de Paris, l'un du 2 janvier 1634, l'autre rendu sur les conclusions de M. de Lamoignon, l'avaient ainsi jugé; Bretonnier sur Henrys (tome II, Liv. IV, quest. 46), et les Parlements de Rouen et de Toulouse avaient accepté cette doctrine; seul, le Parlement de Bordeaux émit un avis contraire, et reconnut, par un arrêt du 2 juillet 1715, aux parents les plus proches après dix ans d'absence, le droit de succéder à l'exclusion de ceux qui étaient les plus proches au jour de la disparition.

Nous savons maintenant quelles sont les formes de l'envoi provisoire et quelles personnes peuvent y prétendre; toutefois, il faut observer que la preuve de l'absence pendant le délai exigé n'était obligatoire, en vertu de la Coutume de Hainaut, qu' « en cas de débat. » A l'égard de l'époque qui détermine l'héritier présomptif envoyé en possession, nous nous sommes bornés à indiquer le droit commun de la France, appliqué dans un arrêt du Parlement de Paris du 23 mars 1688, et justifié par Pothier (Successions, ch. III, sect. 1re, § 1er) en ces termes : « L'opinion la plus probable est de réputer sa succession (de l'absent) ouverte du jour de la dernière nouvelle qu'on a eue de lui ; ce n'est pas qu'il y ait lieu de présumer qu'il est mort dès ce temps plutôt que dans un autre temps; mais c'est que, n'y ayant aucune raison d'assigner sa mort à un temps plutôt qu'à un autre, et étant néanmoins nécessaire de fixer le temps de l'ouverture de sa succession, on ne peut mieux le fixer qu'au temps où on a cessé d'avoir des nouvelles de lui; parce que, s'il n'est pas effectivement mort dès ce temps, il l'est au moins équipollement par rapport à la société des hommes; car, par rapport à la société, c'est à peu près la même chose qu'un homme n'existe point, ou qu'on n'ait aucune connaissance de son existence. » Mais Pothier avait soutenu auparavant l'opinion contraire (Introd. à la Cout. d'Orléans, n° 37), et certaines Coutumes faisaient exception à cette règle; une controverse des plus vives s'était engagée entre les jurisconsultes qui ne pouvaient jamais s'entendre, s'étant placés à des points de vue différents selon le régime de leurs Coutumes. En effet, les Coutumes d'Anjou, du Maine et de Bretagne n'accordaient l'envoi en possession qu'en raison d'une présomption légale du décès de l'absent.

Comme cette présomption n'était acquise qu'après le délai fixé par la Coutume, c'était le parent le plus proche, à l'expiration de ce délai, qui était envoyé en possession. Poullain du Parc soutenait cette opinion en ces termes : « La présomption de mort n'a de force qu'après les sept ans ; et il paraît inouï et même contre la raison, de donner à une simple présomption un effet rétroactif à un temps auquel elle ne pouvait pas avoir lieu. » Mais, nous l'avons dit, ce n'était pas là le droit commun ; on appelait généralement les héritiers présomptifs au jour de la disparition.

Nous avons indiqué aussi les formalités à accomplir par cet héritier présomptif pour se faire envoyer en possession provisoire ; c'était donc par erreur que certaines Coutumes, et entre autres celle de Hainaut, chap. 98, art. 1er et 2, donnent à l'envoyé la faculté *d'appréhender* les biens de l'absent, de *relever* ses fiefs, et de s'en *ensaisiner;* Pothier disait à ce propos : «...Toutes les fois qu'il n'y a pas de preuves certaines et juridiques de la mort d'une personne, ses parents ne doivent pas se mettre, de leur autorité privée, en possession de ses biens ; mais ils doivent s'en faire mettre en possession par le juge du dernier domicile de la personne, et faire leurs soumissions de restituer les biens à la personne, si elle reparaît; car, tant qu'on n'a point de preuves certaines et juridiques de la mort d'une personne, il n'y a point d'ouverture certaine de sa succession, mais seulement une ouverture présumée » (Successions, ch. III; sect. 1re, § 1er). Au reste, les Coutumes elles-mêmes manifestaient bien cette opinion, en ne considérant l'envoyé que comme un administrateur comptable ; on ne prend pas de sa seule autorité l'administration d'un patrimoine. Denisart (v° Absent), parlant du partage à effectuer entre les envoyés, nous dit : « Ce partage n'est jamais que provisionnel, ou plutôt ce n'est point un partage veritable, mais une simple administration qu'on leur confie ; ce sont des *séquestres* qu'on établit ; on ne leur donne les biens que parce qu'il est plus juste de les mettre en leurs mains que dans celles d'étrangers ; c'est toujours à la charge de rendre ces biens, même les fruits, si l'absent se représente ; souvent on leur en fait donner caution. » Il ajoute plus loin : « Comme l'envoi en possession ne donne pas une propriété à l'héritier présomptif, mais une simple administration dont il est comptable envers l'absent en cas de retour, celui qui a obtenu un semblable envoi en possession ne peut vendre, aliéner ou hypothéquer les biens de l'absent jusqu'à ce qu'il ait atteint les cent ans pendant lesquels la loi le fait présumer vivant.

Sans revenir sur cette présomption de vie admise par Denisart comme une opinion générale de son temps, nous remarquerons uniquement les limites qu'il fixe aux pouvoirs des envoyés et la nature même qu'il reconnaît à leurs droits : nous observerons aussi la double obligation qu'il impose aux envoyés, et qui consiste à restituer les fruits intégralement et à fournir caution. La Coutume de Hainaut (chap. 98, art. 1er et 2) exigeait cette caution ; et les Coutumes d'Anjou et du Maine ne parlaient même pas de partage entre les envoyés. Ces dispositions prouvent bien la vérité des observations de Denisart sur la qualité d'*administrateurs* qu'il assigne aux envoyés. Quant à ce partage entre les envoyés, il n'existait pas encore à la fin du XVIe siècle ; nous en trouvons la première trace dans un arrêt du Parlement de Paris du 23 août 1585, rendu dans l'espèce suivante : un individu avait disparu ; en 1571, ses deux sœurs se font envoyer en possession de ses biens ; mais, en 1580, la Coutume de Paris venant à être réformée et admettant alors la représentation des frères et sœurs par leurs enfants, un neveu de l'absent se présenta pour avoir part aux biens possédés par ses tantes. Le Parlement renvoie les parties à informer, dans le délai d'un an, de la vie ou de la mort de l'absent, et de l'époque et du lieu de son décès, et, avant faire droit, ordonne « que lesdites parties jouiront *comme personnes étranges et dépositaires de justice,* des biens dudit absent; et ce, pour telle part et portion qu'elles succèderaient à présent; en baillant néanmoins bonne et suffisante caution de rendre et restituer lesdits biens et fruits par eux perçus, quand et à qui il appartiendra. » C'était un partage provisionnel uniquement destiné à faciliter l'administration des biens par les envoyés et à remettre à chacun d'eux les biens qu'il devait conserver probablement en vertu d'un titre définitif.

La nomination du curateur aux biens, dit-on, était dans l'intérêt commun de l'absent et de ses héritiers présomptifs, et le partage provisionnel dans l'intérêt unique des héritiers présomptifs. Nous ne pouvons adopter sans réserve cette opinion; les mesures conservatoires ordonnées par le législateur peuvent être dans l'intérêt des héritiers présomptifs, en ce sens qu'elles ont pour but de conserver les biens à la famille; mais l'absent est le premier à profiter de cette conservation s'il revient, et, à cet égard, l'intérêt bien entendu de la famille n'est autre que celui de l'absent; et, comme l'intérêt de l'absent est immédiat et prédominant, nous croyons que les frais faits pour arriver à l'envoi ou en résultant, resteraient à sa charge; nous déciderions dans le même sens toutes les fois qu'il y aurait un avantage pratique à savoir dans quel intérêt l'envoi provisoire avait lieu. La question se présente plus sérieuse à l'égard du partage provisionnel. Remarquons d'abord que les envoyés en possession provisoire, n'ayant le droit de retenir aucune portion des fruits, ne peuvent avoir qu'un intérêt éventuel, subordonné à la condition résolutoire du retour de l'absent; et cet intérêt consisterait à avoir entre leurs mains une certaine quotité de biens dont la conservation dépendrait de leurs soins, et qui pourraient peut-être leur rester définitivement dans la suite; mais le retour de l'absent, la nécessité d'un nouveau partage peuvent leur enlever tout le fruit de leurs peines. Quelque douteux que soit le profit qu'ils pourront retirer de ce partage provisionnel, cette mesure n'en a pas moins été établie dans l'intérêt des envoyés; mais non pas dans leur intérêt unique, et en cela encore nous repoussons l'opinion que nous avons indiquée précédemment. L'absent, croyons-nous, trouvait aussi son avantage à ce partage; chacun sait combien de difficultés présente une bonne gestion des immeubles, même affermés, combien de voyages, de recherches, de surveillance active elle nécessite, en un mot, combien elle exige de temps disponible de la part de celui qui en est chargé, sans parler de son aptitude personnelle; il faut donc une capacité peu commune pour veiller à l'administration d'un certain nombre d'immeubles; or, dans un temps où les fortunes étaient en grande partie immobilières, il était avantageux pour l'absent que tous ses biens ne fussent pas remis à un seul individu non choisi en considération de sa capacité, à un héritier propriétaire peut-être, et qui ne voyait que dans un avenir assez éloigné et fort douteux le fruit de ses soins. Ce partage provisionnel lui-même était dans l'intérêt commun de l'absent et des envoyés qui, d'ailleurs, endossaient déjà gratuitement une responsabilité assez lourde, ce n'était que justice.

Pour cette seconde période, l'absent ne peut pas se soustraire à toutes les mesures de la loi, en désignant par avance un gérant de ses biens pour le temps de son absence. Le droit ancien, à la différence du Code Napoléon, n'attachait aucun effet au mandat de gestion donné par l'absent, relativement à la durée de la présomption d'absence, si ce mandat était donné à tout autre qu'à l'un des héritiers présomptifs. Le gérant cessait ses fonctions dès que les héritiers s'étaient fait envoyer en possession, et leur rendait ses comptes ; c'est ainsi qu'un arrêt du Parlement de Paris condamna le tuteur d'un absent à rendre ses comptes aux héritiers présomptifs ; l'absent, disait-on, n'a pu donner de procuration expresse à un étranger que pour la première période, et doit être présumé avoir donné procuration tacite à ses héritiers présomptifs pour le temps ultérieur ; ce motif ferait considérer l'envoi en possession comme un mandat tacite. Mais si le mandat de gestion était donné expressément par l'absent à l'un de ses héritiers présomptifs, le partage ne pouvait être demandé contre lui qu'au jour où la mort de l'absent était certaine, parce qu'*in pari causâ melior est causa possidentis ;* entre plusieurs personnes dont le droit est égal, on laisse la possession à celle qui l'a déjà. Cette dernière solution et l'argument sur lequel elle se fonde favorisent singulièrement ceux qui ne voient dans l'envoi provisoire qu'un mandat ; car il semble en résulter que l'héritier présomptif mandataire est dans la position d'un envoyé; d'autre part, Denisart dit que sa procuration « doit être exécutée jusqu'au retour de l'absent, ou jusqu'à ce qu'il y ait des nouvelles certaines de sa mort. » Telle est, du moins, l'opinion de Lebrun. Elle établit une fois de plus que, si l'intérêt de la conservation des biens dans la famille a préoccupé quelque peu le législateur de notre ancien droit, l'intérêt de l'absent a toujours prédominé ; après un certain laps de temps, la famille doit être représentée dans l'administration des biens de l'absent ; mais ce dernier peut réunir tous ses biens dans une seule main ou en répartir l'administration entre plusieurs à son gré, pourvu qu'il les remette à ses héritiers présomptifs, et il peut les immobiliser dans ces mains. Du texte de Lebrun il semble ressortir que, si l'on n'a jamais de nouvelles de l'absent, ses biens devront rester *in infinitum* entre les mains de son héritier mandataire ; nous n'hésitons cependant pas à croire que telle n'a pas été la pensée de Lebrun et qu'au jour de l'envoi définitif, ou tout au moins à l'expiration de la centième année de l'absent, l'effet de la procuration prendrait fin, et que la présomption d'absence finirait avec elle, sans qu'il doive y avoir d'envoi provisoire. Poullain du Parc, à ce sujet, n'admettait aucune différence entre le mandataire ordinaire et le mandataire héritier présomptif, parce que, selon lui, l'absent avait toujours annoncé son intention de s'éloigner.

Denisart nous signale l'envoi provisoire et le partage provisionnel comme une conséquence d'une présomption de mort ; l'absent est réputé mort dès l'instant de son absence à l'égard des envoyés ; aussi, après s'être servis de cette présomption, ne peuvent-ils plus invoquer sa vie à l'encontre de qui que ce soit.

2° Les actions qui pouvaient exister en faveur de l'absent ou contre lui, étaient exercées par ou contre les envoyés en possession provisoire.

3° Mais une question plus délicate se présente à l'égard des droits subordonnés au décès de l'absent et des rapports des envoyés avec son conjoint.

Nous n'avons pas à parler ici du conjoint venant à la succession de l'absent à défaut d'héritiers plus proches; dans l'ancien droit, il était véritablement héritier, et non pas seulement successeur irrégulier; il pouvait donc demander et obtenir l'envoi provisoire comme tout autre héritier. Il ne s'agit pour nous que de régler les rapports entre les envoyés et le conjoint présent commun en biens avec l'absent. Cette communauté continuait tant que personne n'en demandait la dissolution provisoire, gérée par le mari présent ou par ses héritiers présomptifs s'il était absent, mais les envoyés ou le conjoint présent avaient respectivement le droit d'y mettre fin par une demande en justice (Pothier, Communauté, n° 505). « On tient même pour maxime certaine, dit Denisart, qu'après dix ans d'absence du mari, la femme peut demander ses reprises et conventions matrimoniales. » Les héritiers présomptifs, en refusant de se faire envoyer en possession, ne pouvaient donc empêcher la femme de faire dissoudre provisoirement la communauté. Quant au délai de dix ans dont parle Denisart, c'était la durée commune de la présomption d'absence; mais elle pouvait être moindre selon les Coutumes. Au reste, cette dissolution n'était que provisoire, et la communauté, même liquidée et partagée, revivait, si l'absent reparaissait, et était présumée n'avoir jamais été dissoute. Après cette dissolution provisoire, qui pouvait être obtenue par l'époux présent même avant l'envoi des héritiers présomptifs, la femme présente pouvait-elle demander son douaire? Non ! parce qu'elle ne prouvait pas la mort de son mari, mort qui était la condition de l'ouverture de sor droit. Il n'en était plus de même, selon Poullain du Parc, dès que les héritiers présomptifs s'étaient fait envoyer en possession; en effet, c'était contre eux qu'elle demandait alors son douaire; et, après l'envoi, ils ne pouvaient plus invoquer la vie de l'absent pour refuser à la femme ce douaire. Selon d'autres, la femme présente ne pouvait rien réclamer de ce chef qu'après l'envoi définitif, parce qu'à partir de cet envoi, la présomption de mort de l'absent était dominante. La femme présente reste soumise à la puissance maritale; aussi, doit-elle, pour chacun des actes qu'elle veut faire, obtenir l'autorisation du juge; Pothier pense que les actes de pure administration seraient valablement faits par elle sans cette autorisation, mais considère comme « plus sûr » qu'elle y ait recours (Puissance du mari, n° 27). Cette autorisation était nécessaire jusqu'à la preuve du décès du mari, ou jusqu'à l'expiration de sa centième année.

Il nous reste à nous occuper des tiers qui avaient des droits subordonnés au décès de l'absent, nu-propriétaire d'un bien dont l'absent avait l'usufruit, appelé à une substitution dont l'absent était grevé, légataire institué au testament de l'absent. Bretonnier (Absents, chap. III) et le président Favre, dans son Code (Tit. « De obligationibus »), reconnaissaient à ces tiers le droit à l'envoi provisoire concurremment avec les héritiers, comme ayant un intérêt égal à la conservation des biens. Cette solution était d'accord avec cette idée par nous signalée plus haut, que l'envoyé ne pouvait plus invoquer la vie de l'absent. Toutefois, cette idée tirait, paraît-il, son origine du droit écrit sous l'empire duquel Bretonnier et le président Favre avaient donné la décision qui nous occupe; car, leur opinion était repoussée dans les pays de Coutumes où personne ne pouvait entrer en concurrence avec les héritiers présomptifs. Ricard, pour l'ouverture des fidéicommis ou dispositions testamentaires de l'absent, se référait à la présomption de survie de l'absent jusqu'à l'âge de cent ans. Un arrêt du Parlement de Dijon du 12 août 1734 avait admis un légataire universel de l'absent à l'envoi provisoire à l'exclusion de l'héritier présomptif. Le seigneur suzerain de l'absent ne pouvait, même après l'envoi définitif, demander le paiement des droits seigneuriaux de mutation pour le fief servant que quand la centième année du vassal absent était accomplie, ou quand les circonstances faisaient présumer la mort ; il ne pouvait saisir féodalement le fief servant, nous dit Denisart, pour le seul fait de l'absence du vassal, si ce dernier avait satisfait aux droits et devoirs, ou si l'envoyé en possession offrait de satisfaire pour lui ; c'était, du moins, l'avis de Dumoulin et de Basnage.

Troisième période. 1° L'envoi provisoire cessait après vingt ans à Paris, après trente ans dans le ressort des autres Parlements à partir de la disparition ou des dernières nouvelles. Ce temps expiré, les cautions étaient déchargées, le partage opéré entre les envoyés devenait définitif sauf l'intention contraire exprimée par les parties au moment du partage provisionnel, et ces mêmes envoyés en possession provisoire gagnaient irrévocablement les fruits perçus ; l'absent n'avait plus de droit à l'avenir qu'au capital et aux fruits non perçus. Si l'envoi en possession n'était accordé qu'à cette époque, il avait lieu sans caution.

2° Les actions de l'absent continuaient d'être exercées par les envoyés ou d'être dirigés contre eux.

3° Enfin, les droits subordonnés à la condition du décès de l'absent demeuraient suspendus. Exception était faite à ce principe en faveur des héritiers présomptifs de l'absent ; et la doctrine tendait à en faire quelques autres pour des droits qu'on faisait valoir à l'encontre de ces héritiers; mais ces exceptions n'avaient rien de spécial à l'envoi définitif et pouvaient exister dès l'envoi provisoire.

Ce que nous venons de dire n'est applicable qu'à l'envoi définitif ouvert par l'expiration du délai de vingt ou trente ans; mais il en est tout autrement si cet envoi définitif s'ouvre par l'expiration de la centième année de l'absent, du moins pour ce qui regarde les droits subordonnés à son décès. A partir de ce moment, en effet, la présomption de mort était absolue et pouvait être invoquée par tous et remplacer la preuve du décès. Il n'y avait à cette règle qu'une exception, que nous avons déjà signalée : le conjoint de l'absent ne pouvait se servir de cette présomption pour établir sa liberté de convoler à d'autres noces. Mais l'héritier présomptif pouvait faire réduire la donation entre-vifs exécutée par l'absent (Parlement de Paris, 10 juillet 1654); le testament de l'absent était ouvert et exécuté à l'égard des légataires qui vivaient encore; l'usufruit qui avait appartenu à l'absent se réunissait à la nue-propriété; la substitution dont il était grevé s'ouvrait au profit de l'appelé encore existant; la communauté conjugale était dissoute, si elle ne l'avait pas été auparavant, et les gains de survie ouverts au profit du conjoint présent; le seigneur suzerain lui-même, le moins favorisé d'ordinaire, pouvait demander les profits de mutation, et saisir féodalement le fief, si aucun héritier ne se présentait à l'hommage et n'acquittait les profits; enfin, et avant tout cela, la succession de l'absent était dévolue à ceux qui étaient ses héritiers présomptifs au jour de sa centième année accomplie, et partagée entre eux.

L'ouverture de tous ces droits avait donc pour date le

terme même des cent ans comptés depuis la naissance de l'absent. Cette décision semblait à Bretonnier d'une rigueur excessive; mais nous avons vu que son opinion, conforme au droit écrit de son pays, ne pouvait être invoquée pour fonder un principe général. Jusqu'au XVIIIe siècle, cette règle fut la conséquence de la présomption de vie de l'absent jusqu'à l'âge de cent ans. Mais comme leur possession même était fondée sur une présomption de mort, nous croyons devoir rattacher plutôt cette question à celle de savoir qui devait être envoyé en possession des héritiers présomptifs au jour de la disparition ou de ceux au jour de l'envoi. Nous avons cité à ce sujet (p. 125) les deux opinions successives de Pothier et les dispositions contradictoires des Coutumes. Il semble peu raisonnable qu'on ait fait changer de mains le patrimoine de l'absent; mais, quant aux autres droits, il était conforme à tous les principes admis de ne les reconnaître comme ouverts qu'au jour de la centième année accomplie de l'absent. Quoi qu'il en soit, il nous paraît trop contraire à la saine raison et à l'utilité pratique de faire varier ainsi la possession du patrimoine, pour que nous puissions affirmer ces changements comme ayant eu lieu habituellement.

Résumons les principes de l'ancien droit. Le mariage de l'absent est indissoluble; les successions qui s'ouvrent à son profit, et les droits qui, subordonnés à la condition de son existence, viennent à lui échoir, sont attribués dès le principe et sans restitution postérieure, à ses représentants pendant cent ans à partir de sa naissance, en vertu d'une présomption de vie fondée sur des textes latins mal interprétés; ceux de ces droits qui s'ouvrent postérieurement passent ensuite à ceux qui les doivent recueillir à son défaut. Quant aux biens laissés par l'absent, ils sont administrés par un curateur ou par le mandataire de l'absent jusqu'à l'envoi en possession provisoire des héritiers présomptifs ; cet envoi peut avoir lieu trois ans (Paris), sept ans, neuf ans, ou dix ans (droit commun) après la disparition ou les dernières nouvelles ; l'envoyé donne caution pour son administration, et doit restituer à l'absent de retour tout le patrimoine et les fruits perçus, et est responsable de cette restitution ; la procuration donnée par l'absent à l'un des héritiers présomptifs empêche l'envoi en possesion provisoire et arrête les cohéritiers jusqu'à l'époque où la mort de l'absent est certaine ou présumée. Après vingt ou trente ans du jour de la disparition ou des dernières nouvelles, les cautions sont déchargées, et l'envoi rendu définitif, ce qui fait acquérir les fruits aux envoyés en les laissant responsables du capital ; ce résultat leur est acquis même auparavant, dès que cent ans se sont écoulés depuis la naissance de l'absent. Dès l'envoi provisoire, la dissolution de la communauté existant entre l'absent et son conjoint présent est prononcée à la requête de ce conjoint ou des envoyés, et cette communauté liquidée au jour de la demande. Les légataires de l'absent et tous autres tiers ayant des droits subordonnés au décès de l'absent, doivent attendre l'expiration des cent ans ; de même des envoyés qui voudraient diriger une réclamation contre un donataire mis en possession par l'absent. Enfin, dans les restitutions à faire par un héritier présomptif apparent au véritable héritier, les règles générales du mandat s'appliquant jusqu'à l'envoi définitif, le premier doit restituer tous les fruits.

Nous avons ainsi terminé ce qui regarde l'ancien droit, et nous allons nous occuper du droit intermédiaire, qui forme la seconde partie de notre préambule.

II. — DROIT INTERMÉDIAIRE

Dans le droit intermédiaire, nous ne trouvons plus de dispositions générales sur l'absence. Commençons par mettre de côté la meilleure partie de la législation de cette époque sur notre sujet; nous voulons parler de la législation presque complète qui fut portée sur les militaires absents. Beaucoup de militaires disparurent dans les guerres soutenues par la France depuis 1792 contre l'Europe entière; leurs intérêts furent sauvegardés; on se passionna même en leur faveur; car on n'hésita pas à compromettre les droits des tiers pour en protéger d'autres qui, pour ces absents, n'étaient qu'éventuels. Mais, comme plusieurs des lois portées à cette époque et qui les concernent n'ont jamais été abrogées, et qu'il y a doute sur l'abrogation des autres, nous remettons à parler du droit qui régit les militaires absents au moment où nous traiterons du Code Napoléon qui, comme loi générale, leur est aussi applicable en bien des points. Nous ne nous occupons ici que des dispositions de détail, comprises dans le droit intermédiaire et applicables à tous les absents.

A l'égard du mariage de l'absent, nous rencontrons d'abord une *loi du* 20 *sept.* 1792 qui, dans son § 1er, art. 4,—6°, permet le divorce pour cause d'absence prolongée pendant cinq années; puis, le 24 vendémiaire, an III, un décret dispensa le demandeur en divorce de faire assigner son conjoint, s'il prouvait, par acte authentique ou de notoriété publique, que ce conjoint fût émigré, ou qu'il fût à l'étranger, ou dans les colonies. Enfin, un avis du Conseil d'État du 18 prairial an XII, déclara inattaquable le divorce prononcé contre un émigré ou un absent pendant le temps de son absence. Au reste, cet avis n'intervenait qu'après la promulgation du titre du Code civil relatif au divorce, et dans le seul but de consacrer le principe de non-rétroactivité de la loi. Après s'être attaquée aux biens et aux personnes, la Révolution, par une marche progressive, s'attaquait à la famille pour la dissoudre; et le Conseil d'État rendait inattaquable le fait accompli, tout en le blâmant.

Au point de vue des droits, un décret du 4 janvier 1790, à son art. 4, dépouille de tous dons, pensions, gratifications, appointements et traitements quelconques les fonctionnaires « actuellement absents sans mission expresse du gouvernement, antérieure à ce jour. » Mais, en revanche, un arrêté du 22 prairial an V s'occupa de sauvegarder les intérêts des absents dans les successions qui pouvaient s'ouvrir à leur profit, en obligeant les maires et adjoints à avertir le juge de paix de l'absence de l'héritier.

Pour les intérêts actifs et passifs laissés par l'absent au jour de sa disparition, les textes sont plus nombreux. Si nous suivons l'ordre des dates, nous trouvons en première ligne la loi organique des 16-24 août 1790 qui, à son tit. 3, art. 11, donne au juge de paix mission de recevoir les délibérations de famille pour la nomination des curateurs aux absents ou pour les affaires de ces absents, et de recevoir aussi le serment de ces curateurs; cette même loi, au tit. 8, art. 3, ordonne que les commissaires du roi « seront chargés de veiller pour les absents indéfendus. » Pour les inventaires, comptes, liquidations et partages où sont intéressés des absents qui n'ont pas de mandataires, la partie la plus diligente peut, en vertu de la loi du 11 févr. 1791, faire désigner par le tribunal de district le notaire chargé d'en dresser les actes. Dans le même cas et pour les mêmes opérations ou toutes autres amiables comme celles-ci, la loi des 29 sept.-6 oct. de la même année ordonna qu'un notaire, sur la réquisition d'un intéressé, représentât l'absent, à charge de ne pas instrumenter dans l'acte. Le décret du 14 févr. 1792, art. 4, réglait les rapports contre l'État débiteur d'un absent et les créanciers de cet absent; un décret du 29 juillet 1791 permettait à ces créanciers de se faire payer sur la créance de leur débiteur; dans ce but, ils devront saisir cette créance entre les mains du préposé à la conservation des oppositions et saisies, établi près la trésorerie nationale, faire constater l'absence et valider la saisie. Un arrêté du 6 messidor an X, que nous rapprochons du décret précédent, suppose, à l'inverse, que l'État est créancier d'un absent, et fait constater l'absence de ce débiteur par procès-verbal de perquisition dressé par un huissier, ou par certificat du maire ou de l'adjoint de la résidence ou du dernier domicile, certificat visé par le préfet ou le sous-préfet.

Des tribunaux de famille avaient été créés par la loi des 16-24 août 1790 pour régler les contestations entre parents ou entre mineurs et tuteurs. Un décret du 7 messidor an II permit à ces tribunaux, ordonnant la licitation d'un bien indivis avec des mineurs, d'indiquer le notaire chargé de cette licitation, et de désigner un ou plusieurs de ses membres pour y assister et pour prononcer l'adjudication; le décret du 29 du même mois étendit cette disposition au cas où un bien serait indivis avec un absent. Puis, nous trouvons encore une loi révolutionnaire, la loi du 9 fructidor an II, art. 2, qui soumet les successions des absents partis avant le 1er juillet 1789 à la loi du 17 nivôse an II, ou aux règles adoptées dans les partages provisoires, selon que l'absence remontait à moins ou à plus de dix ans avant le 14 juillet 1789; loi et dates arbitraires. Enfin, en vertu d'une loi du 11 brumaire an VII, art. 21 et 22, les parents ou amis qui avaient fait nommer un curateur à l'absent étaient solidairement responsables de l'hypothèque légale ou conventionnelle de l'absent contre ce curateur.

Telles furent les dispositions générales relatives à l'absence, qui furent portées de 1790 à l'avénement du Code Napoléon. Nous avons ainsi épuisé l'étude des lois françaises qui précédèrent notre Code et furent abrogées par la loi du 30 ventôse an XII. Les législateurs du Code n'essayèrent pas dans notre matière, comme ils le firent dans d'autres, de conserver d'anciennes dispositions dans un ordre ancien; ils créèrent un corps de législation en s'inspirant seulement de quelques règles anciennes. Cette méthode, très-favorable quand on a des matériaux complets, amène souvent des lacunes dans la législation que l'on veut créer. Nous verrons en temps et lieu quelles lacunes présente le Code, et comment elles pourraient être comblées.

CODE NAPOLÉON

Depuis longtemps déjà nous parlons de l'absence, et il est si facile de comprendre ce mot que nous ne l'avons pas encore défini. Nous ne l'employons cependant pas dans le sens usuel; il ne s'agit pas pour nous de rechercher les règles applicables à la personne qui ne se trouve pas au lieu où sa présence est requise. L'absence, pour nous, c'est *l'état d'une personne qui a disparu et dont l'existence est incertaine.* Jusqu'au jour de l'incertitude suffisamment motivée, il n'y a pas d'absence; la disparition, le défaut de nouvelles ne sont donc pas, à eux seuls, contitutifs de l'absence, si, d'ailleurs, les circonstances de fait ne permettent pas de douter de l'existence de la personne qui a disparu. Il y a là une appréciation de fait que la loi laisse aux tribunaux. L'absence produit des effets divers selon l'objet que l'on considère, effets à l'égard des personnes, effets à l'égard des biens. Les effets à l'égard des personnes sont relatifs au mariage de l'absent ou aux subséquents mariages que pourrait contracter son conjoint présent, et à la puissance paternelle à exercer sur les enfants de l'absent. Pour les effets de l'absence à l'égard des biens, il faut distinguer les biens laissés par l'absent et ceux qui peuvent lui advenir par la suite. Le Code comprend cette dernière classe de biens sous le titre de « Droits éventuels qui peuvent compéter à l'absent. »

PRINCIPES GÉNÉRAUX

L'idée générale, qui est le fondement des décisions du Code dans la matière de l'absence, est, à notre avis, la présomption de mort de l'absent, présomption *juris tantùm* à laquelle la loi fait de nombreuses exceptions, mais qui n'en demeure pas moins la règle. Telle n'est pas cependant l'opinion habituellement reçue. La loi ne s'exprime pas sur notre question; les législateurs du Code semblent même avoir manifesté un sentiment tout contraire au nôtre dans certains passages, et dans d'autres être revenus sur leur première impression. Dans la discussion au Conseil d'État, le Ministre de la justice avait donné lecture des dispositions du Code prussien permettant une « déclaration de mort » après dix ans d'absence; Tronchet déclara considérer comme « ridicule » cette déclaration, l'absence ne pouvant être une « preuve » de la mort, mais seulement une présomption; c'est un principe plus naturel et plus simple, de regarder la vie et la mort comme également incertaine; au demandeur de prouver; puis, après avoir rappelé que, sous l'empire de l'ancien droit, et surtout à Paris, la possession définitive accordée aux héritiers présomptifs de l'absent n'était fondée que sur la présomption de sa mort, Tronchet ajoute que l'on ne s'est écarté de la jurisprudence ancienne que par rapport aux effets de l'envoi en possession définitive. Portalis s'appuya sur le système de l'incertitude absolue pour soutenir que la procuration donnée par l'absent pour trente ans devait être maintenue; pour prétendre que ce mandat a pris fin par le décès du mandant, il faut prouver ce décès, et il n'y a qu'une incertitude. Or, les art. 121 et 122 ont consacré, comme nous le verrons, l'extinction du mandat après dix ans seulement.

Bigot Préameneu, dans l'exposé des motifs de notre titre de l'Absence, annonce aussi l'intention de rompre avec l'ancien droit ; il veut partir d'idées simples et incontestables ; « Lorsqu'un long temps ne s'est pas encore écoulé depuis que l'individu s'est éloigné de son domicile, la présomption de mort ne peut résulter de cette absence ; il doit être regardé comme vivant. » Ensuite s'élèvent deux présomptions contraires dont la conséquence « est l'état d'incertitude. » La présomption de mort devient de plus en plus forte ; mais elle est toujours balancée par la présomption de vie, et les mesures à prendre postérieurement « doivent être calculées d'après les différents degrés d'incertitude, et non pas exclusivement sur l'une ou l'autre des présomptions de vie ou de mort. » Puis, Bigot de Préameneu commence à parcourir les différentes périodes de l'absence ; ces « mesures » postérieures ne sont donc pas autres que l'envoi définitif en possession. Or, quand il en vient à étudier les effets de cet envoi, il s'exprime ainsi : « L'effet de cet envoi, à l'égard des héritiers, sera que les revenus leur appartiendront en entier ; ils ne seront plus simples dépositaires des biens, *la propriété reposera sur leur tête.* » Comment en serait-il ainsi, si les envoyés n'étaient pas héritiers véritables ou présumés tels? Et comment pourraient-ils l'être, si le décès n'était lui-même prouvé ou présumé? Dans le rapport au Tribunat, nous lisons ces phrases quelque peu amphibologiques : « Quoique la raison dise que l'absent ne peut être considéré ni comme vivant, ni comme mort, la présomption de la vie a dû jusqu'ici (jusqu'après l'enquête qui précède l'envoi en possession provisoire) l'emporter sur celle de la mort; mais la solennité de l'enquête change la face des choses... La présomption de la mort triomphe donc nécessairement à son tour, et elle devra se fortifier...; » puis, parlant de l'envoi en possession provisoire, il ajoute : « Cette disposition est une suite nécessaire et juste de la présomption de mort qui domine. » Que d'incertitudes, de doutes, de contradictions! On conserve une propriété, des droits actuels à un individu qui n'est, on le reconnaît, ni mort ni vivant! Il a des mandataires! Mais enfin l'évidence se fait jour, et la présomption de mort apparaît.

Pourquoi donc la propriété ne commence-t-elle à reposer sur la tête des envoyés qu'après trente ans de possession? est-ce donc l'effet d'une prescription? ou la mort de l'absent est-elle alors non-seulement présumée, mais prouvée? Les envoyés cessent d'être mandataires de l'absent, dit-on; ils vont donc prescrire ou être propriétaires incommutables. Puis, à qui donne-t-on la possession des biens? Aux héritiers présomptifs de l'absent au jour de la disparition ou des dernières nouvelles; nous verrons même qu'on les distribue entre ses légataires ou donataires de biens à venir. S'il ne s'agit que d'administrer le patrimoine de l'absent, pourquoi le morceler ainsi et ne pas avoir plus de confiance dans le mandataire désigné par l'absent? Si, dans la tutelle, la loi a préféré s'en remettre à un seul mandataire légal du soin d'administrer les biens, il y a inconséquence à agir autrement ici; la situation n'est donc pas la même. La loi ne recule-t-elle pas devant cette préférence pour les héritiers présomptifs, lorsqu'elle leur refuse tout droit pendant plusieurs années, et aime mieux faire gérer les biens abandonnés par ceux que le tribunal désignera, alors même qu'il y a nécessité de pénétrer dans le secret des affaires de l'absent. Singulier mandat que la loi accorde et n'impose pas !

A notre avis, le législateur du Code a voulu rompre avec certains principes de l'ancien droit ; il n'a pas voulu de présomption de vie durant jusqu'à la centième année de l'absent, ni de distinction selon les causes probables ou prouvées de l'absence ; mais il a maintenu l'envoi provisoire des héritiers présomptifs, et même, comme nous le dirons, le partage des biens entre ces héritiers ; et nous avons vu comment l'ancien droit fondait cette solution sur la présomption de mort. En un mot, pas de présomption de vie ni de mort absolue dans ses effets ou dans son étendue ; mais une présomption de mort admise comme règle générale, et sauf les exceptions exigées par la morale ou par l'intérêt de l'absent dont la mort n'est pas certaine, mais seulement présumée, telle est la volonté du législateur. Nous avons tiré quelques arguments soit d'idées générales, soit de l'ancienne jurisprudence des parlements de Paris, Rouen et Toulouse ; nous devons maintenant chercher des preuves de notre opinion dans le Code même et dans les solutions incontestées qu'on tire de ses textes, mais d'abord exposer notre théorie.

Par le fait seul de l'absence, de l'incertitude sur l'existence d'une personne, sa mort est présumée. Toutefois son conjoint ne peut se prévaloir de cette présomption pour contracter un nouveau mariage, parce que c'est une présomption et non une certitude, parce que la loi en l'introduisant a été libre de la limiter. Avant d'être admise à s'emparer des biens d'un défunt, toute personne qui y prétend droit doit prouver le décès; la loi, en cas d'absence, dispense de cette preuve, et présume la mort, mais sous la condition que le prétendant ne pourra rien demander tant qu'il y aura probabilité du retour de l'absent, et que, même ensuite, il ne fera pas pendant un long temps, sur les biens qui lui seront remis, d'actes pouvant compromettre le patrimoine de l'absent. Cette double condition est imposée par la loi, non-seulement à l'héritier, mais encore au légataire et à tous ceux qui ont sur les biens de l'absent des droits subordonnés à la condition de son décès. Toutefois, ils agiront en leurs qualités respectives, comme propriétaires. Ils ne peuvent être mandataires de l'absent. Pour avoir un droit, il faut être vivant; pour invoquer un droit, il faut prouver qu'on existe ou que celui pour qui on l'invoque est vivant. L'héritier présomptif ou autre qui invoque un droit, ne peut se présenter au nom de l'absent ou comme son mandataire, puisqu'ainsi il supposerait un droit à l'absent, et qu'il ne peut prouver la vie de cet absent; force lui est donc de se présenter comme propriétaire du droit; aussi ne peut-il prétendre aux biens échus à l'absent depuis sa disparition. Si l'absent reparait, il est prouvé que la propriété a toujours reposé sur sa tête, que l'héritier présomptif n'a jamais été que mandataire; la preuve est faite contre la présomption de mort. Celui qui exerce ses droits sur les biens de la succession, étant exposé à une éventualité, doit en avertir les tiers avec lesquels il traite, à peine de responsabilité envers eux, si la convention n'est pas de celles qui rentrent dans les pouvoirs du mandataire, et que l'absent doit respecter à ce titre. Quand un long temps s'est écoulé (35 ans au moins) depuis la disparition de l'absent, ou quand l'âge de l'absent prouve presque son décès (sa 100e année), l'héritier présomptif ou autre, envoyé en possession définitive des biens de la succession de l'absent, conserve la qualité de propriétaire et voit disparaître les entraves que la loi avait mises à l'exercice de son droit. Quant au tiers dont le droit subordonné au décès de l'absent ne doit pas s'exercer sur le patrimoine de ce dernier, il agit comme propriétaire et en conserve la qualité tant que l'absent ne reparaît pas ; en cas de retour, ce tiers n'a été que possesseur.

En nous résumant : Règle générale, la présomption de mort ; — Exceptions, mariage maintenu. La mère seule chargée de la surveillance des enfants avec tous les pouvoirs paternels ; à son défaut, laps de six mois avant la nomination d'un tuteur ; exception dilatoire et restrictive contre ceux qui ont sur les biens de l'absent des droits subordonnés à la condition de son décès. Cette dernière exception pourra même se continuer comme purement dilatoire jusqu'à l'envoi définitif si l'absent a laissé un conjoint commun en biens qui le veuille ainsi.

Que la présomption de mort soit admise, qu'elle soit la règle après l'envoi en possession provisoire pour les envoyés en possession, c'est ce qui résulte d'une loi ; l'art. 40 de la loi du 28 avril 1816, relatif aux droits de mutation à payer par l'envoyé, traite l'envoyé en possession provisoire comme un héritier ordinaire, sauf à restituer une portion de la somme au retour de l'absent ; même délai de six mois pour faire la même déclaration. Les adversaires mêmes de notre opinion sont obligés de reconnaître que du jugement de déclaration d'absence qui précède ou accompagne l'envoi provisoire, résulte « une sorte de présomption de décès. » Nous avons dit que l'envoyé ne pouvait pas être un simple mandataire

tant que la vie de l'absent n'est pas prouvée; la loi même a pris soin de le placer au-dessus du mandat; il a, en sa qualité d'envoyé, des pouvoirs que n'avait pas l'absent, qu'il n'aurait pas s'il était présent; il enlève au conjoint de l'absent non commun en biens la jouissance des biens de l'absent, et plusieurs de nos adversaires reconnaissent avec nous qu'ils ne doivent au conjoint présent aucune indemnité ni pension alimentaire. Le titre de l'envoyé a bien tous les caractères du titre héréditaire, il est transmissible héréditairement; nous le reconnaîtrons cessible entre-vifs; il a pour objet les biens qui composaient le patrimoine au jour de la disparition, et cette date est prise pour point de départ dans le partage qui sera fait entre les intéressés. Nous verrons que, d'après l'opinion générale, l'envoyé en possession provisoire est assimilé, pour la validité des baux par lui faits, non pas au tuteur ou à l'usufruitier, mais bien à l'acheteur à réméré. Pour nous, l'envoyé en possession provisoire est, à l'égard des tiers avec lesquels il contracte, un propriétaire présumé; quand il aura obtenu l'envoi définitif, il sera, dans ses rapports, avec eux, propriétaire incommutable.

La présomption de mort existe donc après la déclaration d'absence, et l'envoyé en possession provisoire est véritablement un héritier. Mais la présomption de mort date de la disparition ou des dernières nouvelles de l'absent, et non pas seulement du jugement de déclaration d'absence. Lorsqu'après la déclaration d'absence, notre présomption fait appeler les héritiers présomptifs de l'absent, nous savons déjà que la loi appelle ceux qui étaient héritiers au jour de la disparition et non pas au jour de la déclaration d'absence; c'est au jour de la disparition que l'absent est mort, sauf preuve contraire ; si, pendant plusieurs années, elle suspend l'exercice des droits qui résultent de cette présomption, c'est uniquement pour protéger l'absent. Aussi, quand elle renonce à le protéger contre les conséquences de son absence, nous trouvons la présomption de mort s'appliquant dès la disparition. Une succession s'est ouverte au profit de l'absent et de plusieurs autres après la disparition ; les cohéritiers de l'absent n'ont pas repoussé ceux qui se présentaient au nom de l'absent ; peuvent-ils ensuite revenir sur cette détermination? Si l'on ne présume pas la mort, il faut répondre négativement, puisqu'ils ne prouvent pas le décès et qu'ils sont demandeurs ; cependant peu de personnes consentent à les frapper ainsi malgré leur bonne foi ; pour répondre affirmativement et être logique, il faut présumer la mort.

Nous trouverons, dans le cours de cette étude, nombre d'hypothèses où une solution équitable dépend de l'admission de la présomption de mort. Dans la plupart d'entre elles, nous verrons nos adversaires contraints par l'équité d'accepter notre solution ; rien ne nous sera plus facile que de répondre à leur argumentation et de montrer notre point de départ comme seul logique et conforme aux principes généraux du droit.

DIVISIONS

Dans une matière quelconque du droit, l'ordre le plus logique et le meilleur à suivre, selon nous, quand on le peut, c'est l'ordre général adopté par le législateur de notre Code ; il s'occupe d'abord des personnes, puis des biens, et, pour les biens, après les avoir distingués et classés, il parle en premier lieu des biens acquis, droits de propriété et autres, et ensuite des modes d'acquisition. Telles sont, selon nous, les divisions qu'il est préférable d'adopter quand on traite des effets de l'absence. Ce ne sont cependant pas celles du titre des Absents (titre 4 du livre I au Code), titre dans lequel le législateur a confondu et réuni les effets de l'absence et les effets de la déclaration d'absence. Suivant nous, quand on traite de l'absence, il faut comprendre dans une première partie ce qui fait l'objet des derniers articles du titre (art. 139 et 141 à 143), puis réunir dans une deuxième partie toutes les autres dispositions de ce titre. Comme division de cette deuxième partie, un titre premier renfermera les règles insérées aux chap. I et II, et à la section 1re du chap. III du Code; et un titre deuxième s'occupera de la section 2e de ce même chap. III.

Mais, dans notre programme ne sont renfermés ni la première partie sur les personnes, ni le commencement du titre 1er de la deuxième partie.

DES EFFETS DE L'ABSENCE SUR LES BIENS

TITRE PREMIER

EFFETS DE L'ABSENCE SUR LES BIENS LAISSÉS PAR L'ABSENT A SA DISPARITION OU LORS DE SES DERNIÈRES NOUVELLES.

A l'égard des biens laissés par l'absent, l'absence produit un premier effet, celui d'autoriser les tribunaux à ordonner des mesures conservatoires pour les biens de l'absent en cas d'urgence ; si elle dure pendant un certain temps, elle produit un second effet ; elle donne aux intéressés le droit de faire *déclarer* l'absence. Nous ne parlons ici ni des conditions qui doivent être réunies, ni des formalités à remplir pour que l'absence soit déclarée, et nous allons nous occuper des effets de la déclaration d'absence. On divise communément l'absence en trois périodes ; nous passons sous silence la *première* de ces périodes, désignée sous le nom de *présomption d'absence,* et qui dure jusqu'au jugement de déclaration d'absence, et nous allons parler successivement des deux autres.

DES EFFETS DE LA DÉCLARATION D'ABSENCE

La déclaration d'absence, par elle-même, n'apporte aucun changement à la situation antérieure des biens laissés par l'absent. Mais elle ouvre à l'héritier présomptif de l'absent le droit de demander l'envoi en possession provisoire des biens de cet absent, puis, après un certain laps de temps, l'envoi définitif. Elle ouvre en même temps au conjoint présent, commun en biens, le droit d'arrêter l'héritier présomptif jusqu'à ce qu'il puisse demander l'envoi définitif. Nous aurons donc à parler de ces deux envois correspondant à deux périodes distinctes, dans deux sections, dont la première sera elle-même subdivisée en deux paragraphes consacrés, l'un à l'envoi provisoire de l'héritier présomptif, l'autre à l'administration légale à laquelle le conjoint commun peut prétendre à l'encontre de cet héritier.

SECTION PREMIÈRE

De l'envoi provisoire et de l'administration légale.

§ 1er — De l'envoi provisoire.

Dès que le jugement de déclaration d'absence est prononcé, les biens laissés par l'absent au jour de sa disparition ou de ses dernières nouvelles, sont remis à titre de possession provisoire à celui qui les eût recueillis comme propriétaire, si l'absent fût mort ce même jour, sauf réserve à faire par nous pour les droits de l'époux commun. La loi, avons-nous dit, appelle à recueillir les biens laissés par l'absent ceux qui ont sur ces biens des droits subordonnés à la condition du décès de l'absent ; elle les en constitue, envers l'absent de retour, *administrateurs comptables salariés*. Une étude spéciale sur chacune de ces qualités nous sera nécessaire; mais nous devons rechercher auparavant, dans les art. 120 et 121, le moment précis où peut être prononcé l'envoi provisoire et les moyens à prendre et conditions à remplir pour l'obtenir.

Pour que l'envoi provisoire puisse être prononcé, il faut que le tribunal du dernier domicile de l'absent, ou de sa dernière résidence si son dernier domicile est inconnu, ait déclaré l'absence par jugement définitif. C'est par jugement de ce même tribunal, rendu sur l'instance qu'il a dirigée contre le ministère public, que l'héritier présomptif obtient l'envoi en possession provisoire.

Mais n'est-il pas possible que l'héritier présomptif demande à la fois, dans une même procédure, et obtienne par un même jugement la déclaration d'absence, et, comme conséquence de cette déclaration, l'envoi provisoire? L'affirmative ne nous semble pas douteuse en présence du texte de nos deux articles ; elle est confirmée par un arrêt de rejet de la C. de cass., en date du 17 nov. 1808. A la vérité, cet arrêt est fort laconique; le seul motif qu'il invoque, c'est qu' « aucune disposition n'exige d'intervalle entre la déclaration d'absence et l'envoi en possession provisoire. » Aussi, M. Sirey, après avoir rapporté cet arrêt dans son recueil, en combat-il la décision dans une note fort savante, où il invoque l'autorité de MM. Locré et Proudhon. Son principal argument consiste dans le texte de l'art. 120 qui permet aux héritiers présomptifs de se faire envoyer en possession provisoire « en vertu du jugement définitif qui aura déclaré l'absence ; » il l'appuie sur la discussion engagée au Conseil d'État à propos de la rédaction des art. 121 et 122. Tronchet, dans cette discussion, séparait entièrement la déclaration d'absence et l'envoi en possession, la première fondée sur l'incertitude de la vie de l'absent, le second ayant pour motif la nécessité où l'on se trouve de pourvoir à l'administration de ses biens.

L'intérêt que M. Sirey trouve à exiger deux jugements, est un intérêt de durée de la procédure. C'est sans doute contraire aux principes mêmes qui ont pour but d'épargner aux plaideurs le temps et les frais; mais, dit M. Sirey, la loi a voulu ménager à l'absent un temps plus long, si le ministère public croit devoir en appeler; et ce laps de temps consiste dans la durée de deux appels. Enfin, si le ministère public avait laissé passer le délai d'appel du premier jugement, il pourra, du moins, en appeler du second.

Il ne nous sera ni long, ni difficile de répondre à ces arguments. A l'argument de texte tiré de l'art. 120, nous opposons le texte de l'art. 121 qui réunit sous la condition d'un même délai la demande en déclaration d'absence et en envoi provisoire, et le texte de l'art. 860 du C. pr., qui parle uniquement de l'envoi provisoire et indique la procédure à suivre aussi bien pour faire déclarer l'absence que pour obtenir l'envoi en possession; nous opposons encore l'art. 134 qui confond les deux jugements, et suppose que, dès qu'il y a déclaration d'absence, il y a aussi des envoyés en possession ou un administrateur légal, tant étaient unies dans l'esprit du législateur cette double décision. Enfin, nous répondons à ce même argument de texte que la phrase invoquée devait, même en adoptant notre opinion, être conçue dans les termes inscrits au Code pour permettre à l'un des héritiers présomptifs d'invoquer le jugement de déclaration d'absence obtenu par ses cohéritiers, et n'exclut pas notre interprétation. Quand Tronchet, au Conseil d'État, séparait si absolument la déclaration d'absence et l'envoi provisoire, il ne faisait que défendre la disposition de l'art. 11 du projet (remplacé par notre art. 121), et il en tirait cette conséquence nécessaire que la déclaration devait « être prononcée après cinq ans, soit qu'il y eût, soit qu'il n'y eût pas de fondé de pouvoirs » de l'absent; mais l'art. 121 du Code unit ce que séparait l'art. 11 du projet, et est explicite à l'égard du fondé de pouvoirs : la présence de ce tiers éloigne le moment de la déclaration d'absence et de l'envoi provisoire.

Il n'y a donc pas lieu de s'arrêter aux paroles de Tronchet pour fixer notre décision. Que la loi ait organisé cette double procédure avec de doubles frais pour donner plus de temps à l'absent, c'est ce que nous ne pouvons admettre davantage. La loi a assuré à l'absent pour retrouver les choses entières à son retour un laps de temps qui varie de cinq à dix ans; si elle eût voulu allonger encore ce temps, elle ne l'aurait pas exposé, lui ou son héritier présomptif, à payer des frais plus considérables, et lui aurait franchement assigné un délai plus long. Quant à l'erreur que M. Sirey prétend réparer en accordant un nouveau délai d'appel au Ministère public, le savant auteur ne répare rien ; dès que le jugement déclaratif de l'absence est passé en force de chose jugée, c'est un droit, pour l'héritier présomptif qui justifie de son titre, d'être envoyé en possession, et l'appel du second jugement serait dérisoire. Nous ne pouvons, en effet, reconnaître au tribunal ni à la Cour le droit de retarder l'envoi, quand la déclaration est prononcée, ni d'ordonner une enquête sur des faits connus même depuis cette déclaration. Si l'on a des nouvelles de l'absent, le jugement de déclaration tombe; si les faits n'ont pas ce caractère, la loi ne veut pas qu'on s'y arrête pour détruire, en fait, tout l'effet du premier jugement passé en force de chose jugée; puis, l'art. 120 ne dit-il pas que les héritiers présomptifs « *pourront*, en vertu du jugement de déclaration d'absence, *se faire envoyer* en possession provisoire? » Il ne dit pas qu'ils *pourront être envoyés*, expression qui ouvrirait aux juges un pouvoir d'appréciation.

Enfin, le droit commun doit s'appliquer quand il n'y a pas d'exception dans la loi. Qu'arrivera-t-il donc? L'héritier présomptif joindra des conclusions secondaires à fin d'envoi provisoire soit aux premières conclusions demandant l'enquête, soit aux conclusions qui précéderont le jugement définitif.

Nous savons maintenant comment est conféré l'envoi en possession provisoire et quel tribunal est compétent pour le prononcer; nous avons dit aussi quelques mots du moment où le jugement peut intervenir; c'est, au plus tôt, cinq ans ou onze ans après la disparition ou les dernières nouvelles de l'absent, selon que cet absent a omis, ou non, de laisser une procuration suffisante pour administrer ses biens.

Nous devons dès à présent faire plusieurs observations sur la nature, l'étendue et les effets de cette procuration qui a, d'ailleurs, la même influence à l'égard du jugement de déclaration d'absence que par rapport au jugement d'envoi en possession. L'art. 120 prévoit « le cas où l'absent n'aurait point laissé de procuration pour l'administration de ses biens; » l'art. 122 repousse toute condition de durée pour faire produire à cet acte son effet. Ainsi, une procuration donnée pour six mois produira autant d'effet que si elle était donnée pour vingt ans. Elle retardera toujours de six ans la déclaration d'absence, et quand le fondé de pouvoirs sortira de fonctions, ce sera au tribunal de veiller sur les intérêts de l'absent. Tels sont les seuls renseignements que nous donne la loi pour résoudre nos questions. Mais la discussion, engagée au Conseil d'État pour la rédaction des art. 121 et 122, va faire la lumière en nous indiquant l'intention du législateur. L'influence de notre procuration, nous dit cette discussion, le retardement qu'elle fait subir à l'envoi provisoire sont fondés sur ce que l'administrateur constitué par l'absent doit être préféré à celui que la loi pourrait désigner ; ils le sont aussi sur la présomption et l'espérance du retour de l'absent.

De cette dernière pensée est sorti l'art. 122 ; quel que soit le sort de la procuration, qu'elle conserve son effet ou qu'elle prenne fin, l'envoi ne pourra être demandé qu'après dix années révolues depuis la disparition ou les dernières nouvelles de l'absent ; et, si le fondé de pouvoirs a cessé ses fonctions avant l'expiration du temps fixé, les juges doivent se borner à ordonner jusqu'à ce moment les mesures nécessaires de conservation. Cette idée n'avait pas frappé les rédacteurs du projet qui renfermait, en conséquence, sous son art. 12, une disposition contraire à celle de l'art. 122 ; dès que l'administrateur désigné par l'absent, cessait ses fonctions, le projet appelait l'héritier présomptif. Ce fut le Premier Consul qui découvrit dans la procuration l'intention de l'absent de quitter son domicile pour quelque temps, et qui reconnut dans cette intention un motif pour prolonger la présomption d'absence ; et cette idée prédomina dans la rédaction de nos articles. La procuration dont ils parlent doit donc être d'une date assez rapprochée du jour de la disparition de l'absent pour qu'on puisse admettre que, s'il l'a donnée, c'était en vue de son prochain départ ; ou, si cette circonstance de date ne se rencontre pas, si la procuration était d'une date bien antérieure à la disparition de l'absent, il faut qu'il lui soit resté une durée suffisamment longue à courir à partir de la disparition.

La loi prend soin d'indiquer un autre caractère de la procuration qui prolonge la présomption d'absence ; elle doit avoir pour objet l'administration *des biens* de l'absent. Mais faut-il en conclure qu'une procuration spéciale qui ne conférerait pas absolument tous les pouvoirs d'administration, ou qui restreindrait ces pouvoirs à certains biens de l'absent, n'aurait pas l'effet dont nous parlons? Non! certainement. L'absent a pu considérer que tel de ses biens immeubles, des pièces de terre déjà affermées pour une longue période de temps, n'avait pas besoin de soins fréquents : il a pu refuser à son fondé de pouvoirs le maniement général de ses revenus et ne lui permettre de les toucher que jusqu'à concurrence de la somme strictement nécessaire à l'entretien de ses biens ; enfin, si les baux de ses biens immeubles ne doivent expirer que dans un temps éloigné il aura fort raisonnablement omis dans la procuration spéciale qu'il donnait le pouvoir de faire des baux. En un mot, toutes les fois que la procuration laissée par l'absent indique une intention de sa part de sauvegarder ses intérêts pendant un certain temps, on doit lui reconnaître l'effet dont nous avons parlé. Mais, on le voit, tout dépend des circonstances de fait, et, par conséquent, il faut bien s'en remettre à l'appréciation des tribunaux.

Remarquons toutefois qu'il ne suffirait pas à l'absent d'annoncer son intention de voyager pour avoir droit au délai de dix ans mentionné à l'art. 121 ; il faut, de plus, qu'il ait pris des mesures pour l'administration de ses biens. Lorsqu'on demandera au tribunal de déclarer l'absence, les juges pourront prendre en considération les intentions de voyage manifestées par l'absent pour repousser momentanément la demande; mais le jugement qui, en mentionnant une procuration suffisante de l'absent, prononcerait nonobstant la déclaration d'absence et l'envoi provisoire avant le délai de dix ans, serait susceptible de cassation. Telle est notre opinion sur la nature de la procuration de l'absent. Mais elle est contestée. M. de Moly trouve suffisante une procuration quelconque, parce que, dit-il, elle manifeste une intention de départ; et il se fonde sur le texte si large des art. 112, 121 et 122, sans avoir égard ni au texte de l'art. 120, ni à cette pensée que, selon son avis, une simple lettre ou tout autre avertissement de départ suffirait. La discussion du Code fait justice de cette opinion. D'autre part, Delvincourt, Zachariæ et M. Plasman veulent une procuration générale et s'appuient, pour l'exiger, sur le texte de l'art. 120. Mais cet article ne le demande pas expressément, et son intention peut être remplie sans cela. Nous irons jusqu'au bout; que la fortune d'un absent ne se compose que de biens immeubles tous loués ou affermés pour un temps suffisamment long, que les locataires ou fermiers soient tenus de toutes les réparations, et que l'absent ait donné à chacun d'eux mandat de conserver le prix de location jusqu'à son retour, et nous verrons dans ces procurations essentiellement spéciales le caractère nécessaire pour suspendre la déclaration d'absence. En un mot, tout dépend des faits, et il faut s'en remettre aux tribunaux.

Le nouveau Code italien, à son art. 22, défend, si l'absent a laissé une procuration, de former la demande en déclaration d'absence avant l'expiration d'un délai de six ans. Le délai n'est que de trois ans à défaut de procuration. Ce même Code a été fort prévoyant en ordonnant de publier successivement le jugement préparatoire et le jugement définitif.

Pour terminer ce que nous avons à dire sur la procuration laissée par l'absent, nous devons motiver en peu de mots notre opinion sur deux questions dont la solution a été mise en doute. MM. Ducaurroy, Bonnier et Roustain, en s'appuyant sur la discussion de l'art. 121 au Conseil d'État, soutiennent que, si l'absent a laissé une procuration, le législateur a voulu simplement lui accorder un temps double, c'est-à-dire qu'il aura dix ans en tout, qu'au bout de dix ans la déclaration d'absence pourra être prononcée, qu'en conséquence elle pourra être demandée après neuf ans du jour de la disparition, puisqu'il faut toujours un an entre le jugement qui ordonne l'enquête et le jugement définitif. Nous ne pouvons partager cette opinion ; il ne nous appartient, ni de refaire, ni de rédiger à nouveau les articles du Code ; et nous ne devons chercher la volonté du législateur en dehors du texte que si ce texte est incomplet ou obscur ; quand l'art. 121 nous dit que la demande en déclaration d'absence ne peut être valablement formée que dix ans après la disparition, nous ne pouvons pas, par interprétation d'une opinion personnelle manifestée dans une discussion, déclarer que cette demande pourra avoir lieu au bout de neuf ans. Ce n'était pas, d'ailleurs, le Conseil d'État qui faisait la loi ; le Tribunat, et, sans doute, le Corps législatif, ont accepté le texte de l'art. 121 en lui attribuant un autre sens que le Conseil d'État. Le tribun Leroy (de l'Orne), dans son rapport au Tribunat, après avoir parlé de l'effet de la procuration, ajoutait ces mots trop significatifs : « La présomption de mort reprend ses avantages après onze ans révolus sans nouvelles. » Et le Conseil d'État n'a pas réclamé contre cette interprétation.

La dernière question qui doit nous occuper ici est la suivante : Doit-on considérer comme fondé de pouvoirs ayant mission de gérer pendant dix ans, le tuteur de l'absent. Un éminent jurisconsulte déclare qu'on ne pourra jamais prononcer la déclaration d'absence d'un mineur que dix ans après sa disparition, parce que, dit-il, il laisse un mandataire général chargé de veiller sur ses biens; c'est ce que veut le texte. Qu'il nous soit permis d'examiner cette opinion et d'y répondre. D'après ce que nous avons reconnu plus haut, la procuration de l'absent doit pourvoir à la sûreté des biens et annoncer l'intention d'un voyage. Ces précautions peuvent-elles venir valablement d'un mineur? « le mineur sait, dit-on, il doit être légalement réputé savoir que son tuteur est là sur les lieux, administrant pour lui sa fortune ; » c'est justement ce que nous ne pouvons admettre. Si la loi réputait suffisamment savantes en droit les personnes qu'elle déclare incapables, que servirait de les priver de leur capacité? Puis, faudrait-il au moins faire entre les mineurs une distinction qui n'est pas dans la loi, selon leur âge et leur raison. Et, quel que soit leur âge, les mineurs n'ont pas plus la conduite de leur personne que la disposition de leurs biens, et la loi ne peut prendre en considération les projets des mineurs dont la disparition, à raison de leur inexpérience, doit inspirer plus de crainte pour leur vie et faire croire plus facilement à leur mort. Enfin, la loi ne distingue pas, et, si l'on considère un mandat légal comme ayant assez de force pour faire reculer l'époque de la déclaration d'absence, il faut aller jusqu'au bout, et dire que l'enfant qui aura des biens pendant le mariage de ses père et mère et disparaîtra, devra profiter du délai de dix ans; que l'interdit, lui aussi, devra en profiter, malgré l'impossibilité où il se trouve de manifester aucune volonté; nous trouvons, d'ailleurs, dans la loi, les éléments d'un argument *à pari*, sinon *à fortiori;* la femme mariée a dans son mari un administrateur légal de ses biens, sauf sous le régime de séparation de biens; et nous ne voyons pas qu'elle profite pour cela du délai de dix ans. Nos articles aussi veulent que l'absent ait « laissé » une procuration; et les discussions des législateurs nous montrent ce supplément de temps comme une récompense de la prévoyance de l'absent. Tout concourt donc à établir que la loi n'a pas compris le mandat légal dans le mot « procuration » des art. 120 et suiv.

Nous en avons ainsi fini avec ces questions qui, du reste, n'appartiennent pas à la matière de l'envoi provisoire. Le législateur du Code, dans le cours de la discussion, avait voulu n'attribuer d'effet à la procuration de l'absent qu'à l'égard de l'envoi provisoire, et point à l'égard de la déclaration d'absence. C'est ainsi que l'art. 115 ne fait aucune distinction relative à cette procuration, que l'art. 120 ne paraît lui donner d'effet que sur l'envoi provisoire, que les art. 120, 121 et 122 se trouvent dans le chap. III du Code au lieu d'être dans le chap. II « de la déclaration d'absence. » Après être revenu sur sa première intention, le législateur a omis de faire les modifications nécessitées par ce changement de volonté. S'il nous était maintenant permis de manifester quelques vœux, ils tendraient d'abord à faire opérer cette petite réforme de rédaction, mais surtout à faire respecter encore plus la volonté de l'absent, en prolongeant au-delà de dix ans l'effet de sa procuration, lorsqu'elle est donnée pour une durée plus longue; la loi, dit-on, a redouté la fraude de l'individu qui s'absenterait en laissant une procuration de longue durée pour nuire à ses héritiers. Moyen bizarre! Mais, du moins, reconnaîtra-t-on que, s'il ne s'agit pas d'héritiers réservataires, cette crainte est inadmissible, et qu'on pourrait sans danger protéger le secret des affaires de l'absent pendant vingt ou trente ans, sans que personne eût le droit de s'en plaindre; si les héritiers présomptifs de l'absent étaient réservataires, mais qu'ils fussent tous ensemble ses mandataires salariés, ou qu'ils dussent toucher de son mandataire une portion de ses revenus, pourquoi encore porter atteinte à sa détermination. Reste donc le cas d'un absent ayant des héritiers présomptifs réservataires et n'ayant rien fait pour eux; et alors, malgré le peu de vraisemblance des fraudes redoutées par la loi, nous accepterions le délai de dix ans de l'art. 121. Nous le maintiendrions aussi en faveur de ceux qui avaient sur les biens de l'absent des droits subordonnés à la condition de son décès, sans que ses droits provinssent d'une libéralité de l'absent, appelés à une substitution dont l'absent aurait été grevé, nus propriétaires de biens dont l'absent aurait été usufruitier.

Parlons maintenant de l'envoi provisoire. Nous allons étudier successivement les points suivants : 1° Quelles personnes peuvent obtenir l'envoi provisoire? 2° Quels biens en sont l'objet? 3° Quelles sont les obligations des envoyés? 4° Quels sont leurs droits?

I. — *Quelles personnes peuvent être envoyées en possession des biens d'un absent ?*

Nous savons que c'est un jugement qui confère l'envoi provisoire, soit un jugement spécial, soit le même jugement définitif qui prononce la déclaration d'absence. L'art. 860 du C. pr. nous enseigne de plus que c'est un jugement rendu sur requête. Il s'agit maintenant pour nous de rechercher qui peut valablement présenter cette requête. Nous n'avons parlé jusqu'ici que des héritiers présomptifs de l'absent, excluant par là le reste de sa famille ; mais n'est-il pas dans les principes de la loi de donner action à tout intéressé ? Aussi, a-t-elle admis les « parties intéressées » à former la demande en déclaration d'absence, et leur permet-elle de requérir l'ouverture du testament de l'absent dès que l'envoi provisoire est prononcé au profit des héritiers présomptifs (art. 123), pour exercer ensuite à titre provisoire les droits qu'elles peuvent avoir, subordonnés au décès de l'absent. Si la loi appelle ainsi les héritiers présomptifs de l'absent et les autres ayant-droit à recueillir ses biens, c'est que le retour de l'absent est devenu moins probable ; elle les dispense de prouver le décès de l'absent, et leur permet d'invoquer la présomption de mort ; la vie de l'absent n'est plus certaine ; il faut que ses droits reposent sur quelqu'un. Il y a, d'ailleurs, peu de dangers pour la conservation et la gestion des biens de l'absent ; ils sont remis aux mains qui doivent probablement les posséder en toute propriété un jour à venir, soit que l'absent revienne, soit qu'il ne revienne pas, après sa mort prouvée ou non. Il fallait sauvegarder les intérêts de ces personnes qui, sans doute, ne peuvent prouver la mort de l'absent, mais aussi contre lesquelles on ne prouve pas, et on ne prouvera jamais peut-être son existence; il ne s'agit pas seulement de personnes qui ont reçu de l'absent des libéralités non encore exécutées; ce peuvent être des créanciers de l'absent pour le jour où il mourra, des appelés à une substitution dont l'absent était grevé, des nus propriétaires de biens dont l'absent était usufruitier, méritant tous une sauvegarde pour leurs intérêts. La loi prend soin de distinguer ces personnes en les énumérant, d'une part les légataires et donataires de l'absent, d'autre part « tous ceux qui avaient sur les biens de l'absent des droits subordonnés à la condition de son décès. » Le conjoint de l'absent rentre dans cette dernière catégorie, sauf l'exception portée en l'art. 124; nous en parlerons dans notre § 2ᵉ. Quand la loi parle des donataires de l'absent, après avoir nommé ses légataires, elle n'entend, bien entendu, que les donataires de biens à venir.

Mais ici s'élève une difficulté des plus graves. C'est quand l'héritier présomptif a obtenu l'envoi provisoire, nous dit l'art. 123, que le testament est ouvert et que les intéressés peuvent agir; et le testament sera ouvert à la réquisition des intéressés ou du procureur impérial. Une remarque en passant sur le testament; comment une personne peut-elle avoir un intérêt né et actuel, un intérêt certain à l'ouverture d'un testament : Il n'y a, que nous sachions, que les légataires qui ont un intérêt pécuniaire à l'ouverture d'un testament; et comment prouveront-ils leur titre avant cette ouverture? Force sera donc à ceux qui espèreront trouver un legs en leur faveur, de s'adresser au procureur impérial en le priant de requérir l'ouverture du testament de l'absent. Il sera cependant des circonstances où la loi trouvera son application, où il y aura des personnes intéressées, quoique non pécuniairement, à l'ouverture du testament de l'absent ; un enfant mineur de l'absent sera intéressé à savoir si son père ne lui a pas désigné de tuteur testamentaire ; l'héritier de bonne foi sera intéressé à ne pas posséder un bien qui ne doit pas lui revenir.

Mais laissons cette question : une autre se présente. L'héritier présomptif, connaissant d'avance le contenu du testament, se refuse à demander l'envoi provisoire ; il se peut, d'ailleurs, que le testament soit notarié, où qu'étant olographe il n'ait pas été clos par l'absent. Bref, l'héritier refuse d'agir. Que faire? L'art. 123 est formel. Mais il renferme une impossibilité juridique, une contradiction avec les principes de notre matière ; la loi veut remettre les biens à ceux qui les recevraient si la mort de l'absent était certaine, c'est pour cela qu'elle ordonne l'ouverture du testament ; il y a intérêt pour l'absent et la société à ce que les biens soient entre des mains qui ne les laisseront plus, s'il ne revient pas. Telle est la volonté de la loi ; mais ce n'est pas la seule. Le Tribunat avait observé qu'on ne devait pas subordonner l'exercice du droit des légataires et autres intéressés à un fait purement facultatif de l'héritier présomptif, à son envoi provisoire ; puis, fallait-il attendre que tous les héritiers présomptifs eussent obtenu l'envoi? ou suffisait-il que l'un d'eux l'eût fait prononcer à son profit? Mais tel n'était pas sans doute le sens que le législateur attachait à l'art. 123 ; car, le tribun Leroy semble émettre une autre idée dans son rapport au Tribunat : « Le droit de l'héritier présomptif et celui de l'héritier testamentaire... ont une source commune et unique dans la loi ; » et il ajoute plus loin : « L'héritier présomptif, dont les prétentions sont moins précaires (que celles de l'héritier testamentaire dont le titre peut être révoqué), devait donc être privilégié. « La loi appelle donc l'héritier présomptif en premier rang à la possession des biens de l'absent ; elle l'en saisit et le fait contradicteur naturel de toutes les prétentions qui peuvent naître sur ces biens ; elle lui donne le rôle de défenseur ; mais aussi là s'arrête le *privilége* qu'elle lui donne ; elle veut remettre les biens à ceux qui en sont présumés propriétaires, et, par conséquent, elle veut que le testament de l'absent soit ouvert ; nous remplirons donc pleinement les intentions du législateur en permettant à tout intéressé de faire déclarer l'absence, en l'autorisant, en outre, à se faire envoyer en possession provisoire des biens de l'absent qui lui doivent revenir, mais en l'obligeant, avant de demander l'envoi, à mettre l'héritier présomptif en demeure d'agir.

Le légataire, comme tout autre intéressé, pourra demander l'envoi, soit à l'héritier présomptif déjà envoyé en possession, soit même malgré l'inaction de cet héritier, si toutefois il peut prouver son intérêt en représentant le testament ouvert ou non clos de l'absent ; nous ajouterons qu'il pourrait, dans le même cas, provoquer la déclaration d'absence aux termes de l'art. 115. Cet article invite tous les intéressés à former la demande ; les légataires sont au nombre de ces intéressés ; mais comment pourront-ils agir, si le testament n'est pas ouvert. Nous nous trouvons dans une impasse. Le procureur impérial ne peut faire prononcer la déclaration d'absence, lui défenseur et représentant de l'absent. Le vœu de la loi est cependant que les biens soient répartis provisoirement entre les ayant-droit ; qu'en faut-il conclure ? C'est que l'art. 123 a voulu indiquer une date pour l'ouverture du testament et par rapport à l'absence ; il a supposé que les héritiers présomptifs se hâteraient de former leur demande ; c'est aussi ce qui arrive le plus souvent. Mais ce qu'il a voulu, ce qu'il a dû vouloir dire, à peine de créer un droit dérisoire, à peine d'entraver à perpétuité l'exercice du droit qu'il accorde aux légataires, c'est que le testament pût être ouvert à la requête du procureur impérial, cinq ans ou onze ans après la disparition ou les dernières nouvelles, et comme il ne s'agit pas ici de conférer un droit, mais seulement d'accomplir une formalité tendant à faire connaître les ayant-droit, il n'y a pas lieu à mettre en demeure les héritiers; l'art. 115 restera donc inapplicable aux légataires quand le testament sera clos ; l'absent sera protégé un an de plus contre la demande en déclaration d'absence, grâce à l'inaction des héritiers.

La loi, en appelant ainsi à la possession provisoire des biens de l'absent tous ceux qui les recueilleraient par droit définitif s'il était mort, ne fait rien autre qu'ouvrir provisoirement la succession de l'absent, et l'on ne peut mieux entrer dans sa volonté qu'en appliquant à titre provisoire, et quand rien ne s'y oppose, les dispositions relatives aux successions et aux testaments ; c'est ainsi que nous admettrons les légataires universels à se pourvoir en envoi provisoire sans mise en demeure des héritiers présomptifs, toutes les fois qu'en droit commun ils eussent eu la saisine de plein droit, et ce, par application des art. 1006 et 1008. A l'inverse, les autres légataires n'auront jamais le même privilége ; les art. 1011 et 1014 les en privent. Les intéressés qui, à raison du silence des héritiers présomptifs, voudront former leur demande, devront auparavant, et après la mise en demeure sus-indiquée, faire nommer un administrateur ou curateur aux biens de l'absent afin de diriger contre lui leur action. Une loi postérieure au Code civil, la loi du 13 janv. 1817, à son art. 11, permet aux intéressés, sous la même condition d'une mise en demeure, d'employer une procédure plus rapide pour faire prononcer la déclaration d'absence des militaires d'une certaine époque. L'inaction d'un héritier n'a jamais arrêté les autres ayant-droit; et il serait déraisonnable qu'un héritier présomptif, qui de fait est déjà en possession, ou connaît les dispositions d'un testament à lui préjudiciable, ou veut soutirer de l'argent d'un donataire de biens à venir ou d'un nu propriétaire, pût paralyser des droits conférés par la loi, et l'exécution des volontés de l'absent. Tous les auteurs sont d'accord sur cette solution. Les principes sur la transmission des droits successoraux, testamentaires ou autres, sont applicables ici. Si donc l'héritier présomptif au jour de la disparition ou des dernières nouvelles, refuse les droits que la loi lui offre, l'héritier du degré subséquent sera fondé à faire valoir ses droits; si les héritiers sont morts depuis la disparition, leurs propres héritiers doivent toujours être admis à les représenter; il en sera de même des héritiers de tous les autres ayant-droit décédés depuis ce jour, légataires, donataires de biens à venir, appelés à substitution, donateurs avec clause de retour, nus propriétaires; inutile de faire remarquer que le droit de ces derniers n'est pas conditionnel, mais seulement à terme incertain; l'exercice en est suspendu, et leur mort antérieure à la disparition n'empêcherait pas leurs héritiers de recueillir à leur défaut, à titre provisoire.

Nous devons reconnaître aux cessionnaires des droits de ces personnes la même capacité de recevoir qu'aux héritiers de ces mêmes ayant-droit. Nous admettrons comme valable la cession faite par l'héritier présomptif postérieurement à la disparition ou aux dernières nouvelles; à partir de ce jour, ce n'est plus un pacte sur une succession non ouverte. Si nous faisons participer le cessionnaire aux prérogatives de l'envoi en possession, il faut permettre aussi aux cohéritiers présomptifs du cédant d'exercer le retrait successoral de l'art. 841 pour évincer ce cessionnaire; mais sur ce point il y a controverse. L'art. 841, dit-on, est un article d'exception, et ne s'applique qu'aux successions ouvertes; ici, il n'y a pas de succession véritable; la qualité héréditaire des retrayants n'a rien de certain et de définitif, et la loi n'a pu vouloir permettre les actions récursoires qui résulteraient de la connaissance du décès de l'absent à une date postérieure où les héritiers ne seraient plus les mêmes; enfin, la cour de Grenoble, le 3 juin 1846, a repoussé l'exercice du retrait successoral. Mais n'omettons pas de dire que cette cour motivait sa décision sur ce que la succession de l'absent était ouverte seulement au jour de l'envoi définitif, tout partage antérieur ne pouvant être définitif. Or, si nous admettons avec la loi et avec tout le monde que la succession de l'absent s'ouvre rétroactivement, mais enfin s'ouvre au jour de disparition, parce que c'est à ce jour qu'on se réfère pour désigner l'héritier présomptif appelé à posséder provisoirement, puis définitivement, puis enfin, par la force des choses, à titre de propriétaire incommutable, si nous admettons cela, il faut aussi reconnaître pour valable la cession de droits faite après ce jour par l'un des appelés, et admettre les cohéritiers présomptifs du cédant à exercer dès ce jour le retrait successoral. Dire que le retrait successoral est dans la loi chose d'exception, c'est jouer sur les mots, il est exceptionnel en ce que les cessions de droits successoraux sont relativement rares et l'exercice du retrait encore plus rare, en ce sens aussi qu'il n'est accordé par la loi qu'aux cohéritiers du cédant ; mais encore l'est-il à tout successible, à tout cohéritier. Nous pouvons donc l'accorder, sans violation de l'art. 841, au cohéritier présomptif que la loi appelle à faire valoir ses droits comme si l'absent était mort, avec cette seule différence que tout est présomption et provisoire dans cette succession, tout, jusqu'au droit même des successibles. Si l'absent ne reparaît pas, ou si l'on acquiert la preuve de sa mort antérieure à la cession et survenue à une époque où les mêmes personnes étaient encore les héritiers de l'absent, tout se sera passé légalement et sera valable ; si l'absent reparaît ou est mort après la cession ou à une époque où le cédant ou les retrayants n'étaient plus héritiers, tout sera nul, et, en conséquence, la cession tombera comme vente de la succession d'une personne vivante, ou de la chose d'autrui ; le retrait tombera faute d'objet, et les restitutions devront être effectuées comme entre parties de bonne foi ; le cédant devra restituer aux retrayants le prix qu'il a reçu du cessionnaire désintéressé ; il gardera les intérêts de la somme touchée par lui de bonne foi, et les retrayants conserveront, de leur côté, les revenus qu'aurait perçus pour lui le cédant s'il eût conservé ses droits, parce qu'ils auront reçu de bonne foi les biens qui formaient la part du cédant, et les auront administrés.

Les choses ne se passeraient pas identiquement de la même manière, selon nous, si l'héritier présomptif cédant avait essayé de se prémunir contre la chance du retour de l'absent par une clause aléatoire insérée dans son contrat. Cette clause serait nulle comme exprimant une intention illicite, l'intention d'aliéner la succession d'une personne reconnue vivante, et elle annulerait la cession tout entière, parce que les parties auraient voulu faire un contrat aléatoire et n'auraient fait qu'une convention purement conditionnelle. La loi a organisé l'administration des biens de l'absent de telle manière que, si l'absent ne revient pas, cette administration aura été conduite par les héritiers présomptifs pour eux-mêmes; comme héritiers de l'absent, et, s'il revient, ce n'aura été que l'exécution d'un mandat légal; dans le premier cas, l'héritier présomptif aura pu céder ses droits dans une succession ouverte, et ses cohéritiers exercer le retrait; dans le second, il n'aura pu ni céder des droits dans une succession non ouverte, ni se décharger de son mandat au préjudice de l'absent et de ses comandataires; cette cession et les actes qui en auraient été la suite seraient frappés de nullité.

Tel est, selon nous, le jeu du retrait successoral appliqué à l'envoi provisoire. Il doit d'autant mieux y être appliqué qu'il présente en ce cas un intérêt pratique considérable.

L'absent est peut-être vivant; il faut à tout prix soustraire la connaissance de ses affaires et de ses secrets à tous autres qu'à ceux en qui lui-même ou la loi a mis sa confiance; d'autre part, les héritiers présomptifs font entre eux, au moment de l'envoi provisoire, un partage provisionnel, et nous verrons qu'ils n'ont pas le droit, en cas de désaccord, de recourir à la licitation publique des biens; il faut donc, dans leur propre intérêt, leur permettre d'écarter de leurs rangs des tiers processifs. Ces deux effets uniques de retrait successoral seraient entièrement perdus, si l'on admettait le système qui repousse jusqu'à l'envoi définitif l'exercice du retrait.

Si nous admettons le retrait en ce cas, c'est que nous

reconnaissons au cessionnaire les mêmes droits de possession provisoire qu'à son auteur, et, par conséquent, aussi le droit de demander cette possession.

Encore une observation sur la cession de droits faite par l'absent. Il se peut que le retrait ne soit pas exercé ; en ce cas, la cession sortira tout son effet, sauf le retour de l'absent qui fait tomber le droit héréditaire et par conséquent la cession de ce droit.

Nous avons admis successivement à l'envoi provisoire les héritiers présomptifs de l'absent au jour de sa disparition ou de ses dernières nouvelles ; leurs héritiers ou successeurs, leurs cessionnaires, les légataires, donataires de biens à venir, donateurs avec clause de retour, appelés à substitution dont l'absent était grevé, leurs représentants, s'ils vivaient encore lors de la disparition ou des dernières nouvelles reçues, le nu propriétaire des biens dont l'absent était usufruitier, en un mot, tous ceux qui devraient prouver la mort de l'absent pour faire valoir leurs droits, si la loi ne leur avait donné un autre moyen, tous ceux que leur position constitue demandeurs, et leurs représentants. Toutefois, parmi ces représentants, nous n'avons pas encore compté les créanciers de ces personnes. Faut-il les admettre ? La question est controversée. Posons les principes : d'une part, pour venir demander l'envoi provisoire, pour subvenir en cela à la négligence ou à la mauvaise volonté de l'héritier présomptif, le créancier doit agir en vertu de l'art. 1166 et représenter son débiteur inactif ; d'autre part, l'envoi provisoire est, d'abord et en principe, une succession présumée, mais incertaine, et, si l'absent reparaît, se réduit à un mandat légal. Comme succession même incertaine et irrégulière, les créanciers de l'héritier peuvent le demander, puisqu'ils ne font en cela qu'exercer le droit de leur débiteur ; ce droit est, en effet, dans les biens de l'héritier présomptif, puisque personne autre ne peut l'exercer, même pour partie, sans avoir mis cet héritier en demeure d'agir.

Mais, dit-on, c'est un droit essentiellement attaché à la personne ; l'art. 125 nous dit que c'est un dépôt. — Il est vrai ; mais un dépôt qui confère au dépositaire l'administration des biens et le rend comptable envers le propriétaire pour le seul cas où ce dernier se représenterait, qui produit un salaire considérable au dépositaire, les quatre cinquièmes, les neuf dixièmes, ou même la totalité des fruits selon le moment du retour du propriétaire et la propriété même des objets si le déposant ne revient pas, qui n'a rien d'indivisible et de personnel, puisqu'il se répartit entre plusieurs mains, celles des héritiers de l'envoyé provisoire, et se transmet héréditairement, un dépôt, enfin, auquel manquent les caractères essentiels du dépôt, la gratuité, la qualité nécessairement mobilière des objets déposés (art. 1917 et 1918), l'indivisibilité, l'exigence moindre pour les soins à donner à ces objets. — Mais, au moins, nous répondon, c'est un mandat, un mandat légal et salarié, et l'art. 2003, faisant cesser le mandat par la mort du mandataire, prouve bien que c'est un contrat fait en considération de la personne. — Cet argument prouve trop et ne prouve rien ; l'art. 2003 enlève même à l'héritier légitime du mandataire l'exécution du mandat, et personne n'hésite à reconnaître à l'héritier de l'héritier présomptif, le droit à l'envoi provisoire ; une fois l'héritier admis, pourquoi ne pas admettre les autres ayant-cause? Puis, c'est une pétition de principe ; il s'agit pour nous de savoir si la loi, qui faisait ici exception aux règles générales sur le mandat sans déterminer les limites de cette exception, n'a pas assimilé tous les intéressés les uns aux autres. Si l'on refuse l'envoi aux créanciers de l'héritier présomptif, il n'y a pas de motifs pour l'accorder à ses héritiers ; et alors c'est détruire le caractère successoral de l'envoi. — On ajoute que les biens de l'absent sont inaliénables entre les mains de l'envoyé et ne pourraient être, par conséquent, le gage de ses créanciers, que l'envoi ne devrait, d'ailleurs, être accordé à ces créanciers que dans la mesure de leur intérêt personnel, et qu'il en résulterait des morcellements. Sans doute, les biens de l'absent sont inaliénables par l'héritier présomptif, mais ce qui n'est pas inaliénable, la seule chose qui soit pour le moment dans les biens de l'héritier présomptif; c'est le droit à l'envoi provisoire, c'est-à-dire le droit éventuel à la succession de l'absent; ce qui peut encore profiter aux créanciers, c'est le droit au salaire accordé par l'art. 127 et qui est subordonné à la condition d'administration.

Bien plus, les créanciers pourront saisir les biens après avoir demandé l'envoi provisoire du chef de leur débiteur, sauf à ne faire vendre qu'après l'envoi définitif.

Quant aux morcellements, nous ne pouvons les admettre ; les créanciers qui se plaignent de la fraude de leur débiteur et agissent en vertu de l'art. 1167 ou de l'art. 788, n'agissent que dans leur intérêt propre ; aussi bien, le débiteur a renoncé à son droit, et le plus souvent il n'a fait que le céder secrètement à titre onéreux ; mais si les créanciers exercent le droit de leur débiteur, ils l'exercent pour le tout et tel qu'ils le trouvent ; le débiteur en profite ; il n'avait pas renoncé à son droit, il n'en était pas déchu ; son créancier a été plus diligent que lui, mais n'attaque pas un engagement contracté par lui envers des tiers.

Les créanciers devront, en cas de refus de leur débiteur, faire nommer un administrateur ou curateur chargé de veiller aux intérêts de l'absent sur la part du cohéritier débiteur, et de leur rendre compte des fruits et de son administration. La mission de cet administrateur durera jusqu'à l'entière libération du débiteur ou jusqu'au retour de l'absent. Les créanciers devront, de plus, fournir la caution demandée par la loi à leur débiteur comme condition de l'exercice de son droit. Qu'on ne nous oppose pas le soin que semble avoir pris la loi de ne plus admettre d'administrateurs à partir de la déclaration d'absence: ce n'est que dans l'intérêt des héritiers présomptifs qu'elle a agi ainsi; et, en effet, la loi a toujours accordé plus de confiance à l'administrateur, nommé par le tribunal et n'ayant aucun intérêt personnel, qu'à toute autre perronne. Nous admettrons donc les créanciers de l'héritier présomptif à demander l'envoi provisoire; nous reconnaîtrons le même droit aux créanciers des autres intéressés.

Nous venons de voir tous ces créanciers faire usage de l'art. 1166; nous leur permettrons encore d'invoquer l'art. 1167 pour faire annuler la renonciation de leur débiteur à l'exercice de son droit et les déchéances qu'il aurait laissées s'accomplir à son préjudice en fraude de ses créanciers.

Quant aux créanciers de l'absent, il est bien certain qu'ils ne peuvent de son chef demander l'envoi provisoire de ses biens.

Observons, en passant, que quand nous avons parlé des dernières nouvelles de l'absent pour déterminer le moment où sa succession a été présumée ouverte, nous avons toujours entendu désigner ces nouvelles à la date où elles étaient données, et non à celle où elles étaient reçues. C'est au jour où l'absent écrivait la lettre reçue, du jour où il était aperçu par un tiers, qu'il y a connaissance de son existence, et non postérieurement au jour où la lettre est reçue, où le tiers est de retour.

Nous avons parlé des héritiers légitimes ou testamentaires, et des tiers tenant leurs droits de la volonté de l'absent et de leurs représentants. Pour terminer l'énumération des personnes qui peuvent demander l'envoi provisoire, nous devons nous occuper des successeurs irréguliers de l'absent. Si nous cherchons dans la loi ce qui peut les concerner, nous ne rencontrons aucune disposition relative aux enfants naturels; mais l'art. 140 appelle le conjoint présent à défaut de « parents habiles à succéder. » La question est donc toute tranchée pour l'époux. Mais, que dire des enfants naturels et de l'État ? Il pourrait sembler que la loi les eût à dessein passés sous silence; la présence des enfants naturels venant en concours avec d'autres parents, pourrait causer des difficultés nombreuses et empêcher l'entente; puis, la loi qui s'en fie pour l'administration des biens de l'absent à sa famille légitime et à son conjoint à raison de l'affection qui existe entre eux, n'accorde peut-être pas la même confiance aux enfants naturels. Quant à l'État, il peut attendre jusqu'à l'époque de l'envoi définitif, surtout si l'on admet que les enfants naturels doivent attendre aussi jusqu'à cette époque. Nous ne partageons pas cependant cette opinion, qui écarterait les enfants naturels et l'État de l'envoi provisoire. Les motifs qui précèdent n'ont rien de solide, de certain; le silence de la loi en est le seul fondement; mais la cause de ce silence est l'ignorance où était le législateur du parti qu'il prendrait au titre des Successions sur les enfants naturels. D'ailleurs, ceux qui refusent à l'enfant naturel l'envoi provisoire sont bien contraints de lui ouvrir l'envoi définitif pour qu'il puisse enfin user des droits que lui confère le Code aux art. 757 et suiv.; et ils ne remarquent pas qu'aucun texte n'accorde cet envoi définitif à l'enfant naturel, ni à qui que ce soit, que la loi n'appelle pas à l'envoi provisoire; la loi veut saisir des biens de l'absent à partir de la déclaration d'absence tous ceux qui y auront un droit définitif si l'absent ne revient pas. Enfin, s'il n'y avait d'autre successeur qu'un enfant naturel, la conséquence nécessaire de l'opinion contraire à la nôtre et des termes stricts de l'art. 123 serait de laisser à tout jamais les biens de l'absent dans un état d'incertitude au point de vue de la propriété. Nous trouvons ici un motif de plus pour ne pas entendre cet art. 123 dans le sens de son texte, mais dans son esprit véritable. Les mêmes arguments doivent faire admettre l'État à l'envoi provisoire à défaut de tous autres successeurs. Pour l'enfant naturel, nous devons, d'après ce que nous avons dit, l'admettre soit seul, soit en concours avec la famille légitime de l'absent; ses représentants ont le même droit que lui à l'envoi provisoire.

II. — *Quels biens sont l'objet de l'envoi en possession provisoire?*

Nous venons de voir quelles personnes peuvent prétendre à l'envoi en possession provisoire des biens de l'absent. Sur quels biens s'exerce le droit de chacun d'eux? Sur la part qui lui est attribuée dans le partage provisoire des biens de l'absent; et ce partage a pour base l'état des biens de l'absent au jour de sa disparition ou de ses dernières nouvelles. C'est à ce jour, avons-nous dit, que la succession de l'absent est présumée ouverte. C'est donc le patrimoine tel qu'il était à ce jour-là que partagent les héritiers présomptifs, en se tenant compte réciproquement des fruits de chaque bien qui tombe dans leurs lots respectifs, fruits courus depuis ce même jour. Ces fruits, à la vérité, se sont accumulés et sont devenus un capital; la loi même les traite comme tels et interdit aux envoyés de les considérer comme fruits et de s'en approprier une part quelconque. Mais c'est à l'égard de l'absent qu'ils forment un capital sujet à restitution intégrale, et productif d'intérêts dont part est réservée aux envoyés; dans les rapports de ces derniers entre eux, chaque cohéritier peut toujours dire aux autres : « C'est au jour de la disparition que nous nous reportons pour partager; depuis ce jour le fonds que vous me remettez a produit des fruits, des accessoires; comme le partage est déclaratif et que le fonds m'appartient depuis ce même jour, je demande les fruits produits par mon fonds depuis qu'il m'appartient. Vous n'avez pas possédé mon fonds, ni fait les fruits vôtres; celui qui l'a administré a été mon mandataire et ne peut prétendre à l'acquisition des fruits; ma réclamation est donc bien fondée. »

Nous irons encore plus loin et nous accorderons le même droit de réclamation de fruits à tous autres envoyés qu'aux héritiers présomptifs; c'est-à-dire que ces derniers devront remettre, selon nous, aux nus propriétaires appelés à substitution, donateurs avec clause de retour, donataires de biens à venir, et même aux légataires ou aux représentants de ces personnes, non-seulement le bien mobilier ou immobilier qui leur revient, mais encore les intérêts, fruits, revenus, produits et tous accessoires de ce bien, qui ont pu échoir ou naître depuis le jour de la disparition ou des dernières nouvelles. Pour le nu propriétaire, il ne peut y avoir de question ; les fruits du bien appartiennent au nu propriétaire dès la cessation de l'usufruit, nous dit l'art. 585, et sauf distinction selon leur nature ; les fruits naturels et industriels non perçus à ce jour seront pour le nu propriétaire, les fruits civils seront aussi pour lui à partir de ce jour. Quant aux autres personnes, nous n'appliquerons ici ni le principe que les intérêts courent seulement du jour de la demande, ni l'art. 1014 qui reproduit ce principe pour les légataires particuliers. Ce principe est fondé uniquement sur ces deux considérations que le demandeur retardataire est négligent et en faute, et que le défendeur, héritier ou autre, est en possession et chargé de l'administration, et ne doit pas être exposé à restituer des fruits qu'il a peut-être consommés de bonne foi. Or, nous ne pouvons appliquer ici aucun de ces deux motifs ; d'une part, les personnes dont nous parlons ne peuvent-être en faute de n'avoir pas formé leur demande alors que leurs droits n'étaient pas encore considérés comme ouverts ; les légataires surtout sont à l'abri de ce reproche, puisqu'ils ne connaissaient peut-être pas encore leur titre ; et cependant, s'il s'agit de légataires universels, ils encourraient sans l'avoir mérité la déchéance de l'art. 1005 ; d'autre part, l'héritier présomptif n'a pas été, à raison de sa qualité, mis en possession ni chargé de l'administration des objets, et ce n'est pas onéreux pour lui de restituer les fruits capitalisés, puisqu'ils se retrouvent en entier dans le patrimoine qui lui est remis ; il ne pourrait, d'ailleurs, être tenu d'aucune responsabilité à raison de la somme de ces fruits, puisqu'il n'a pas administré ; les légataires et autres personnes devraient s'en tenir, à cet égard, au compte-rendu de l'administration antérieure.

On ne peut pas dire enfin que ces fruits sont tombés dans la masse, puisque cette masse est formée des biens composant la succession au jour de son ouverture, c'est-à-dire de la disparition ou des dernières nouvelles; les conséquences de cette ouverture doivent rétroagir comme elle. Si l'absent fût mort au jour de sa disparition, les fruits eussent été pour ces diverses personnes; car, on ne peut pas présumer leur négligence; or, à leur égard et à l'égard de l'héritier présomptif dans leurs rapports entre eux, l'absent est présumé mort ce jour-là. Delvincourt ne reconnaît ce droit aux fruits qu'au nu-propriétaire du bien dont l'absent était usufruitier. Nous avons dit que ces fruits conservaient leur caractère d'accessoire dans les rapports entre les envoyés en possession, héritiers, légataires ou autres; nous verrons, en traitant des art. 126 et 127, qu'à l'égard de l'absent, ils forment un capital distinct qui doit être l'objet d'un emploi et dont l'envoyé doit un compte intégral.

En un mot, la formation de la masse à partager se fera comme si l'absent fût mort au jour de sa disparition ou de ses dernières nouvelles, et que toutes les actions eussent été exercées ce même jour par les divers ayant-droit; on devra donc y comprendre et le droit conditionnel de l'absent (art. 1179) et la possession commencée par lui.

III. — *Quelles sont les obligations des envoyés en possession provisoire?*

Nous savons maintenant au profit de qui et de quels biens l'envoi en possession provisoire est prononcé. Il nous reste à en étudier les effets, c'est-à-dire à rechercher quelles obligations en résultent de la part des envoyés. Les droits de ces envoyés provisoires seront indiqués dans une quatrième partie. Nous avons déclaré plus haut que l'envoyé en possession provisoire n'était autre qu'un *administrateur comptable salarié* à l'égard de l'absent; c'est le moment de le reconnaître dans les obligations qu'elle lui impose envers ce dernier. Après avoir étudié les obligations des envoyés envers l'absent, nous verrons celles qu'ils contractent les uns envers les autres, et celles qu'engendrent leurs rapports avec les tiers.

1° *Obligations des envoyés envers l'absent.* — L'obligation la plus caractéristique de la qualité de l'envoyé à l'égard de l'absent est l'obligation de restituer les biens qu'il a reçus soit à l'absent de retour, soit à son représentant muni de la preuve de l'existence ou du décès de cet absent. Ce devoir de l'envoyé est consacré par les art. 125, 130 et 131. Nous avons eu déjà l'occasion de parler du premier de ces articles, la qualification de dépôt, donnée par lui à la possession provisoire, est fausse dans le sens strict de ce mot; la loi l'a employé uniquement dans le sens de détention précaire; mais elle a soin, dans la suite de ce même article, de désigner l'envoyé comme un *administrateur comptable* des biens de l'absent; elle y emploie même ces deux mots. Si donc on a des nouvelles certaines de l'existence ou de la mort de l'absent, l'envoyé n'aura jamais eu que cette qualité; aussi devra-t-il restituer à l'absent de retour tous les biens reçus par lui à titre d'envoi provisoire; l'art. 131 prononce la cessation de tous les effets du jugement déclaratif de l'absence pour ce cas de retour ou si la vie de l'absent est prouvée « pendant l'envoi provisoire. » La conséquence de cette cessation est pour l'envoyé l'obligation de rendre ses comptes à l'absent, ou au mandataire qui se présente en son nom muni de la preuve de son existence, ou à la personne chargée par le tribunal de les recevoir. Cette dernière personne ne sera évidemment nommée par le tribunal que si l'absent ne reparaît pas, bien qu'on ait de ses nouvelles; dans ce cas, il y aurait de nouveau incertitude sur son existence; une nouvelle période de présomption d'absence devrait courir, et l'administration des biens reposerait de nouveau sur la diligence des intéressés (art. 112). C'est ce qu'exprime la dernière partie de l'art. 131.

Mais qu'entend notre art. 131 par ces mots : « Si son existence est prouvée pendant l'envoi provisoire, l'époque indiquée s'applique-t-elle à l'existence ou à la preuve? Quand nous avons parlé des dernières nouvelles de l'absent comme fixant l'instant de l'ouverture provisoire de sa succession, nous nous sommes attaché à leur date et non à leur réception; doit-il en être de même s'il s'agit de leur donner effet? Faut-il dire que le jugement de déclaration d'absence tombera, cessera d'avoir effet seulement si l'on prouve l'existence de l'absent postérieure à ce jugement? Non, certainement. Les nouvelles qu'on reçoit, si, depuis le jour de leur date, l'absent a disparu de nouveau, si de nouveau il y a doute sur son existence, doivent être qualifiées dernières nouvelles; c'est à leur date que dorénavant devra se fixer, s'il y a lieu, l'ouverture de la succession de l'absent; mais, en attendant, va commencer une nouvelle période de présomption d'absence de cinq ans ou de onze ans qui aura couru de la date de ces nouvelles et pendant laquelle aucune déclaration d'absence n'aura pu être prononcée ni maintenue valablement. Nous venons de parler du délai de onze ans pour le seul cas où la preuve de l'existence de l'absent serait fournie par une personne à laquelle il donnerait mandat d'administrer ses biens, un mandat tel que l'exigent les art. 121 et 122. Si donc, après le jugement déclaratif de l'absence, l'on acquiert la preuve que l'absent existait moins de cinq ou onze ans avant ce jugement, la déclaration d'absence déjà prononcée perdra tout son effet pour l'avenir, l'envoi provisoire qui en aura été la conséquence tombera de même, et les envoyés devront rendre leurs comptes immédiatement soit au mandataire de l'absent, soit à la personne désignée par le tribunal sur la réquisition du procureur impérial pour recevoir ces comptes. La présomption d'absence recommence, et les art. 112 et suiv. vont recevoir leur effet jusqu'à ce que l'absence soit déclarée de nouveau.

Nous ne ferons même pas d'exception à ce que nous venons de dire, et nous ne maintiendrons pas le premier jugement déclaratif de l'absence s'il s'est écoulé, depuis la date des nouvelles jusqu'au jour de leur réception, le laps de temps suffisant pour déclarer l'absence. Le tribunal a un libre pouvoir d'appréciation des faits et peut refuser de déclarer l'absence même après le délai indiqué par la loi, si les circonstances ne lui semblent pas rendre assez probable le décès de l'absent ; s'il eût connu les nouvelles qui arrivent aujourd'hui, il n'eût certainement pas déclaré l'absence au jour où il l'a fait, et peut-être sont-elles de nature à l'empêcher aujourd'hui encore de prononcer la déclaration si la question lui est soumise. Il se peut, d'ailleurs, que les héritiers présomptifs du jour de nos nouvelles ne soient pas les anciens envoyés provisoires ; comment comprendrait-on les titulaires actuels invoquant le même jugement que leurs prédécesseurs dans l'envoi provisoire et déclarant en même temps que les effets du jugement ne peuvent être maintenus tels qu'ils se produisaient légalement dans le principe?

L'intérêt de l'absent exige que le tribunal puisse apprécier et peser librement toutes les circonstances et s'entourer de tous les renseignements au jour où il déclare l'absence. Si la malice ou la négligence, où même un ensemble de faits indépendants de toute volonté, lui ont soustrait ce jour-là des traces certaines de l'absent, postérieures à la date de l'ouverture provisoire de la succession, et qu'on les reconnaisse ensuite, l'effet du jugement doit cesser immédiatement, et encore sous toutes réserves de recours pour les manœuvres pratiquées frauduleusement et les fautes commises. Le ministère public, défenseur-né des intérêts de l'absent, et tous intéressés pourront agir judiciairement pour faire constater les faits. Aussi n'hésiterons-nous pas à aller encore plus loin. Si l'absence a été déclarée plus de cinq ou de onze ans après la disparition, les nouvelles, dont la date est antérieure même de plus de cinq ou onze ans à la déclaration, mais qui sont reçues après le jugement rendu, font encore tomber ce jugement parce qu'elles contiennent peut-être des renseignements qui empêcheraient le tribunal de prononcer dès à présent la déclaration d'absence. Nous ne reculons pas devant la nécessité d'une nouvelle procédure; au reste, les frais en devront être à la charge de l'absent et lui seul pourrait s'en plaindre; mais son intérêt ne permet pas d'hésitation sur ce point. Enfin, dès qu'on admet notre explication du passage de l'art. 131, si cet article fait tomber, comme nous le soutenons, le jugement de déclaration d'absence devant la preuve faite pendant la durée de l'envoi provisoire, de l'existence de l'absent, sans exiger qu'il soit prouvé avoir vécu pendant cette même période, il faut dire alors que la loi ne distingue pas, et que l'existence, à quelque moment que ce soit postérieur à la disparition ou aux précédentes nouvelles, fait cesser, si elle est prouvée, l'effet du jugement déclaratif de l'absence rendu antérieurement à cette preuve.

Nous venons de supposer, soit le retour de l'absent, soit des nouvelles de son existence, et nous avons consacré l'obligation de l'envoyé de restituer les biens soit à l'absent, soit à son mandataire conventionnel ou légal. Si, à l'inverse, on acquiert la preuve du décès de l'absent, la possession provisoire cesse encore, et la déclaration d'absence demeure sans effet pour l'avenir. Si l'absent est mort au jour de sa disparition, les biens restent dans les mêmes mains, mais non plus à titre d'envoi provisoire; ceux qui les possédaient comme héritiers ou successeurs présumés de l'absent en sont propriétaires incommutables comme héritiers ou successeurs titulaires de l'absent décédé; ceux qui avaient exercé provisoirement leurs droits subordonnés au décès de l'absent conserveront à l'avenir ce qu'ils ont reçu. Si la mort de l'absent est postérieure à sa disparition et que quelqu'un des envoyés n'ait plus eu de droit au jour de cette mort, il devra restituer à leur propriétaire les biens qu'il a reçus (art. 130).

Enfin, quel que soit l'événement qui mette fin à la possession provisoire, le jugement de déclaration d'absence ne tombe jamais que pour l'avenir, ses effets sont respectés pour le passé parce que l'envoyé aura été dans la position d'un mandataire qui ignore la cessation de son mandat (art. 2008). Les art. 130 et 131 appliquent en cela la règle du mandat.

Nous nous occuperons de la restitution des fruits en traitant des droits des envoyés.

Toutes les fois que nous avons parlé de l'envoyé provisoire obligé de restituer à l'absent, nous avons pris pour type l'héritier présomptif envoyé en possession; les mêmes principes et des solutions identiques doivent être appliqués à tous autres envoyés provisoires; si l'absent reparaît ou si l'on a des nouvelles de son existence, tous doivent lui restituer ses biens.

Nous venons de parler de restitutions à faire par des envoyés à l'héritier véritable de l'absent; elles pourraient être dues à d'autres; c'est dans le cas où l'absent aurait fait, depuis sa disparition, un testament dont l'existence serait connue en même temps que la mort de l'absent.

Restituer à l'absent de retour, ou à son héritier ou successeur véritable, légitime ou testamentaire, ou à ses autres ayant-cause, les biens reçus en possession, telle est donc l'obligation principale, primordiale de l'envoyé provisoire envers l'absent. Toutes les autres, que nous allons énumérer, ne font qu'en assurer l'exécution.

1. Celle que la loi cite la première et sur laquelle elle insiste le plus, est l'obligation de donner caution; ce semble même n'être pas une obligation, mais une condition absolue de l'envoi provisoire que l'art. 120 impose à l'héritier présomptif et l'art. 123 aux autres intéressés. Cette obligation est absolue en ce sens que personne ne peut s'y soustraire. Les enfants de l'absent eux-mêmes doivent s'y soumettre quand ils demandent l'envoi provisoire; la Cour de Metz avait demandé qu'ils en fussent dispensés; cette exemption fut repoussée par le législateur, et le 16 avr. 1822 la Cour d'Agen déclara que toute personne, même l'enfant naturel, devait four-

nir caution. Si l'absent avait disparu avant que le Code ne fût promulgué, à une époque où la caution n'était pas exigée, elle n'en serait pas moins due; cette remarque n'aura plus, sans doute, d'objet pour l'avenir.

Quelques auteurs ont prétendu que la caution devait être fournie par les envoyés avant leur entrée en possession des biens de l'absent; mais ils distinguaient l'envoi en possession de l'entrée en possession effective; nous ne pouvons accepter cette distinction; que servirait un envoi en possession sous cette condition suspensive qu'une caution sera fournie et reçue par un autre jugement? Un seul jugement serait bien plus rationnel; puis, nous allons reconnaître que la caution ne peut raisonnablement être fournie qu'après l'entrée en possession.

On applique à notre caution des art. 120 et 123 les dispositions des art. 517 et suiv. du C. pr. Le jugement d'envoi provisoire, « qui ordonnera de fournir caution, fixera le délai dans lequel elle sera présentée ; » exceptionnellement, il n'y aura pas à fixer le délai dans lequel la caution sera acceptée ou contestée, puisqu'elle n'est fournie que dans l'intérêt de l'absent et qu'elle ne peut être contestée que par le procureur impérial en ses réquisitions, ni acceptée ou refusée que par jugement. A partir du jugement d'envoi, l'envoyé pourra donc se mettre en possession effective des biens; provoquer tous partages où l'absent peut être intéressé ; demander compte à tout gérant ou mandataire antérieur; commencer à administrer, et même former une demande en partage des biens, après avoir fait procéder à l'inventaire et aux autres opérations dont nous parlerons ci-après. Bien plus, le délai fixé par le tribunal pour la présentation de la caution devra être assez long pour que tout ce travail puisse être terminé avant son expiration; car, il serait impossible d'apprécier la caution présentée si l'on ne sait exactement pour quelle somme chaque envoyé se trouve responsable envers l'absent. Une fois la caution acceptée par le tribunal sur les conclusions conformes du ministère public, personne ne peut se prévaloir de l'insuffisance de cette caution ou de son insolvabilité; personne autre que l'absent, en effet, ne pourrait avoir intérêt actuel à le faire, et l'absent est dûment représenté par le procureur impérial. Au point de vue de la solvabilité de la caution, nous devons appliquer la première partie de l'art. 2040, c'est-à-dire les art. 2018 et 2019 : la caution doit être capable de contracter, domiciliée dans le ressort de la cour, et propriétaire de biens immobiliers suffisants, non litigieux, et dont l'éloignement ne rende pas la discussion trop difficile.

On conteste l'application de l'art. 2041 à notre matière. L'envoyé provisoire ne trouve pas de caution; que va devenir l'envoi prononcé? Merlin ne recule pas devant l'admission d'une opinion extrême; le jugement a prononcé l'envoi à charge de donner caution; elle n'est pas fournie, le jugement tombe, et l'administration des biens a lieu comme avant l'envoi en possession. M. Dalloz, tout en adoptant cette opinion en principe, se sent ému par la triste position de l'envoyé indigent qui ne trouve pas de caution; si la gestion exige peu de soins et si l'envoyé héritier présomptif est dans le besoin, il faudrait lui accorder partie des fruits, et dire que la gestion serait censée avoir lieu dans son intérêt; en un mot, il faudrait un tempérament d'équité. M. Plasman, dans son Traité sur l'Absence, répond à ce vœu de M. Dalloz : A défaut de caution, tout reste dans la présomption d'absence; le jugement d'envoi est non-avenu comme celui de déclaration d'absence; comment dès lors donner des revenus à un homme qui n'y aura peut-être jamais de droit? Comment contraindre l'administrateur des biens à lui payer une portion des fruits? La prémisse de ce raisonnement nous semble erronée. Observons tout d'abord que M. Plasman s'est uniquement occupé de l'hypothèse où le jugement n'a prononcé l'envoi qu'au profit de l'héritier présomptif qui se présente seul; mais s'il y a plusieurs héritiers présomptifs et qu'un seul manque à fournir la caution, ou si c'est un légataire ou un autre ayant-droit de l'art. 123 qui ne donne pas cette caution, le jugement de déclaration d'absence et le jugement d'envoi vont-ils tomber? Ce n'est pas admissible, surtout s'il s'agit d'une des personnes de l'art. 123; et alors il faut distinguer entre les personnes, et la loi ne distingue pas. Quoi de plus injustement rigoureux que l'opinion absolue de MM. Merlin et Plasman, qui font tomber deux jugements à défaut d'une formalité sans que la loi l'exige à peine nullité? Quoi de plus arbitraire que le tempérament proposé par M. Dalloz?

Il faut donc s'en référer au droit commun de l'art. 2041; à défaut de caution, l'envoyé pourra fournir un gage en nantissement; ajoutons, avec la jurisprudence et la presque unanimité des auteurs sur cet art. 2041, qu'il pourra encore se cautionner sur ses propres biens en donnant hypothèque sur ses immeubles; nous verrons, d'ailleurs, cette forme de garantie admise pour l'envoyé d'un militaire absent. Tels sont les deux moyens qu'on emploie pour suppléer la caution qu'on ne peut fournir, lorsqu'il s'agit d'assurer le paiement d'une somme d'argent. Mais si la caution n'est exigée que pour garantir la restitution d'un bien meuble, la loi prend soin de nous signaler un autre moyen de remplacer la formalité difficile de la caution, c'est l'emploi précédé de la vente s'il y a lieu ; elle l'applique aux sommes d'argent, aux denrées et à tous les meubles qui périssent par l'usage. Les art. 602 et 603 pour l'usufruitier, 771 pour le conjoint successeur irrégulier, et 807 pour l'héritier bénéficiaire, nous donnent des applications de ce moyen. Pour les immeubles, on les afferme s'ils sont susceptibles de l'être, fermes, terres détachées ou maisons ; sinon, on les met en séquestre, bois, etc...... C'est encore l'art. 602 qui nous le dit. Mais, en matière d'absence, si l'on peut ainsi administrer les immeubles, on ne peut aliéner le mobilier pour faire emploi du prix, sauf pour les denrées et objets périssant promptement par l'usage ; puis l'art. 126 exige l'emploi indépendamment de la caution pour le mobilier vendu. Que faire donc? Ou le tribunal remettra simplement les autres meubles à l'envoyé s'il a d'ailleurs assez de confiance en lui, ou, s'il en est autrement, il désignera une personne chargée d'administrer aux lieu et place, aux frais et au profit de l'envoyé. Quant à l'emploi prescrit par l'art. 126 et à tous autres qui seraient faits à défaut de caution, nous exigerions qu'ils fussent faits en valeur nominative désignée par le tribunal et au nom de l'envoyé en cette qualité. Les biens de l'absent seraient ainsi, selon nous, à l'abri de toute atteinte provenant du fait de l'envoyé provisoire ; et le vœu de la loi serait rempli. Pourquoi priver le pauvre d'un droit qu'on semblerait accorder à tous, mais qu'on subordonnerait à une formalité dont l'accomplissement ne serait possible qu'au riche, alors qu'on peut le lui laisser en suppléant parfaitement cette formalité par d'autres?

II. La seconde obligation accessoire de l'envoyé provisoire est indiquée au premier alinéa de l'art. 126; elle consiste à faire faire inventaire du mobilier et des titres de l'absent contradictoirement avec le procureur impérial ou un juge de paix requis par lui, représentant naturel de l'absent. Remarquons en passant que l'envoyé provisoire est tenu de prendre qualité avant la confection de l'inventaire, avant de connaître le montant actif des biens de l'absent et leur consistance.

III. Le second alinéa de l'art. 126 édicte une troisième précaution à prendre par le tribunal contre la négligence de l'envoyé provisoire; il pourra y avoir lieu de vendre tout ou partie du mobilier; dans ce cas, l'envoyé devra faire emploi du prix. Il faut autant que possible conserver à l'absent le capital de sa fortune, et vendre par conséquent tout ce qui dépérit par l'usage et ne peut se conserver. Il y a aussi des objets qui ne dépérissent que peu à peu par l'usage; l'art. 589 en donne la jouissance à l'usufruitier, à charge de les restituer dans l'état où ils se trouveront à la fin de l'usufruit et sans qu'aucun dol ou faute les ait détériorés; nous accorderons le même droit à l'envoyé provisoire; mais comme il y a controverse sur ce point, nous renvoyons la question à notre étude sur les droits des envoyés.

Pour opérer la vente des meubles, dont nous venons de parler, Delvincourt a soutenu qu'il fallait recourir aux enchères publiques et affiches ou publications prescrites par l'art. 452 pour la vente des meubles des mineurs. L'art. 126 n'exige rien de semblable, il s'en remet, dit-on, au tribunal pour décider s'il y a lieu de vendre le mobilier de l'absent, et diffère en cela de l'art. 452 qui exige impérativement la vente des objets non désignés spécialement par le conseil de famille; le tribunal pourrait dispenser de ces formalités; ce serait un moyen d'épargner les frais. Toutefois, l'opinion de Delvincourt nous semble préférable ; la loi veut protéger efficacement l'absent et le garantir contre toute vente qui ne serait pas sincère. Les formalités de l'art. 452 constituent un moyen de protection dont la loi ne se départit guère. L'art. 128 interdit à l'envoyé toute aliénation des immeubles de l'absent; mais, s'il y a nécessité et que le tribunal autorise la vente, faudra-t-il dire que cette vente aura lieu sans les formalités de l'art. 459? Si l'on répondait affirmativement, il serait de toute logique que le tribunal pût dispenser des formalités judiciaires le partage où un absent serait intéressé; et cependant l'art. 840 exige l'emploi de ces formalités pour que le partage soit définitif; nous devons décider de même pour la vente des meubles. Il y a controverse sur les deux points suivants : le tuteur, l'envoyé provisoire peuvent-ils aliéner les biens meubles qu'ils administrent? Mais, en admettant l'affirmative, on ne peut certainement pas les dispenser de se conformer aux formes de la loi ; le législateur redoute plus encore la vente à vil prix que la vente considérée comme dépouillant l'incapable de sa chose ; il veut, avant tout, que la valeur du patrimoine reste la même ; il ne s'en fie pas à un administrateur, et impose lui-même des formalités spéciales; comment le tribunal pourrait-il relever de l'obligation de les remplir? L'envoyé provisoire devra donc, si le tribunal l'a ordonné, rendre tout ou partie du mobilier, en se conformant à l'art. 452.

IV. Nous avons déjà dit quelques mots de l'obligation imposée à l'envoyé provisoire par l'art. 126 de faire emploi ; mais nous ne nous sommes pas expliqué sur la nature ni sur l'époque de cet emploi. Pour la nature de l'emploi, nous avons vu qu'elle serait déterminée par le tribunal si l'envoyé ne fournit pas caution. Si la caution est fournie, l'absent est suffisamment garanti contre la négligence ou l'impéritie de l'envoyé, et il faut s'en remettre à l'appréciation de ce dernier; sans doute, il sera mieux à lui de s'appliquer la disposition de l'a - ticle 1067, et de faire l'emploi, s'il le peut, soit selon les désirs de l'absent, soit en immeubles ou avec privilége sur des immeubles; mais ces modes d'emploi, pour être très sûrs, n'en sont pas moins très difficiles à accomplir, et ne peuvent être imposés en dehors d'un texte formel à qui pourrait en souffrir. Pour l'époque même de l'emploi, doit-on s'en remettre absolument à l'envoyé par ce motif qu'il est intéressé à l'effectuer le plus tôt possible et que l'art. 126 n'en dit rien? Faut-il, au contraire, appliquer à l'envoyé les art. 455, 1065 et 1066?

Le premier de ces articles fixe au tuteur un délai de six mois dans lequel il doit faire emploi de l'excédant des revenus du pupille sur ses dépenses; ce délai court du jour où il a entre les mains la somme à employer. Les deux autres articles ne laissent au grevé de substitution qu'un laps de six mois à partir de la clôture de l'inventaire pour faire emploi de l'argent comptant et des capitaux recouvrés jusqu'à ce jour, et un laps de trois mois pour employer les capitaux reçus en remboursement après ce moment. Si l'on applique ces articles à notre hypothèse de l'absence, il faut déclarer que l'envoyé provisoire est tenu de faire emploi, non-seulement du prix des meubles vendus et des fruits échus aux termes de l'art. 126, mais aussi de la portion de fruits réservée à l'absent dans les six mois de leur perception (art. 455), de l'argent comptant des capitaux reçus en remboursement avant la clôture de l'inventaire dans les six mois de cette clôture (art. 1065), et des sommes reçues après cette époque à titre de paiement dans les trois mois de leur réception (art. 1066).

Mais nous ne croyons pas que l'envoyé doive être astreint à faire cet emploi ; il n'y a pas lieu de le placer en dehors des termes de la loi pour augmenter les charges qu'elle lui impose. La loi exige les emplois dans l'un des trois buts suivants : ou dans un but de garantie contre un administrateur qui n'en a fourni aucune autre ; ou comme sanction d'une obligation qu'elle impose ; ou enfin pour faciliter les commencements d'une gestion et tracer au gérant le premier sillon. Si c'est le premier de ces motifs qui a dicté la disposition de la loi, la conséquence nécessaire de l'obligation de faire emploi est l'interdiction à l'administrateur d'aliéner les biens meubles compris dans le patrimoine qu'il administre ; ce mandataire ne peut alors toucher aucun capital sans justifier d'un emploi conforme aux indications de la loi ou du tribunal, et il est tenu de conserver et de rendre, dans leur identité, tous les meubles qui sont susceptibles de cette condition et qu'on est obligé de conserver ; la loi n'agit ainsi que pour le gérant qui ne fournit ni caution, ni garantie d'aucune sorte ; nous avons appliqué ces principes à l'envoyé indigent qui ne peut trouver de caution ni offrir aucun gage ou hypothèque ; nous trouvons un autre exemple de l'emploi exigé par ce même motif dans les art. 1065 et suiv. ; le grevé de substitution sera le plus souvent sans grandes ressources pécuniaires, et la loi ne pouvait guère exiger de lui des garanties sérieuses ; elle a pris le parti d'immobiliser les biens entre ses mains ; pour les immeubles, pas de difficulté, ils sont inaliénables ; pour les meubles, en principe, ils sont vendus, et le prix en est employé en immeubles ou en créances privilégiées sur des immeubles, à moins que le disposant n'ait indiqué un autre emploi ; on fera de même pour l'argent comptant et toutes les sommes d'argent qui font partie de l'actif de la succession ; on ne conserve que les meubles qu'on ne peut pas vendre, ceux que le disposant a ordonné de conserver en nature et ceux qui servent à l'exploitation ; les premiers doivent être restitués en nature dans l'état où ils se trouvent lors de la restitution ; les autres sont ordinairement de peu d'importance, eu égard à la fortune, et le grevé en a la pleine disposition, à charge d'en rendre plus tard d'égale valeur, et le tout sous la surveillance d'un tuteur.

Que de précautions et de détails dont nous ne voyons pas trace quand il s'agit du tuteur d'un mineur ou d'un interdit ! A quoi bon, en effet, tant de précautions contre ce dernier tuteur, homme choisi ou dont la proche parenté inspire tant de confiance à la loi ? Tous ses biens ne sont-ils pas, d'ailleurs, frappés d'une hypothèque légale ? A quoi lui servirait de détourner ou de dilapider, lui qui sera contraint de restituer sur ses propres biens et qui peut être dépouillé de son titre de tuteur ? Le notoirement incapable est exclu de la tutelle. Aussi la loi, conséquente avec elle-même, et désirant toujours la vente des meubles improductifs, se borne à lui indiquer la voie qu'il doit suivre en lui imposant cette vente et en ne lui permettant de conserver que ceux spécialement désignés par le conseil de famille. Nous voyons cependant l'emploi ordonné au tuteur, mais tout spécialement pour capitaliser l'excédant des revenus sur les dépenses. La loi ne veut pas que le tuteur consacre annuellement une somme trop considérable à l'entretien du mineur et qu'il profite en rien des revenus de ce mineur. Le conseil de famille fixe bien, « par aperçu, » aux termes de l'art. 454, le montant de cette dépense ainsi que la somme à employer à l'entretien des biens du mineur ; mais les revenus ne sont pas nécessairement fixes, les dépenses elles-mêmes varient, et le tuteur pourrait impunément entasser des portions de revenus qui, conservant leur caractère de fruits, ne produiraient d'intérêts que pour le tuteur. Il faut d'abord déterminer définitivement et au plus tôt l'excédant annuel des revenus sur les dépenses, et l'emploi contribue à le faire ; il fallait de plus, pour le législateur, fixer le moment auquel s'opère la capitalisation qu'il ordonne à l'art. 454 ; aussi, que dit l'art. 455 ? Que l'excédant dont nous parlons est capitalisé et produit des intérêts six mois après sa perception par le tuteur ; l'intérêt sera de cinq pour cent, à moins que le tuteur ne fasse un emploi à un autre taux ; il reste, d'ailleurs, responsable de cet emploi, comme de toute la fortune du mineur. Ce qu'à voulu la loi à l'art. 455, ç'a été uniquement d'assurer et de sanctionner la capitalisation ordonnée par l'art. 454, et non de donner au mineur une garantie qui n'aurait pour objet qu'une infime partie de sa fortune. Si la loi accorde un délai, si elle permet de fixer une somme *minima* de l'emploi, c'est pour ne pas contraindre le tuteur à payer des intérêts d'une somme à laquelle il ne pourrait faire rapporter aucun intérêt. L'art. 456 prouve la justesse de notre interprétation ; si le tuteur n'a pas fait fixer de somme *minima* de l'emploi, toute somme, même la plus modique, produit intérêt à partir de l'expiration des six mois, tant qu'elle n'est pas employée ; la pensée du législateur n'a pu être ici de contraindre à un emploi qui, de fait, est impossible matériellement, mais uniquement de capitaliser cette somme ; et la sanction est la même dans les deux articles. Quant à la nature de l'emploi, la loi ne dit rien, et il est très certain qu'on ne peut le plus souvent employer en immeubles ou en créances privilégiées sur des immeubles un excédant de revenus (art. 1067) : du reste, aucune mission au conseil de famille d'indiquer son choix à cet égard. Non, le tuteur fera l'emploi comme il l'entendra : s'il ne désigne pas l'usage qu'il a fait de la somme, c'est qu'il l'a employée pour lui-même ; de toute manière, il en est responsable comme d'un capital et en doit représenter les intérêts.

Dans notre art. 126, il s'agit encore d'assurer une capitalisation de revenus ; mais ce n'est pas la seule cause de la disposition de l'art. 126, et nous rencontrons ici le troisième motif des injonctions d'emploi faites par la loi. L'emploi ne peut, à coup sûr, être ici une mesure de garantie ; quelle en serait l'utilité contre un administrateur qui a fourni une caution ou une sûreté équivalente toujours plus solide que l'hypothèque légale du tuteur? Cette hypothèque, en effet, peut frapper à faux, si le tuteur n'a pas d'immeubles, tandis que la garantie donnée par l'envoyé provisoire subsistera toujours ou devra être remplacée si elle vient à périr. La loi n'exige donc d'emploi que pour le prix des meubles vendus et les fruits échus ; elle ne parle ni de l'argent comptant, ni des capitaux venant à remboursement. Elle ne dit même rien de la portion de fruits à réserver à l'absent ; c'est que cette part n'est pas capitalisée ; elle est simplement mise en réserve pour lui sans produire d'intérêts. La loi a eu, d'ailleurs, pitié de l'envoyé qui, faussement convaincu du décès de l'absent, n'aurait rien mis en réserve ; il n'aura qu'un capital relativement faible à payer, et la somme pourra déjà être très importante ; que serait-ce si l'envoyé pouvait être tenu de restituer à l'absent, outre son patrimoine, les intérêts composés du dixième de ce patrimoine pendant plus de vingt ans, c'est-à-dire un tiers de la valeur du patrimoine en sus? C'est pour cela que nous n'appliquerons pas l'art. 455. Le patrimoine de l'absent ne peut s'accroître par des économies faites sur les revenus, parce que les revenus nets sont absorbés pour la majeure partie par l'envoyé provisoire, et pour le surplus par la réserve de l'absent. A la différence de cette réserve, les revenus échus avant l'envoi provisoire sont capitalisés et produisent des intérêts dont l'absent aura sa part; le prix des meubles vendus est aussi un capital productif d'intérêts; et la loi rappellè à l'envoyé que, s'il ne veut payer sur ses propres biens la part de revenus qui reviendra à l'absent et s'il veut agir en sage administrateur, il doit faire emploi de ces sommes et leur faire produire intérêt. Au reste, aucune fixation de délai pour faire l'emploi; la loi l'avertit; c'est à lui de l'exécuter le plus tôt possible et de ne pas se mettre en faute par un retard. Nous ne considérons donc pas comme une obligation véritable imposée à l'envoyé la recommandation d'emploi faite par la loi; si cet envoyé ne s'y conforme pas, il sera frappé uniquement de la dette d'un cinquième ou d'un dixième des intérêts envers l'absent, et ne sera pas autrement répréhensible.

V. Nous trouvons enfin une dernière obligation de l'envoyé provisoire envers l'absent. Si des immeubles sont compris dans le patrimoine de l'absent, l'envoyé devra en faire faire la visite et en faire constater l'état par un expert nommé par le tribunal; le rapport sera homologué en présence du procureur impérial. Nous avons dit que c'est là une obligation de l'envoyé; la loi déclare que c'est une faculté qu'elle lui laisse *pour sa sûreté;* c'est dire que l'envoyé est responsable du mauvais état des immeubles au jour où il les restitue, à moins qu'il ne prouve leur état pire au jour où il les a reçus et les soins qu'il y a donnés depuis cette époque ; il prouvera ses soins dans le compte qu'il devra rendre de son administration ; la loi lui offre un moyen de prouver l'état antérieur qui pourrait être sans cela difficile à déterminer. Il se trouvera par le fait dans la même position que le locataire ; le bailleur est obligé par l'art. 1720 de livrer la chose en bon état de réparations de toute espèce ; dès que le preneur reçoit la chose, celle-ci est présumée être dans l'état requis par la loi. C'est au preneur de prouver contre la présomption que les réparations n'ont pas été faites et que le mauvais état est antérieur à son entrée en jouissance (art. 1730 et 1731) ; il doit rendre la chose en l'état où il l'a reçue, telle qu'elle est indiquée à l'état de lieux, s'il y en a un, et, s'il n'y en a pas, en bon état, parce qu'il est présumé l'avoir reçue ainsi ; s'il ne voulait pas user rigoureusement de son droit, il le pouvait sans danger en faisant constater l'état actuel. Mais quand il s'agit de l'envoyé, on ne peut plus se servir de cette présomption que la loi a été exécutée et la chose mise en bon état en vertu de cette loi. L'envoyé doit prendre la chose en l'état où elle se trouve au moment de l'envoi ; mais c'est qu'il ne lui suffit pas de rendre la chose en l'état où il l'a reçue : il doit, lui, la rendre dans un état meilleur, si cela lui est possible : il doit y donner tous ses soins, et ne peut profiter des fruits que défalcation faite de toutes les dépenses qu'un bon père de famille prendrait sur ses revenus ; et il doit prouver, en rendant son compte, qu'il a fait ce qui dépendait de lui pour rendre la chose en bon état, et si aujourd'hui elle n'y est pas parfaitement, il doit établir qu'elle était en plus mauvais état qu'actuellement au jour de l'envoi : c'est ainsi indirectement qu'il est amené à prouver le mauvais état des immeubles de l'absent au jour de l'envoi en possession.

De toutes les obligations secondaires que nous venons de reconnaître à la charge de l'envoyé, il ne lui est impérieusement commandé de remplir qu'une seule pour être maintenu en possession ; c'est l'obligation de fournir une caution ou une garantie équivalente, ou de la renouveler en vertu des art. 2020 ou 2031 si elle vient à être insolvable ou perdue. Aussi, la loi la met en première ligne, l'impose presque comme une condition ; nous avons vu comment on doit agir envers l'envoyé, à défaut par lui de fournir caution. Toutes les autres formalités sont plus encore dans l'intérêt de l'envoyé que dans celui de l'absent. Ce dernier, en effet, est, par la caution, à l'abri de tout préjudice ; l'envoyé est responsable, et sa solvabilité est garantie. Un inventaire est exigé ; mais, si l'envoyé ne le fait pas faire, le procureur impérial pourra le faire faire ; et si enfin il n'y en a pas, nous appliquerons sans hésitation à l'envoyé provisoire négligent les art. 1415 et 1442, ouvrant ainsi à l'absent la preuve par témoins ou même par commune renommée sur les biens et effets de son patrimoine. La sanction de l'obligation de faire inventaire n'existe donc que pour le moment du retour ou des nouvelles de l'absent. Même solution pour l'obligation imposée par le tribunal de vendre le mobilier ; le procureur impérial pourra encore faire faire cette vente, parce qu'il y a intérêt pour l'absent à ce que la valeur de son mobilier soit constatée sur-le-champ ; mais si la vente n'a pas eu lieu, l'envoyé est présumé avoir gardé pour lui les meubles que le tribunal avait désignés comme devant être vendus, et la valeur en sera due par lui à l'absent ainsi que la portion des intérêts de cette valeur selon le droit de l'absent, conformément à l'estimation faite en l'inventaire ; si cette estimation n'avait pas eu lieu, on appliquerait encore les art. 1415 et 1442, l'inventaire étant incomplet et n'existant pas pour ces meubles.

Nous nous sommes suffisamment expliqué sur cette obligation d'emploi dont nous parle l'art. 126, sans fixer ni la nature, ni l'époque de l'emploi, et sans y faire rentrer aucun des capitaux trouvés chez l'absent ou qui peuvent être payés en l'acquit de créances de l'absent. Le procureur impérial ne peut cette fois agir au défaut de l'envoyé, parce que l'intérêt de l'absent n'est pas directement en jeu, et qu'il ne s'agit plus de constater la valeur de son patrimoine. L'envoyé devra, avec le capital, la part de l'absent dans les intérêts à cinq pour cent, à moins qu'il ne justifie d'un sage emploi ; et il en sera de même pour toutes les sommes qu'il aura conservées dans ses mains plus de temps que ne le permettait une bonne administration. Enfin, nous avons dit comment l'envoyé provisoire serait responsable de l'état des immeubles s'il ne prenait soin à son entrée en possession de le faire constater.

Une dernière question nous reste à étudier : aux frais de qui seront prises toutes les précautions indiquées par la loi ? Plusieurs systèmes sont en présence sur cette question, et chacun d'eux se fonde sur la décision qu'il adopte dans cette autre question : au profit de qui interviennent ces formalités ?

L'envoi provisoire, dit un premier système, est tout entier au profit de l'envoyé qui en doit subir les charges ; il reçoit, d'ailleurs, à titre d'indemnité, une grosse part ou la totalité des fruits ; c'est l'opinion de Merlin ; pour l'absent, son intérêt serait la continuation de l'administration antérieure, puisqu'il y gagnerait le droit à la totalité des fruits. L'absent, répondent d'autres auteurs, profite de la déclaration d'absence et de l'envoi provisoire en ce sens qu'il a intérêt à avoir un mandataire pour administrer son patrimoine délaissé par lui; puis, ce mandataire offre plus de garantie qu'un autre : il est intéressé à la conservation des biens et donne caution. L'absent et l'envoyé profitent donc tous deux des formalités qui ont été remplies; et tous deux doivent participer au paiement des frais, à moins qu'en fait l'absent ait seul profité de leur accomplissement. M. de Moly sépare les actes; le jugement de déclaration d'absence concerne personnellement l'absent, et les frais faits pour y arriver doivent rester à sa charge; l'envoi provisoire et tous les actes qu'il entraîne sont dans l'intérêt de l'envoyé et doivent être payés par lui.

Observons immédiatement que nous avons à nous occuper ici non-seulement de frais d'actes, mais aussi des droits de mutation qui auront été payés par l'envoyé dans les six mois de l'envoi en possession. La loi du 22 frimaire an VII obligeait en effet l'envoyé provisoire à payer le droit de mutation comme s'il était héritier. Une décision ministérielle intervint et obligea à restituer, en cas de retour de l'absent, une portion du droit payé par l'envoyé; ce droit, on le sait, est calculé sur vingt fois le revenu d'une année, dix fois pour la propriété nue et dix fois pour la jouissance. Si l'absent revient, dit l'administration, la propriété nue n'a pas changé de tête; il y a donc lieu de restituer d'abord la moitié du droit perçu. Quant à la jouissance, elle a été acquise par l'envoyé jusqu'à concurrence de la portion de fruits qu'il conserve; le droit perçu pour les fruits demeurera donc acquis à l'État, sous la déduction d'une part proportionnelle à la portion de fruits restituée à l'absent ; l'administration rendra donc un cinquième ou un dixième de la seconde portion du droit, si l'absent prend un cinquième ou un dixième des revenus. Même décision, si l'on apprend le décès de l'absent à une autre époque que celle de la disparition, et qu'il y ait lieu de la part de l'envoyé de restituer à un héritier véritable ce qu'il a reçu. La loi du 28 avril 1816, art. 40, a adopté cette idée de restitution, sans toutefois s'exprimer sur le cas de nouvelles de la mort de l'absent.

Cette idée de jouissance par les envoyés jusqu'au retour de l'absent, bien qu'émise par l'art. 127, nous semble fausse ; au reste, selon nous, rien n'est plus arbitraire que la décision ministérielle mentionnée ci-dessus. De deux choses l'une, en effet ; ou il fallait appliquer rigoureusement la loi de « frimaire » telle qu'elle était dans ses art. 4, 24 et 60 ; ou, en la violant dans un intérêt d'équité, il fallait pousser jusqu'au bout dans la voie de l'équité et appliquer les principes de notre Code. L'art. 60 de la loi de « frimaire » déclare que « tout droit d'enregistrement perçu régulièrement, en conformité de la présente loi, ne pourra être restitué, quels que soient les événements ultérieurs, sauf les cas prévus par la présente loi : » aucune restitution, d'ailleurs, n'est ordonnée pour le cas de retour de l'absent. A ne considérer que cette loi, le ministre ne pouvait donc prendre la décision ci-dessus mentionnée ; mais notre Code était intervenu, postérieur à la loi de « frimaire, » et avant la décision ministérielle, déclarant l'envoyé administrateur comptable envers l'absent de retour ou envers l'héritier qui prouve le décès de cet absent et son droit au moment de ce décès. C'est donc par interprétation du Code que le ministre a porté atteinte, dans notre espèce, à l'art. 60 de la loi de « frimaire? » Et cependant le principe de cet article n'en subsistait pas moins; le droit était et est encore régulièrement perçu au moment de l'envoi provisoire, puisque c'est en qualité d'héritier que l'envoyé se saisit des biens ; les événements ultérieurs ne peuvent amener la restitution du droit, et le retour de l'absent, qui change la qualité de l'envoyé, ne peut rien sur le fait accompli de la perception régulière du droit. Mais cette règle est rigoureuse et injuste, et la décision ministérielle a eu pour but d'y faire, du moins, exception. Malheureusement, cette exception a été incomplète; dès que le ministre ordonnait la restition du droit pour la portion qui concernait la nue propriété, à raison de ce fait que l'envoyé est prouvé n'en avoir jamais hérité, il devait reconnaître que cet envoyé n'a pas plus été héritier pour la jouissance que pour la propriété nue, aux termes de notre Code; que cette jouissance n'a été pour lui que le salaire de son mandat; et que le mandat, même salarié, n'est passible que d'un droit fixe d'un franc selon la loi de « frimaire, » et de deux francs selon la loi de 1816 ; qu'en conséquence il y avait lieu de restituer la totalité du droit perçu sous la seule déduction du droit fixe et du droit proportionnel de la quittance due à l'absent de retour par l'envoyé qui rend ses comptes et reconnaît avoir reçu son salaire. Nous désirons voir la loi fiscale modifiée en ce sens.

Nous avons longuement parlé du droit de mutation afin de déterminer le caractère de ce droit et de sa perception ; il nous reste à dire qui, de l'absent de retour ou de l'envoyé, en doit demeurer définitivement chargé, ainsi que des autres frais faits pour arriver à l'envoi provisoire. Ici encore, selon nous, il faut considérer l'envoi en possession comme une succession ; l'administration le traite de même pour la quotité du droit ; elle se fera payer de la même manière ; de même aussi pour les officiers publics ou ministériels qui réclameraient le paiement de leurs actes ; tout se paiera sur le patrimoine de l'absent, sur les biens de la succession. Si l'absent ne revient pas, les choses resteront toujours en cet état, conforme au principe ; s'il reparait ou si l'on a de ses nouvelles, il sera prouvé qu'il n'y aura pas eu de mutation, et le patrimoine ne devra pas être diminué ; le droit sera restitué. A la vérité, l'administration considèrera toujours qu'il y a eu mutation de la jouissance : mais, entre l'absent et l'envoyé, il n'y aura jamais eu qu'un mandat, et, aux termes de l'art. 1999, le mandant doit au mandataire le remboursement de tous les frais faits pour l'exécution du mandat ; si l'envoyé avait payé de ses deniers, l'absent lui devrait donc le remboursement en capital et les intérêts de la somme (art. 2001). Le montant du droit payé formera un capital improductif et que l'envoyé n'aura pas à administrer ; il n'en touchera aucun revenu et contribuera en cela à la perte occasionnée par le paiement du droit. N'est-il pas juste que l'envoyé ne perde pas le montant du droit perçu pour la transmission des fruits, si l'absent revient le lendemain du paiement du droit. Le même argument et la même considération peuvent s'appliquer aux frais d'actes et autres faits pour arriver à l'envoi provisoire, et entraînent une solution identique ; la loi donne cette solution pour l'état que l'envoyé peut faire dresser des immeubles de l'absent (art. 126) ; le législateur a redouté une interprétation contraire fondée sur ce motif que cet état était facultatif et dans l'intérêt de l'envoyé ; ailleurs, il ne s'agissait que d'appliquer la règle générale. Les art. 471, pour le tuteur, et 1375, pour le gérant d'affaires, décident de même par une disposition générale. Enfin, si la loi confère un avantage à l'envoyé, ce n'est pas un motif pour retourner contre lui une règle introduite en sa faveur.

Enfin, l'envoyé doit à l'absent d'administrer son patrimoine en bon père de famille, de faire les réparations nécessaires et celles d'entretien. Nous verrons plus loin, en traitant de l'art. 127, sur quel actif il doit prélever ces dépenses.

2° *Obligations des envoyés en possession provisoire, les uns envers les autres.* — Nous venons de voir de quelles obligations l'envoyé provisoire est tenu envers l'absent. Il nous faut rechercher maintenant celles que sa qualité lui fait contracter envers son coenvoyé. A l'égard de l'absent de retour ou du représentant légal de l'absent, l'envoyé est administrateur comptable salarié; il n'en est pas de même à l'égard de son coenvoyé. Jusqu'à ce que la présomption de mort, établie par la loi pour conférer l'envoi provisoire, soit démontrée fausse, les envoyés sont héritiers légataires, etc..., et sont tenus les uns envers les autres des mêmes obligations que les cohéritiers entre eux; ils doivent donc se soumettre à l'application de l'art. 815, et ne peuvent se contraindre mutuellement à rester dans l'indivision; mais cette obligation est corrélative du droit de l'envoyé de provoquer le partage du patrimoine de l'absent, et nous en traiterons plus loin. Il en est de même nécessairement de l'obligation qui pèse sur chaque envoyé d'effectuer au profit de ses envoyés le rapport des libéralités reçues de l'absent avant sa disparition; toute obligation d'un envoyé envers les autres est forcément corrélative du droit des autres, et nous parlerons du droit des envoyés dans notre n° IV.

3° *Obligations des envoyés envers les tiers.* — Parmi les tiers, nous devons citer en première ligne l'État; nous avons déjà imposé à l'envoyé provisoire l'obligation de payer les droits de mutation dans les six mois de la mise en possession des biens de l'absent. Nous n'avons sur ce point qu'à renvoyer à ce que nous avons dit précédemment. Ce qu'il nous est important de constater, c'est qu'au point de vue du droit de mutation, l'envoyé provisoire, héritier présomptif, est considéré comme héritier, qu'il y a présomption de mort de l'absent, tant qu'on demeure sans nouvelles de cet absent, que cet envoyé n'a jamais été qu'administrateur, si l'absent revient. C'est qu'en effet cette double idée s'applique incontestablement aux tiers comme à l'absent, dans leurs rapports avec l'envoyé en possession provisoire. L'héritier présomptif, envoyé en possession provisoire, est donc, malgré controverse, véritablement héritier aux yeux de la loi jusqu'à preuve contraire, et ce, non-seulement envers ses coenvoyés, mais même dans ses rapports avec les tiers. De là, plusieurs conséquences relativement à ses obligations envers ces tiers, et que nous devons énumérer.

I. L'envoyé qui n'était pas héritier présomptif de l'absent au jour de la disparition, doit restituer les biens à l'héritier présomptif plus proche en degré, et la prescription contre la pétition d'hérédité de ce dernier court de l'envoi en possession provisoire.

Nous avons remarqué précédemment que la même restitution est due par l'envoyé à l'héritier véritable apportant la preuve du décès de l'absent à une autre époque que celle de la disparition (art. 130). Si le titre de l'envoyé n'a pas été interverti (art. 2238), il est demeuré mandataire et doit ses comptes à l'héritier comme il les devrait à l'absent de retour; il devra la part de fruits fixée par l'art. 127; la prescription à son profit ne court pas, quoiqu'on l'ait soutenu, de l'envoi en possession définitive ni du décès prouvé, mais du jour de cette interversion de son titre.

Quelques personnes ont dit que l'envoyé provisoire ne peut prescrire contre l'héritier de l'absent, et que la prescription ne commence qu'à l'envoi définitif; elles raisonnaient ainsi : l'envoyé provisoire est un dépositaire ou un administrateur comptable (art. 125); il détient donc précairement la chose de l'absent et ne peut jamais la prescrire (art. 2236); mais, au jour de l'envoi définitif, l'envoyé n'est plus comptable, il n'est plus simple dépositaire; il est investi d'une sorte de propriété ou de possession à titre de propriétaire. Cette opinion ne nous semble pas devoir être adoptée; nous reconnaissons bien que l'envoyé provisoire, détenant en cette qualité les biens de l'absent, ne peut en prescrire la propriété contre lui ni contre ses représentants, du jour de son décès prouvé; ce que nous n'admettons pas, c'est que l'envoyé définitif soit dans une autre position, ait une autre qualité que l'envoyé provisoire à l'égard de l'absent et de ses représentants. Si l'envoyé définitif n'est pas responsable de tous ses actes, en est-il moins comptable de tout ce qui lui reste des biens de l'absent, de tout ce dont il profiterait s'il n'y avait pas de nouvelles de l'absent; n'est-il pas encore dépositaire dans le sens de l'art. 125, c'est-à-dire obligé de restituer à l'absent sans pouvoir prescrire contre lui? Enfin, le droit dont il est investi est, à la fois, plus et moins qu'une possession à titre de propriétaire, mais n'est rien moins que cette possession : ce droit est plus parfait que la simple possession à titre de propriétaire et a les effets de la propriété, en ce que le tiers qui acquiert de l'envoyé définitif est plein et entier propriétaire de la chose à lui cédée et à l'abri de tout recours de l'absent dès l'instant de l'acquisition; il a moins d'efficacité que la possession à titre de propriétaire, en ce qu'il ne fait pas acquérir la propriété des choses possédées à titre définitif, quelle que puisse être la durée de cette possession, à l'encontre des droits de l'absent et de ses représentants. L'héritier, qui prouve le décès de l'absent et son titre héréditaire au jour de ce décès, est représentant véritable de l'absent; l'envoyé ne peut dire qu'à l'égard de cet héritier il possédait à titre de propriétaire, car il ne pourrait fonder son titre putatif de propriétaire que sur sa qualité d'héritier présomptif: or, le décès prouvé établit qu'il n'a jamais été qu'administrateur. Enfin, l'envoi définitif s'obtient par un acte de la volonté de l'envoyé provisoire, et ce serait violer l'art. 2240 que lui permettre de se changer ainsi à lui-même le titre de sa possession.

Sera-ce donc du jour de la mort de l'absent que courra la prescription de l'action de l'héritier? Pas davantage, selon nous. Nous supposons le décès connu longtemps après son événement. En vain dirait-on que l'envoyé, même provisoire, possède à bien des égards *animo domini;* qu'il est comptable seulement envers l'absent et ceux qui viennent de son chef, tandis que l'héritier vient de son propre chef et non du chef de l'absent; et enfin, sans parler de l'obligation qui pèse sur l'envoyé provisoire de donner caution, qu'à partir du décès il n'y a plus d'absence et que le décès rend l'envoyé possesseur d'une hérédité prescriptible. Nous allons répondre à tous ces arguments. Au jour de l'envoi provisoire, l'envoyé héritier présomptif peut se dire héritier de l'absent du jour de la disparition ou des dernières nouvelles de ce dernier, c'est-à-dire en vertu de la présomption légale du décès de l'absent en ce même jour; tant que dure l'application de cette présomption, ou si les faits sont conformes à cette présomption, l'envoyé est et demeure héritier de l'absent; mais, dès que la présomption est combattue et anéantie par les circonstances de fait, soit que l'absent soit vivant, soit que son décès ait une autre date, l'envoyé n'a jamais été héritier ou ne l'est qu'en vertu d'un autre titre et à partir d'une autre époque; et s'il n'a pas toujours été héritier, il n'a jamais été qu'administrateur jusqu'au jour où son titre a pu être interverti. Donc, dans aucun cas, et nous l'avons déjà démontré, l'envoyé provisoire ne peut prétendre avoir eu la possession à titre de propriétaire. D'ailleurs, comment soutenir que cet envoyé ne doit compte qu'à l'absent et point aux héritiers de l'absent? Ces héritiers viennent, sans doute, de leur chef; mais ils sont représentants de l'absent; si l'art. 125 rend les envoyés comptables envers l'absent sans parler des héritiers de l'absent, il ne fait en cela qu'appliquer la règle générale contenue en l'art. 1993 et en vertu de laquelle le mandataire doit compte au mandant; l'art. 1993, non plus, ne parle pas des héritiers du mandant; personne cependant ne songera à relever le mandataire de l'obligation de rendre son compte à cause de ce fait que le mandat est fini par la mort du mandant.

Enfin, pour faire justice du dernier argument ci-dessus énoncé, il nous suffit de nous référer à la définition que nous avons donnée de l'absence; c'est l'état d'une personne qui a disparu et dont l'existence est incertaine; l'absence, c'est-à-dire l'incertitude des personnes présentes a-t-elle cessé par la mort de l'absent, si cette mort n'est pas connue? Si l'on parlait ainsi, si l'absence n'était pas ce que nous avons dit, il faudrait dire aussi qu'il n'y a jamais eu d'absence, parce que, la preuve étant faite de la mort de l'absent à telle époque, son existence est certaine aussi jusqu'au jour de son décès, et, quand l'absent est de retour, que son existence est certaine depuis le jour de sa disparition. Comment donc cesse l'absence? Par la nouvelle de la mort ou de la vie de l'absent ; et ce n'est qu'avec elle que cesse la possession provisoire ou définitive ; jusque-là, l'envoyé n'aura été, à l'égard de l'absent et de ses représentants véritables, qu'un administrateur ayant des pouvoirs plus ou moins étendus et un salaire plus ou moins considérable ; le mandat, conféré par la loi, devait durer jusqu'à la fin de l'absence. Le salaire de ce mandat est fixé par les art. 127 et 130 ; il peut se modifier, même après le décès, ce qui prouve que l'envoyé est mandataire à l'égard des héritiers de l'absent son mandant.

On ne peut nous opposer que l'action intentée par l'héritier véritable est une pétition d'hérédité qui se prescrit par trente ans du jour de l'ouverture de la succession, c'est-à-dire du décès ; l'expiration de ce délai de trente ans pourrait survenir pendant la possession provisoire, si l'absent est mort avant la déclaration d'absence, ou si l'envoi définitif n'a pas été demandé dès le jour où il pouvait l'être. Si la pétition d'hérédité, comme la revendication, est imprescriptible en tant qu'action et ne cesse d'avoir effet que par la prescription acquisitive de la succession opérée au profit d'un possesseur, nous avons dit et prouvé que l'envoyé provisoire ne pouvait posséder à titre de maître et prescrire ; que si la pétition d'hérédité est soumise à une prescription particulière, l'envoyé n'en sera pas moins écarté par la règle générale du mandat ; le tuteur ne prescrit pas contre la pétition d'hérédité des héritiers de son pupille. De plus, la nouvelle de la mort de l'absent établit que l'envoyé n'a jamais été qu'administrateur, puisqu'il n'a pu être héritier au jour de la disparition; et contre l'administrateur d'une succession, on peut n'intenter que l'action en reddition de compte qui se prescrit par trente ans de la cessation du mandat. Il faut donc reconnaître que l'envoyé en possession des biens de l'absent, quand le décès de ce dernier est prouvé, ne peut prescrire contre la pétition d'hérédité de l'héritier qu'à partir du moment où son titre est interverti (art. 2238). Nous n'avons pas décidé de même ci-dessus pour le cas où un héritier présomptif plus proche au jour de la disparition réclame contre l'envoyé. L'art. 130 s'applique, du reste, aussi bien dans la période de l'envoi définitif et à quelque époque que l'absent soit décédé; nous en reparlerons dans notre deuxième section.

II. Les dettes de l'absent se partagent de plein droit entre les héritiers présomptifs envoyés, comme si sa succession était définitivement ouverte (art. 870, 873 et 1220); la loi, en effet, appelle chacun d'eux pour sa part à demander l'envoi provisoire, et déclare à l'art. 134 que les actions seront dirigées contre ces envoyés; sa volonté est évidemment de proportionner les charges aux droits sans établir une source de recours sans fin entre les envoyés. Aussi bien, nous verrons que chaque envoyé ne peut poursuivre le débiteur de l'absent que pour une part proportionnelle à ses droits dans le patrimoine de l'absent; il est équitable que la réciproque soit appliquée. Le même motif d'équité se joint au principe que nous avons posé et à l'intérêt de l'absent pour faire appliquer à l'envoyé l'art. 877 et obliger le créancier à signifier à cet envoyé son titre exécutoire huit jours avant de commencer les poursuites.

Il semble cependant que nous allons nous contredire et violer la règle que nous avons prise pour point de départ, si nous décidons que l'envoyé ne sera jamais tenu *ultra vires* des dettes de l'absent. Il n'est donc plus héritier, va-t-on nous dire, et vous êtes inconséquent. Il n'en est rien toutefois ; et, si l'on veut rapprocher les art. 793-810 des art. 126 et 128, on reconnaîtra, d'une part, qu'il serait essentiellement inique et malheureux, même pour l'absent, d'imposer à l'envoyé la charge totale des dettes, alors qu'il est forcé de prendre qualité avant l'inventaire, avant de connaître les forces de l'actif et du passif, et que l'obligation pour l'envoyé d'accepter bénéficiairement serait incompréhensible puisque ce serait à lui le comble de l'imprudence de se présenter sous une autre qualité; d'autre part, que l'envoyé, comme héritier bénéficiaire, est tenu de faire bon et fidèle inventaire, de vendre, sous sa responsabilité personnelle, et dans les formes de l'art. 452, les objets susceptibles de dépérir, d'administrer les biens et de rendre compte de son administration, de conserver en nature les immeubles sans pouvoir les aliéner autrement qu'avec autorisation de justice et avec les formalités de la loi, enfin de donner une caution qui sera pour lui plus onéreuse que pour l'héritier bénéficiaire, puisqu'elle aura pour but de garantir toute son administration. Les frais faits par l'un et par l'autre seront à la charge des patrimoines. Il y a donc similitude parfaite dans les garanties exigées de l'un et de l'autre, ou si quelque différence se fait remarquer, elle consiste à demander plus de l'envoyé que de l'héritier bénéficiaire. L'envoyé provisoire est donc toujours héritier; mais comme il est obligé d'accomplir les mêmes formalités que l'héritier bénéficiaire et de fournir les mêmes garanties, il est juste qu'il jouisse des mêmes prérogatives sans même avoir à faire une déclaration dont la nécessité ne pourrait se comprendre. Nous n'hésitons donc pas à accorder à l'envoyé le bénéfice de l'application de l'art. 802 et à déclarer qu'il ne paiera les dettes de l'absent que jusqu'à concurrence de la valeur des biens recueillis par lui, qu'il pourra même faire aux créanciers et légataires l'abandon de ces biens, enfin qu'il ne confondra pas son patrimoine personnel avec celui de l'absent, et pourra réclamer contre ses cohéritiers le montant de ses créances.

M. Proudhon, adoptant notre point de départ et considérant l'envoyé comme héritier par provision, en conclut qu'il est personnellement obligé; il ne va pas, ce qui serait plus logique, jusqu'à l'obliger *ultra vires;* mais il lui crée une position mixte entre l'héritier pur et simple et l'héritier bénéficiaire, à l'instar de la femme commune qui a fait inventaire (art. 1483) et qui est poursuivie sur ses biens personnels pour la valeur qu'elle a reçue. Cette position mixte ne peut, selon nous, appartenir à l'envoyé; nous avons montré les points d'analogie entre lui et l'héritier bénéficiaire; il nous est facile de faire ressortir la même cause de différence entre lui et la femme de l'art. 1483), qu'entre l'héritier bénéficiaire et cette femme; c'est-à-dire cette femme acceptant la communauté, et conséquemment propriétaire de ce qu'elle recueille par indivis depuis le jour de l'acquisition par la communauté, et divisément depuis le partage, et en disposant à son gré; et l'envoyé, comme l'héritier bénéficiaire, non encore propriétaire définitif et incommutable de la chose et ne pouvant en disposer qu'avec autorisation de justice, si elle est immobilière.

Enfin, s'il est un rapprochement à faire entre deux situations, il doit avoir lieu de préférence entre deux personnes auxquelles M. Proudhon lui-même reconnaît la qualité d'héritier.

Les tiers sont avertis par la publicité de la procédure à fin de déclaration d'absence ; cette publicité est encore préférable à celle de l'art. 793. Il va de soi, d'ailleurs, que si l'envoyé ne représente pas tous les biens de l'absent, il en est responsable sur ses propres biens (art. 1382). C'est à l'égard des créanciers de l'absent la seule sanction de la prohibition de vente amiable des immeubles de l'absent ; cette vente, faite par l'héritier bénéficiaire, est valable ; elle l'est aussi quand elle émane de l'envoyé ; elle fait déchoir le premier des avantages du bénéfice d'inventaire ; la situation exceptionnelle du second le garantit contre cet effet préjudiciable ; mais les créanciers pourront toujours lui reprocher l'abandon à vil prix de la propriété de l'immeuble, et poursuivre sur ses biens personnels le paiement de l'excédant de la valeur réelle sur le prix de vente. Au reste, les créanciers de l'absent peuvent se prémunir même contre cette vente en inscrivant leur droit de séparation de patrimoines, sauf à faire ensuite prononcer cette séparation, conformément aux art. 878, 881 et 2111. Les six mois, délai pour inscrire, et les trois ans, délai de l'action pour les meubles, courent de la déclaration d'absence. Comment, en effet, reprocher aux créanciers de n'avoir pas inscrit leur droit dans les six mois de la disparition, ou agi en séparation des patrimoines avant la déclaration d'absence, lorsque le tribunal, se refusant à douter de l'existence de l'absent, aura peut-être ordonné la radiation de cette inscription, ou refusé de prononcer la séparation demandée ? Mais nous reverrons ce droit des créanciers à la fin de notre titre II comme effet de l'absence entre les tiers; et nous rechercherons en même temps s'il faut appliquer à l'envoi provisoire l'art. 2146.

III. Nous venons de voir les envoyés héritiers présomptifs obligés envers les tiers au paiement des dettes de l'absent sur la part et portion qu'ils ont reçue et proportionnellement à cette part, et hypothécairement pour le tout. M. Duranton est allé plus loin et a voulu donner aux créanciers de l'absent des droits de recours contre les autres envoyés, donateur avec clause de retour, appelé à une substitution dont l'absent était grevé, nu propriétaire d'un bien dont il avait l'usufruit. Ces personnes, dit-il, sont envoyées en possession, et, comme telles, elles n'ont aucun droit de leur chef sur les biens à l'encontre des tiers, elles n'ont d'autres droits que ceux de l'absent; or, les créanciers auraient pu saisir entre les mains de l'absent les biens qui lui appartiennent ainsi sous la condition de son existence ou de sa survie à une autre personne; ils auraient même pu les faire vendre chargés du droit qui pèse sur eux; ils pourront donc encore agir de même. Telle n'est pas toutefois l'opinion de M. Demolombe qui se voit contraint ici de proclamer avec nous la présomption de mort même à l'égard des tiers; il en restreint, il est vrai, l'application aux biens de l'absent, et les biens dont nous parlons étaient absolument à l'absent. L'envoi provisoire ne résout pas les droits réels établis au profit des tiers; mais les créanciers chirographaires n'ont aucun droit spécial sur tel ou tel bien déterminé, et, représentants eux-mêmes de leur débiteur, doivent subir les droits qu'on a contre lui. Enfin, les envoyés dont nous parlons seraient tout au plus des ayant-cause à titre particulier de l'absent et, à ce titre, ne pourraient être tenus de ses dettes. Ces créanciers n'auront même aucun droit sur la portion de fruits qui doit revenir à l'absent s'il reparaît, parce que la dette de ces fruits n'est qu'une dette éventuelle au profit de l'absent, et subordonnée à la condition suspensive de son retour dans un délai déterminé.

Du moins, continue M. Demolombe, les envoyés dont nous parlons ont un droit de leur propre chef et indépendant de toute succession, aux biens qu'ils prennent; mais nous verrons, solution plus extraordinaire encore, le mari obligé de restituer aux héritiers de sa femme la dot qu'elle ne pouvait demander elle-même; les règles du Code ne sont donc pas toutes d'accord entre elles. Pour nous, personne ne peut être avec soi-même plus conséquent que ne l'a été le législateur du Code : une personne disparaît; elle est morte jusqu'à preuve contraire; les tiers peuvent dès à présent se prévaloir de sa mort; les héritiers présomptifs et autres personnes ayant des droits subordonnés à la condition de son décès, et dont l'exercice doit diminuer son patrimoine, doivent, dans son intérêt, attendre l'expiration d'un certain laps de temps avant de pouvoir faire valoir leurs droits; mais, après ce temps-là, ils recouvrent leur liberté d'action et ne sont tenus que d'assurer la restition à l'absent s'il revient. Voilà pourquoi les donateur avec clause de retour, appelé à substition et nu propriétaire pourront, après avoir fait valoir les droits à eux conférés par les art. 952, 1053 et 617, et en avoir obtenu l'exercice provisoire, écarter tous tiers qui n'auraient aucun titre contre eux si l'absent était mort au jour de sa disparition.

Nous ne leur permettrons pas cependant de demander la radiation des inscriptions d'hypothèques consenties par l'absent sur ses immeubles. Au jour de leur constitution, ces hypothèques étaient subordonnées, comme la propriété même du constituant, à la condition résolutoire du prédécès de l'absent, ou, en ce qui regarde l'usufruit, à la durée de l'existence de l'absent. Aujourd'hui, le prédécès ou le décès du constituant est présumé, et de ce chef toute inscription devrait être rayée ; mais le retour de l'absent est encore possible, et ses créanciers doivent conserver leur hypothèque pour le cas où il reparaîtrait ; ils maintiendront donc à titre purement conservatoire leur inscription primitive ; cette inscription ne peut, d'ailleurs, préjudicier en rien aux droits de l'envoyé qui, d'une part, ne doit ni aliéner, ni hypothéquer l'immeuble, aux termes de l'art. 128, et, d'autre part, prime tous les créanciers hypothécaires ayant reçu hypothèque de l'absent. Cette inscription conservatoire pourra être encore maintenue même après l'envoi définitif. Quant aux conséquences de ces inscriptions après l'envoi définitif, nous renvoyons à en traiter à notre 2e section.

Mais du maintien de l'inscription conservatoire dont nous avons parlé, conclure, avec M. Demolombe, au droit des créanciers de saisir et faire vendre l'immeuble entre les mains de l'envoyé nu propriétaire, c'est, selon nous, anéantir la présomption de mort proclamée par M. Demolombe lui-même à l'égard des biens de l'absent ; il s'agit toujours des mêmes biens, et la même présomption doit s'appliquer. Or, l'envoyé dont nous parlons a, par cette présomption, un droit préférable à tous ceux que l'absent a pu conférer ; le fait même de l'envoi provisoire prouve l'application de la présomption de mort ; si les créanciers hypothécaires veulent poursuivre la vente du bien immobilier, qu'ils prouvent d'abord l'existence de l'absent, et par là même l'existence de son droit et de leur hypothèque; sinon, la présomption est contre eux, et l'immeuble leur échappe. Il y a lieu, d'ailleurs, de faire remarquer que, pour le nu propriétaire, il ne peut être question de réserve à faire dans le cahier des charges de l'adjudication, puisque son titre est complètement indépendant du droit vendu et doit sortir tout son effet par un événement que l'acquéreur ne peut modifier ni retarder; qu'il en est de même pour le donateur avec clause de retour et les appelés à substitution, puisque la transcription de l'acte de donation contenant la constitution de leur droit le conserve envers et contre tous : ce motif est aussi applicable au nu propriétaire. Quant aux réclamations à faire entre les mains de tiers acquéreurs, nous renvoyons aux droits des envoyés contre les tiers, dans notre n° IV.

IV. Comme quatrième et dernière conséquence de la présomption de mort de l'absent, créant une obligation des envoyés envers les tiers, nous constatons le droit des coassociés de l'absent d'invoquer la dissolution de la société par la disparition de l'absent; les envoyés, héritiers présomptifs de l'absent, auraient, du reste, croyons-nous, le même droit. L'art. 1865 prononce cette dissolution pour le cas de décès d'un associé; les coassociés sont des tiers et pourront toujours, selon nous, du jour où la preuve de l'existence d'un coassocié cesse d'être faite, invoquer la dissolution de plein droit de la société civile, même pendant la période de présomption d'absence; ils demanderont, en ce cas, au tribunal de désigner un notaire chargé de représenter l'absent à la liquidation et au partage de la société (art. 113 et 1872), à défaut, par le procureur impérial et les parties intéressées, de prouver l'existence de l'absent; et le tribunal appréciera ici, comme aux art. 135 et suiv., si cette existence peut être sérieusement mise en doute. Dans tous les cas, la dissolution, reconnue postérieurement, remontera toujours à la disparition ou aux dernières nouvelles. Mais les conséquences de cette opinion doivent être remarquées; il nous faut pour cela distinguer les sociétés en trois catégories, selon que la société doit finir par le décès d'un associé, ou qu'en vertu du contrat elle doit, au décès d'un associé, continuer soit avec ses héritiers, soit seulement entre les associés survivants.

Il est une idée incontestable que nous devrons appliquer, c'est que le retour de l'absent prouve que la société n'a jamais été dissoute par la mort de cet absent. Aussi, toutes les fois que la société ne sera pas déjà liquidée au moment du retour de l'absent, et que ses opérations pourront reprendre leur cours, nous la ferons continuer comme par le passé, sauf aux autres associés à faire valoir toutes autres causes de dissolution qu'ils pourront invoquer; mais, quand une société est dissoute, la nécessité des circonstances l'empêche de renaître de ses cendres à un instant donné, et le retour de l'absent, tout en prouvant que ce n'est pas sa mort qui a fait dissoudre la société, ne peut lui rendre vie alors que la liquidation en a été faite; il y a là un fait accompli devant lequel il faut s'incliner et que nous allons chercher à motiver légalement. Supposons d'abord que la société, à défaut de convention contraire ou en vertu d'une clause du contrat, doive prendre fin au premier décès d'un associé; si l'absent ne revient pas, la société demeure dissoute, et la part de l'absent est administrée comme le reste de ses biens; s'il revient à une époque où, de fait, la société ne puisse plus reprendre son cours d'opérations, la dissolution devra cependant être maintenue au jour de la disparition ou des dernières nouvelles ; c'est la conséquence de cette circonstance bizarre, un fait douteux, reconnu pour vrai provisoirement, qui est la cause d'un effet nécessairement définitif.

Nous prétendons cependant justifier légalement ce résultat : « La confiance mutuelle des associés dans leurs *personnes respectives*, a dit M. Treilhard dans l'Exposé des motifs du titre des Sociétés, est le véritable lien du contrat de société. *On s'associe à la personne;* quand elle n'est plus, le contrat se dissout. » Toutefois, le savant législateur respecte trop la liberté des conventions pour interdire aux associés de stipuler la continuation de la société avec l'héritier de l'associé prédécédé. La société est donc, en principe, un contrat fait en considération des *personnes respectives*. Eh bien ! la personne absente existe-t-elle encore pour ses coassociés ? Ces derniers ne peuvent-ils pas lui dire à son retour ? « Nous avons contracté avec vous seul ; nous avons refusé votre héritier pour coassocié, comme vous avez refusé les nôtres ; nous n'avons voulu faire les opérations spécifiées au contrat de société que si vous étiez avec nous ; dès l'instant que votre existence n'a plus été prouvée, que nous avons pu craindre d'agir avec votre héritier et non plus avec vous, nous avons cessé d'agir, ou, si nous avons continué nos opérations, ç'a été pour notre propre compte ; à la vérité, vous existiez ; mais nous avons eu juste motif de vous croire mort au jour de votre disparition, de cesser toutes les opérations et de prendre à notre compte celles postérieures à cette date. » Quoi de plus logique que ce langage ? Quoi de plus équitable que cette décision ?

Si la société, en vertu du contrat intervenu, doit se

continuer avec l'héritier du coassocié prédécédé, quel va être l'effet de cette clause? Selon nous, toujours présomption de mort dès la disparition, en principe; et, par conséquent, l'héritier doit être appelé. Voici l'objection : Mais la loi ne donne de droit à l'héritier présomptif qu'après la déclaration d'absence. Cela est vrai, en ce sens que l'héritier présomptif ne peut prétendre à la possession des biens laissés par l'absent qu'après la déclaration d'absence; mais le droit de cet héritier présomptif n'en remonte pas moins au jour de la disparition ou des dernières nouvelles; c'est à ce jour qu'il est rétroactivement choisi; c'est à partir de ce jour qu'il est héritier et qu'il l'aura été si l'absent ne revient pas; son droit est suspendu dans l'intérêt de l'absent; mais son titre subsiste. Les coassociés de l'absent, qui ne peuvent être tenus de rester dans l'incertitude, s'adresseront donc au tribunal pour faire reconnaître le doute légitime sur l'existence de l'absent, et faire désigner l'héritier qui dorénavant sera leur coassocié. Cet héritier présomptif aura, à l'égard de ses coassociés, la même capacité que son auteur absent; mais, dans l'intérêt de l'absent, il n'aura contre ses coassociés que des pouvoirs d'administration, surveillance, etc...; il ne pourra demander la dissolution de la société, s'il y a lieu, qu'avec l'autorisation du tribunal; les intérêts ou dividendes qu'il touchera devront être par lui mis en réserve pour la totalité, parce qu'alors ce sont des droits et des biens qui font partie du patrimoine de l'absent; si même le tribunal avait chargé un administrateur spécial de toucher les revenus de l'absent, l'héritier devrait verser entre ses mains tous les intérêts et dividendes touchés par lui. En un mot, cet héritier est associé à l'égard des coassociés et des tiers; il n'est qu'administrateur à l'égard de l'absent, et ce, sans donner caution; on peut donc prendre contre lui toutes les mesures conservatoires qui ne peuvent nuire aux tiers, l'obliger à employer les sommes qu'il reçoit, etc... Enfin, si l'absent revient, il reprend sa place dans la société, parce qu'elle lui a été gardée par son héritier. Ce résultat est heureux en pratique, puisque c'est le maintien d'une convention qui pourrait, sans cela, être détruite par le fait d'un seul contractant; la société ne viendra à se dissoudre qu'à défaut de successeur de l'absent voulant la continuer.

Nous ne croyons pas, toutefois, que l'héritier, le premier en degré, qui ne se serait pas présenté d'abord pour succéder aux droits de l'absent dans la société, soit déchu du droit de revenir sur sa détermination et de demander l'envoi en possession des biens laissés par l'absent. Si la société a continué avec un autre, ce dernier n'aura été qu'héritier et associé apparent; si elle s'est dissoute, c'est un fait accompli qu'on ne peut reprocher à personne. On ne peut, croyons-nous, reprocher à un héritier qui ne connaît pas l'effectif de la succession, qui ne connaît peut-être pas l'absence ou ne veut pas croire au décès de son auteur, de ne s'être pas présenté. Mais l'héritier du degré subséquent qui se serait présenté prescrirait dès ce jour contre l'autre; il pourrait aussi le mettre en demeure de prendre parti.

Enfin, le contrat porte que la société continuera entre les survivants, en cas de prédécès d'un coassocié. La présomption de mort subsiste toujours. Si l'absent ne reparaît pas, un héritier présomptif aura droit au montant de sa part dans la société, calculé au jour de la disparition ou des dernières nouvelles. S'il revient avant la liquidation et le paiement de sa part dans la société, il recouvre tous ses droits; s'il ne revient que plus tard, il ne peut plus prétendre à aucun droit dans la société ; ses coassociés peuvent encore ici lui représenter qu'ils ont contracté avec lui en vue de sa personne, et qu'ils n'ont pu rester dans une incertitude bien justifiée sur la nature et l'étendue de leurs droits.

En nous résumant : dans la première et la dernière de nos trois sociétés, l'absence est une cause de dissolution, soit complète, soit personnelle à l'absent ; mais cette dissolution est fondée sur le décès présumé, jusqu'à preuve contraire (art. 1865). Si cette preuve contraire survient, s'il est établi que l'absent est vivant, et que, de fait, la société n'a pas été dissoute et puisse continuer avec lui, le passé est effacé, à moins qu'il n'y ait quelqu'autre cause de dissolution ; si, en fait, la société ne peut pas se continuer avec l'absent de retour par suite de la dissolution fondée sur son décès présumé, il ne peut s'en plaindre ; car c'est son fait personnel qui en est la cause ; il a manqué à l'engagement personnel qui le liait à la société (art. 1871). Si son éloignement constitue une faute ou un vol préjudiciable aux autres associés, il en sera responsable. Dans le second genre de société que nous avons indiqué, la même responsabilité pourra peser sur l'absent si la société s'est dissoute à défaut d'héritier voulant y prendre place ; si elle a continué avec un héritier de l'absent, ce dernier retrouve sa place gardée, et personne ne peut se plaindre. En un mot, le fait de l'absence, quand l'absent revient, tombe sous l'application de l'art. 1871, soit comme violation des engagements s'il y a faute ou dol, soit comme cause d'inhabileté aux affaires de la société, d'incapacité au titre même d'associé. L'absent est une personne incertaine ; et la volonté des associés a été de n'être unis qu'à une personne certaine, déterminée, ou, dans certains cas, à l'héritier de cette personne, quand elle ne pourrait plus elle-même se présenter comme existante.

Après avoir donné ces garanties aux coassociés de l'absent, nous n'hésitons pas à reconnaître au tribunal le pouvoir d'ordonner, s'il y a lieu, dans l'intérêt de l'absent, la demande en dissolution de la société, s'il est saisi de cette question par les intéressés ou par le procureur impérial. Après l'envoi en possession, les héritiers présomptifs de l'absent pourront aussi provoquer cette dissolution. Telle est notre théorie relative à l'influence de l'absence sur la société dont l'absent est membre.

M. Demolombe part d'un principe contraire au nôtre. Il refuse d'étendre jusqu'ici la présomption de mort qu'il reconnaît dans d'autres situations, et applique le principe général de la preuve à faire par le demandeur ; le coassocié de l'absent ne peut prouver la mort de l'absent, ni, par conséquent, la dissolution de la société ou sa continuation avec l'héritier de l'absent ; les représentants de l'absent sont dans la même situation ; la société doit continuer, sans qu'il faille tenir compte de l'absence, jusqu'à ce qu'elle prenne fin par une autre cause.

De là, des résultats qui nous semblent inadmissibles en équité comme en droit. Si l'absent reparaît, tout se passe pour le mieux ; la société a continué d'exister ; il y retrouve sa place. Mais il se peut que l'absent ne reparaisse jamais, que l'incertitude dure fort longtemps, qu'on reçoive même la nouvelle du décès de l'absent soit au jour de la disparition, soit à une date postérieure ; si l'on combine ces divers états de fait avec les mille circonstances de prospérité ou d'appauvrissement de la société, de dissolution de la société par l'une des causes déterminées au contrat ou dans la loi, d'obligations personnelles de l'absent envers ses coassociés ou réciproquement, on voit surgir de toute part des recours et des difficultés pratiquement inextricables. Quelques exemples en feront facilement juger :

— La société doit finir par le décès d'un de ses membres, ou à telle époque déterminée ; un associé disparaît ; elle continue, ayant encore une longue durée ; puis, arrive la nouvelle du décès de l'absent à une époque déjà ancienne, cette nouvelle survenant longtemps après la disparition, soit avant, soit même après la dissolution de la société. Si l'on ne tient pas compte de l'absence, du moins faut-il tenir compte du décès prouvé ; la société aura donc été dissoute au jour de la disparition ou à une date postérieure ; et elle aura continué de fait sans contrat et malgré les parties, jouissant d'un capital qu'elle possède indûment, existant soit entre les survivants, soit entre eux et l'héritier de l'absent, selon ce que l'on décidera, mais solution toujours contraire à la volonté primitive de toutes les parties. Si l'absent ne reparaît pas, la liquidation se fera à une époque où la société a pu changer de face soit en bien, soit en mal ; est-ce donc équitable quand tout porte à croire que l'absent était mort au jour de la disparition?

— C'était une société à durée illimitée; quatre ou cinq ans après la disparition, l'un des associés présents a demandé la dissolution de la société; mais, depuis la disparition jusqu'au jour de la demande, la société s'est accrue ou a diminué d'importance ; pendant trente ans, la nouvelle du décès de l'absent au jour de sa disparition peut venir motiver un recours pour la jouissance indue du capital de l'absent, et pour l'erreur commise au partage.

— La société devait continuer avec l'héritier de l'absent; mais le décès de l'absent n'est pas prouvé; comme l'absent devait, par lui-même ou par son héritier, exécuter au profit de la société certaines obligations personnelles qui ne peuvent être remplies, ses coassociés sont obligés de demander la dissolution (art. 1871); ensuite, l'absent revient, ou la preuve est faite de son décès au jour de la disparition; le contrat devait être exécuté; il ne l'a pas été; l'absence serait pour chaque associé un moyen de changer les clauses du contrat primitif.

— Enfin les coassociés survivants devaient seuls continuer la société au cas de prédécès de l'un d'eux; la société subsiste après la disparition de l'un des associés; puis, elle prend fin, et la liquidation a lieu; la nouvelle du décès de l'absent vient prouver la dissolution antérieure, à son égard; de là, des recours.

Nous n'avons fait qu'ébaucher les reproches à faire à cette opinion, que jeter les bases d'une réflexion à approfondir; mais il nous a semblé que M. Demolombe n'avait pas dû envisager ces résultats. Enfin, ne pourrait-on pas faire remarquer à l'éminent jurisconsulte qu'il n'applique pas toujours aux tiers le principe qu'il leur oppose, et que, vaincu par les motifs d'équité, il a consenti dans d'autres espèces à leur opposer la présomption de mort au jour de l'envoi définitif. Nous croyons avoir démontré que les art. 1869 et 1871, où M. Demolombe cherche un remède au profit des tiers, ne peuvent être une panacée universelle en ce qui regarde notre matière. Plus de surveillance de l'absent pour sauvegarder ses intérêts personnels, pas de représentant spécial, pas de certitude de son existence; et la société devrait continuer! et les associés seraient liés à lui sans pouvoir se soustraire à l'effet de l'incertitude!

Comment assimiler les sociétés civiles ou commerciales à la communauté entre époux, où le coassocié est essentiellement favorable, est peut-être le meilleur juge des probabilités de vie ou de mort, et est considéré par la loi comme prenant le véritable intérêt de l'absent? et encore, nous voyons qu'il a un droit, et non pas une obligation; enfin, est-ce un tiers? Peut-il se plaindre d'une incertitude, et préférer la présomption de mort?

Nous ne devons pas quitter cette matière du droit des tiers sans parler du débiteur d'une rente viagère établie au profit de l'absent et sur sa tête. Nous n'abandonnons pas ici notre application de la présomption de mort; mais elle aboutit ordinairement au même résultat que les idées généralement reçues. Et, en effet, l'art. 1983 oblige le créancier de la rente viagère à justifier de son existence. Qu'arrivera-t-il donc? Le débiteur de la rente viagère refusera le paiement des arrérages, et, si l'absent ne reparaît pas pendant trente ans, le temps sera passé pour invoquer le titre constitutif de la rente, et l'action sera prescrite (art. 2262); il va de soi que les arrérages se prescrivent par cinq ans du jour de leur échéance (art. 2277). Si le débiteur n'avait pas exigé la preuve de la vie du crédit-rentier, ou si le tribunal n'avait pas admis que l'existence de l'absent pût être contestée, le débiteur n'en pourra pas moins exercer un recours pour recouvrer les arrérages payés par lui depuis la disparition. En cela, notre solution est contraire à celle qu'il faudrait logiquement admettre quand on refuse d'appliquer aux tiers la présomption de mort; car le débiteur est ici constitué demandeur; il doit prouver sa répétition et ne peut la fonder que sur la mort de l'absent; ce n'est donc que par la présomption de mort qu'il peut obtenir la restitution des arrérages payés. Et cependant, s'il nous est permis d'appliquer à ce débiteur la décision donnée par la plupart des auteurs sur les cohéritiers de l'absent aux art. 135 et suiv., nous devons croire que le débiteur de rente viagère recevra le droit de répétition de ceux mêmes qui lui refusent le droit d'invoquer directement la présomption de mort de l'absent. C'est l'une de ces inconséquences dont nous avons cité d'autres exemples et qui sont motivées par un sentiment d'équité. Quant à la personne qui doit recueillir la rente viagère après le décès de l'absent, en attendant la preuve de ce décès, elle est envoyée en possession aux termes de l'art. 123, et ses droits et obligations sont réglés par l'art. 127.

Nous en avons ainsi fini avec les droits des tiers, et aussi avec les obligations des envoyés en possession provisoire; il nous reste à parler de leurs droits.

IV. — *Quels sont les droits des envoyés en possession provisoire?*

Nous devons rechercher la nature et l'étendue de leurs droits selon les personnes à l'encontre desquelles ils existent et selon le temps de leur exercice. L'envoyé en possession provisoire a des droits à opposer soit à l'absent, soit à ses coenvoyés, soit aux tiers; ses droits à l'encontre de l'absent diffèrent selon que l'existence de l'absent est encore incertaine ou qu'on a de ses nouvelles.

1° *Droits des envoyés en possession provisoire sur le patrimoine de l'absent.* — AVANT LE RETOUR DE L'ABSENT ET PENDANT LA DURÉE DE LA POSSESSION PROVISOIRE, quels sont les droits des envoyés sur le patrimoine de cet absent? quelle est aussi leur capacité de contracter sur ce patrimoine ? Poser cette question, c'est demander quelle est la qualité de l'envoyé ; et, dès lors, notre principe est immuable ; il y a présomption de mort de l'absent en faveur de l'envoyé ; tout le monde le reconnaît ; l'envoyé a donc la qualité qu'il aurait si l'absent était mort ; il sera héritier, légataire, donataire effectif, c'est-à-dire propriétaire jusqu'à ce qu'il soit prouvé contre lui qu'il ne l'a jamais été. Sans doute, la loi lui interdit l'exercice de certains droits du propriétaire, afin de ménager dans tous les cas à l'absent un intérêt à prouver contre cette propriété présumée ; mais elle présume toujours la jouissance de ces droits ; et quand le temps aura rendu de moins en moins probables le retour et la preuve, la loi elle-même rendra à l'envoyé l'exercice de ces droits spéciaux. En attendant que cette époque soit venue, l'envoyé a l'administration du patrimoine et tous les pouvoirs attachés à cette administration. Dans notre titre, au Code, ces pouvoirs sont déterminés et limités par deux articles, les art. 125 et 128 ; l'art. 134 constitue l'envoyé en possession seul défenseur aux actions qui seront dirigées contre l'absent après sa disparition. Nous avons déjà parlé de ce dernier article et de l'art. 125 ; nous avons expliqué la qualification de dépôt donnée si improprement par l'art. 125 à l'envoi provisoire, en y opposant la qualité d'administrateur comptable salarié qui résulte pour l'envoyé de ce même article et de l'art. 127, et en y cherchant uniquement la précarité du titre de l'envoyé à l'égard de l'absent. L'envoi provisoire ne peut être un dépôt, puisqu'il s'applique aux immeubles comme aux meubles (art. 1918), puisqu'il n'est pas gratuit (art. 1917 et 1936), puisqu'il oblige à administrer et à rendre compte, puisque la restitution peut se faire d'une chose autre que celle reçue, même légitimement (art. 1915 et 1932). On ne peut donc appliquer en principe à l'envoi provisoire les règles du dépôt ; on a cherché, mais à tort, une analogie entre l'envoi et le dépôt dans cette circonstance que l'envoyé, comme le dépositaire, condamné par corps à des dommages et intérêts envers l'absent, ne pouvait, avant la loi du 22 juillet 1867, opposer le bénéfice de cession de biens ; remarquons que la seule qualité d'administrateur, de mandataire légal, privait de cet avantage, aux termes des art. 126 et 905 du C. pr., et non pas seulement celle de dépositaire (art. 1945). Nous ne trouverons pas plus d'analogie pour l'appréciation des fautes ; la gestion de l'envoyé n'est ni forcée, ni gratuite ; elle a lieu dans l'intérêt des deux parties ; on peut donc demander à l'envoyé la vigilance d'un bon père de famille ; aux tribunaux d'apprécier les faits.

Parmi les actes d'administration permis à l'envoyé, nous citons d'abord et sans conteste les réparations nécessaires ou d'entretien, sauf à examiner à l'art. 127 sur quelles sommes elles seront payées, les baux de neuf ans ou au-dessous, la réception des capitaux et remboursements de rente en en donnant décharge valable, la poursuite des débiteurs de l'absent en temps utile pour interrompre la prescription ou se garantir de toute insolvabilité postérieure à l'échéance, le paiement des dettes de l'absent ; ce paiement sera obligatoire pour lui, comme acte de bonne gestion, si ces dettes sont productives d'intérêts, alors même qu'elles auraient été contractées envers l'envoyé par l'absent ; il devra de même payer à l'absent toutes les sommes exigibles qu'il lui doit, et, s'il ne le faisait pas, on lui appliquerait la règle de la loi 6, § 12, Dig., « De negot. gest. : » *A semetipso cur non exegerit, ei imputabitur.* Pour empêcher que l'absent, à son retour, ou ses autres créanciers ne puissent contester la dette que l'envoyé se serait payée à lui-même, l'envoyé devra, à l'instar de l'héritier bénéficiaire, diriger une action en reconnaissance de la dette soit contre ses coenvoyés, s'il en a, soit, à défaut d'autres, contre un curateur qu'il fera nommer conformément à l'art. 996 du C. pr. L'envoyé agira de même toutes les fois qu'il y aura contrariété litigieuse d'intérêts entre lui et l'absent. Mais nous ne pensons pas que l'envoyé, non plus que l'héritier bénéficiaire, puisse faire charger un curateur de vérifier la créance qu'il prétend avoir contre l'absent et d'en recevoir décharge. Le tribunal seul peut rendre cette créance inattaquable en la vérifiant dans un jugement ; le curateur dont nous parlons est, nous dit l'art. 996 du C. pr., « nommé en la même forme que le curateur à la succession vacante ; » il ne reçoit de cet art. 996 que la mission de défendre aux actions intentées par l'héritier bénéficiaire contre la succession, et le curateur à succession vacante, auquel il est comparé, tout en recevant de l'art. 813 le droit de défendre aux actions, ne peut, aux termes de ce même article, reconnaître les dettes ni les payer ; il verse les fonds « dans la caisse du receveur de la régie pour la conservation des droits. » Au nombre des actes à faire par l'envoyé seul, nous mettrons encore le placement des fonds dans un délai raisonnable, et sauf responsabilité pour la bonté du placement, la défense aux actions dirigées contre l'absent, l'exercice des actions mobilières de l'absent et de l'action en partage (art. 817), la vente des fruits reçus ou perçus en nature et des meubles qui se consomment par l'usage. Nous n'avons parlé que de ce qui n'est pas contesté.

Mais que dirons-nous des baux de plus de neuf ans

faits par l'envoyé provisoire? M. Duranton les déclare non opposables à l'absent de retour, parce que ce ne sont plus des actes d'administration ; mais, pour prouver cette assertion, il s'appuie nécessairement sur les art. 1429 et 1430 relatifs au mari chef de communauté et administrateur des propres de sa femme, et sur les art. 595 applicable à l'usufruitier et 1718 applicable au tuteur ; et ces articles ordonnent que le bail de plus longue durée ait son effet pendant toute la durée de l'administration et encore après, jusqu'à la fin de la période de neuf ans, qui sera commencée à la cessation de l'administration ; il faudrait donc admettre au moins la même continuation des baux de plus de neuf ans ; mais l'envoyé doit-il être assimilé à de simples administrateurs ne pouvant prétendre aucun droit de pleine propriété sur le bien? Aucun texte ne le dit, et il serait dur de lui faire subir la peine de la conviction où il est de la mort de l'absent. Ne doit-il pas plutôt être assimilé à l'acquéreur d'une vente à réméré? Comme cet acquéreur, l'envoyé est propriétaire, sauf la preuve contraire ; de meilleurs motifs pouvaient lui faire croire sa propriété définitive ; et le vendeur à réméré qui fait usage de la clause de rachat « est tenu d'exécuter les baux faits sans fraude par l'acquéreur, » quelle qu'en soit la durée (art. 1673) ; *a fortiori*, faut-il décider de même pour l'envoyé ; les tribunaux apprécieront si la durée plus longue du bail est bien justifiée ; il en sera de même pour les renouvellements qui auraient eu lieu plus de deux ou trois ans avant l'expiration du bail courant ; le juge recherchera s'il y avait de justes motifs à ces renouvellements hâtifs.

Nous avons déclaré ci-dessus l'envoyé provisoire responsable de la bonté des placements par lui faits des fonds de l'absent; il est utile de faire remarquer à cet égard que, si le placement a eu lieu par l'envoyé en son nom personnel, il doit être traité comme ayant emprunté la somme et s'en étant servi pour lui-même; il devra donc uniquement à l'absent de retour le montant de la somme placée et un cinquième ou un dixième des intérêts de cette somme, calculés à 5 p. 100; et ce, que le placement ait été bon ou mauvais. Si, au contraire, le placement a été fait au nom de l'absent, et que le capital soit perdu en tout ou en partie, le tribunal appréciera s'il y a eu faute de l'envoyé et s'il doit être déclaré responsable; dans cette hypothèse, sauf le cas de faute et de responsabilité de l'envoyé, toutes les chances bonnes ou mauvaises du placement sont pour l'absent.

Nous devons maintenant nous occuper d'actes plus graves; l'envoyé peut-il aliéner les biens de l'absent, intenter ou soutenir tous les procès, transiger, compromettre, accepter un partage amiable? après l'envoi provisoire, l'affaire de l'absent est-elle communicable au Min. pub.? La prescription court-elle entre l'envoyé et l'absent, et si elle est suspendue, de quel jour l'est-elle? Il nous faut étudier chacune de ces questions séparément et même en diviser quelques-unes. Indiquons d'abord un fait incontestable; c'est que l'envoyé, comme toute personne étrangère, peut se présenter en qualité de gérant d'affaire de l'absent ou se porter fort pour lui, en promettant sa ratification; si l'absent reparaît et si l'affaire a été bien gérée (art. 1375), ou s'il consent à ratifier (art. 1120), l'acte aura été valable dès l'origine. Mais les tiers acceptent rarement de telles conditions d'incertitude, et il faut connaître la limite de la capacité de l'envoyé en sa qualité propre.

Pour les aliénations d'abord, il y a lieu de séparer les

meubles des immeubles. A l'égard des immeubles, l'art. 128 est formel ; l'envoyé en possession provisoire ne peut les aliéner ni les hypothéquer. Nous ne prendrons cependant pas au pied de la lettre l'art. 128, parce qu'il nous conduirait à faire courir un danger à l'absent qu'il a voulu protéger ; il est des circonstances où l'aliénation ou l'hypothèque d'un immeuble de l'absent est nécessaire à la bonne gestion de son patrimoine ; il faudra donc permettre au tribunal d'autoriser l'envoyé à aliéner ou hypothéquer. Pour l'hypothèque, pas de doute possible ; l'art. 2126 est explicite ; les biens des absents peuvent être hypothéqués *en vertu de jugements ;* il ne peut s'agir d'hypothèque judiciaire, puisque l'art. 2126 se trouve dans la sect. 3, *Des hypothèques conventionnelles*, puisqu'il serait sans utilité, l'article 2123 s'étant exprimé en termes généraux sur les hypothèques judiciaires ; le tribunal pourra donc autoriser la création d'une hypothèque conventionnelle ; et alors nous allons retourner l'art. 2124 et dire que l'aliénation est permise dans les mêmes circonstances et formes que la constitution d'hypothèque conventionnelle. La loi belge du 16 décembre 1851 a assimilé cette hypothèque à celle des biens de mineurs. Enfin, si le tribunal a, pendant la période de présomption d'absence, un pouvoir absolu d'administration et de disposition, et peut aliéner les immeubles de l'absent, en vertu de l'art. 112, *à fortiori* doit-il en être de même pendant la seconde période ; la loi l'a autorisé dans d'autres matières moins favorables, en cas de tutelle (art. 457 et 458), et dans le régime dotal (art. 1554-1559). Le tribunal imposera, d'ailleurs, telles conditions qu'il jugera convenables ; et l'on devra employer les formes des ventes des biens de mineurs, ou de successions vacantes ou bénéficiaires.

La loi restreint donc les pouvoirs de l'envoyé sur les biens de l'absent jusqu'au jour où toutes les probabilités seront pour le décès de l'absent, tout en reconnaissant que cet envoyé est héritier présumé : la loi lui impose en même temps la qualité d'un héritier bénéficiaire. L'art. 806 interdit à l'hérit'er bénéficiaire l'aliénation amiable des immeubles de l'absent, mais sans la frapper de nullité. L'envoyé pourra donc disposer de son droit conditionnel sur l'immeuble de l'absent, sauf par nous à le déclarer responsable, envers les créanciers de l'absent, de la valeur de l'immeuble, et envers l'absent de retour, de la gestion de l'acquéreur qui ne sera en réalité qu'un sous-mandataire de l'art. 1994, l'envoyé n'ayant pu transférer plus de droits qu'il n'en avait. Il pourra aliéner ou hypothéquer l'immeuble de l'absent pour son propre compte, sous cette condition que l'absent ne revienne pas avant l'envoi définitif ; et l'aliénation ou l'hypothèque sera valable. Nous avons déjà dit comment les créanciers de l'absent peuvent s'en préserver par la séparation des patrimoines (art. 878 et suiv. et 2111).

L'hypothèque constituée par l'envoyé en possession provisoire est valable, disons-nous ; ajoutons qu'elle le sera toujours entre lui et le créancier, et jamais à l'égard de l'absent. Que l'envoyé ait, ou non, déclaré sa qualité, l'art. 2125 subordonne l'hypothèque au droit de l'envoyé ; le tiers créancier pourra, du reste, agir et faire vendre sur-le-champ, sauf à indiquer au cahier des charges la condition résolutoire du retour de l'absent, comme si son débiteur était un acheteur à réméré ou un donataire sous clause de retour. Qu'importe à l'absent ?

Nous devons donc entendre le texte absolu de l'art. 128 en ce sens que l'envoyé provisoire ne peut, seul et sans autorisation de justice, aliéner ni hypothéquer définitivement les immeubles de l'absent pour le compte de l'absent.

L'art. 128 n'édicte de prohibition de vente que pour les immeubles; qu'en conclure à l'égard du mobilier? Faut-il argumenter *à contrario* de cet art. 128? L'envoyé peut-il aliéner les meubles de l'absent? L'envoyé en possession provisoire peut aliéner le mobilier, les biens meubles de l'absent. Nous ne nous dissimulons pas que cette opinion est combattue par de grandes autorités; la jurisprudence est presque unanime contre nous, et plusieurs auteurs éminents ont donné un avis contraire au nôtre. Mais, devant exprimer notre sentiment sur cette question, nous ne craignons pas d'affirmer notre conviction, et nous allons essayer de la motiver. Déjà nous avons indiqué l'argument « à contrario » que nous tirons de l'art. 128, et dont la puissance ressort de l'adage *Qui dicit de uno, negat de altero*. La loi a appelé les héritiers présomptifs de l'absent à sa succession ou à l'administration de son patrimoine; ce mot « administration » comprend les actes qui ne peuvent être faits qu'avec l'autorisation du tribunal; et quiconque reconnaît au tribunal le droit d'autoriser l'envoyé à aliéner ou hypothéquer les biens de l'absent, doit admettre que cet envoyé ne peut accomplir ces actes qu'en vertu de ses pouvoirs d'administration, bien que ce soient des actes de disposition; ces pouvoirs d'administration de l'envoyé sont donc généraux en principe, sauf à la loi à imposer des conditions pour l'exécution de tel ou tel acte; et la loi ne s'est exprimée dans notre matière que pour les immeubles.

Cet argument, que nous allons développer ci-après en examinant le mandat général de l'envoyé, est la base de toute la discussion par laquelle on prouve que le tuteur peut aliéner les meubles corporels ou incorporels du mineur ou de l'interdit ; nous n'avons fait que substituer l'envoyé et l'absent au tuteur et au mineur ; mais on refuse d'étendre à l'envoyé le bénéfice de cette solution. Ce dernier, dit-on, ne peut vendre aucun meuble ; pour les meubles corporels, l'art. 126 a statué ; ce que le tribunal n'ordonne pas de vendre doit être conservé, et c'est pour cela que l'art. 128 ne parle que des immeubles ; mais l'art. 2279 rendra le plus souvent inattaquable la vente de meubles faite par l'envoyé ; pour les meubles incorporels, la loi n'a rien dit, l'art. 126 ne peut leur être applicable, bien qu'il emploie le mot « mobilier, » mot générique d'après l'art. 535, et trois opinions se sont formées : La première défend le transport-cession, alors même que le tribunal l'autoriserait ; l'envoyé est dépositaire et administrateur, et l'art. 2279 n'est pas applicable ; — M. Demolombe, après avoir soutenu ce premier système, en reconnut le danger, et plaça l'envoyé dans la même position que l'héritier bénéficiaire ; tous deux, selon lui, pourront céder les valeurs mobilières de l'absent avec autorisation : mais s'il en est ainsi des meubles incorporels, il faut bien décider de même pour les autres ; et alors on ne conçoit plus la réponse faite par M. Demolombe à notre argument « à contrario » de l'art. 128 ; cet article, dit-il, n'avait pas à s'expliquer sur le sort des meubles, parce que le tribunal, aux termes de l'art. 126, avait dû le fixer définitivement à l'origine ; cette réponse ne peut plus être faite si les meubles peuvent être vendus par la suite ; — enfin, la Cour de Bordeaux, par arrêt du 20 novembre 1845, a reconnu un système contraire, le libre pouvoir de l'envoyé ; ce n'est là qu'un acte de libre administration :

l'envoyé ne fait-il pas, d'ailleurs, librement l'emploi et le placement du mobilier? L'arrêt de la Cour de Bordeaux est uniquement motivé par l'argument « à contrario » de l'art. 128; mais nous devons rechercher de quel principe émane cette solution.

Que l'art. 126 ne décide rien relativement aux meubles incorporels, c'est ce qui ne nous semble pas contestable; il suffit de rapprocher cet article de l'art. 452 relatif à la tutelle pour reconnaître que le mot « mobilier » de l'art. 126, et le mot « meubles, » de l'art. 452, désignent les mêmes objets; or, en présence des formes de l'art. 452 et des motifs qu'a pu avoir le législateur, il paraît bien certain qu'il n'a pas voulu mettre en question la conservation provisoire des meubles incorporels; mais, par là même qu'il soustrayait à la connaissance du tribunal ou du conseil de famille la décision à prendre pour la conservation de ces meubles, c'est qu'il réservait au tuteur ou à l'envoyé la mission de statuer sous leur responsabilité; si le tribunal ou le conseil de famille pouvait seul ordonner la conservation ou l'aliénation des meubles incorporels, ne faudrait-il pas dès l'origine qu'il eût à en apprécier la valeur de conservation? et cependant, nous trouvons dans deux matières distinctes deux articles qui semblent exclure toute interprétation large. Ces articles, à la vérité, précèdent les définitions données aux art. 533 et suiv.; aussi, ne nous attacherons-nous guère à ces définitions; pour nous, « le mobilier, » de l'art. 126, les « meubles, » de l'art. 452, ce sont non-seulement les meubles meublants, mais tous les objets que l'art. 533 déclare n'être pas compris dans l'expression unique « meubles, » à l'exception de l'argent comptant et des « dettes actives, » ce sont aussi les collections dont parle l'art. 534; mais nous n'y comprendrons certainement pas les meubles de l'art. 531, moulins sur bateaux, etc..., pas plus que les meubles incorporels de l'art. 529. Selon nous, un même motif a dicté les art. 126 et 452, et l'art. 454 relatif au tuteur; la loi ne veut pas que le tuteur ou l'envoyé conserve de non-valeurs, surtout en objets sujets à dépérir plus ou moins vite; elle veut que le mineur trouve son patrimoine accru par les économies possibles sur les revenus et que ces revenus soient sagement et sans compromettre le capital, le plus forts possible; que l'absent, s'il reparaît promptement, trouve une quotité de fruits correspondante à la valeur du capital et à ses droits, et que le salaire des envoyés soit en raison de l'importance de ce capital. En un mot, pas d'objets ne rapportant rien, surtout s'ils dépérissent naturellement; mais le tribunal et le conseil de famille agiront avec discernement, et n'ordonneront qu'au cas de nécessité absolue et de grave disproportion entre la valeur des objets et celle du patrimoine, la vente des armes, collections, pierreries, instruments de science ou arts, etc... Ce motif de la loi explique son silence sur le temps de la gestion; le tribunal a désigné les seuls objets productifs que l'administrateur pût conserver sans être responsable des fruits; s'il en conserve d'autres, par la suite, ce sera à ses risques et périls.

La loi qui prenait tant de soins pour assurer le rendement annuel le plus considérable du patrimoine n'en devait pas permettre la moindre diminution, et l'art. 452, que nous avons étendu du tuteur à l'envoyé, prend des mesures pour qu'on ait en argent après la vente la représentation exacte du mobilier vendu. Pendant la gestion, l'administrateur n'en peut pas moins aliéner les meubles corporels; mais, s'il veut qu'on ne puisse lui reprocher une vente à vil prix, il doit recourir aux formalités de l'art. 452; s'il s'est présenté à l'acquéreur comme propriétaire, l'art. 2279 rend inattaquable la possession de cet acquéreur; mais s'il a annoncé sa qualité d'administrateur, les tiers ne sont plus de bonne foi et ne peuvent plus se prévaloir de leur possession (art. 2279 et 1141); ils doivent donc refuser de traiter de gré à gré avec le tuteur sur les meubles du mineur.

Nous venons de parler, en général, de l'administrateur, et nous nous sommes appuyé sur le motif de la loi et sur l'adage « Qui dicit...; » c'est que cet adage forme l'argument capital de notre question, celui auquel nous devons toujours revenir. Dans notre matière de l'absence, il acquiert une puissance toute particulière par la qualité personnelle des envoyés; l'envoyé jusqu'à preuve contraire est héritier et héritier bénéficière; or, l'art. 805 donne à l'héritier bénéficiaire le droit d'aliéner les meubles de la succession en observant les formalités spéciales qu'il prescrit. L'art. 989 du C. pr. n'a modifié en rien cette règle; il se sert, à la vérité, du mot « mobilier, » mais en l'opposant aux rentes, et en réduisant son application aux meubles par nature; mais il ne peut s'agir ici seulement des meubles des art. 126 et 452; il n'y a pas de motifs de distinction contre les meubles corporels. L'héritier bénéficiaire peut donc, sans autorisation, disposer des meubles corporels, pourvu qu'il emploie les formes de l'art. 805, et de l'art. 617 du C. pr. auquel renvoie l'art. 989 du même Code; l'envoyé en possession des biens de l'absent est, sauf preuve contraire, héritier bénéficiaire; il a donc le même droit subordonné à la même condition de formalités. La loi veut qu'on fasse des économies; certes, elle ne veut pas qu'on diminue la valeur du patrimoine; ce serait une aliénation gratuite. On pourrait, il est vrai, repousser cet argument d'analogie, en disant que l'envoyé n'est pas héritier bénéficiaire à l'égard de l'absent qui reproche à son retour la vente faite de ses meubles, sans discuter cette objection, sans prétendre que l'acte légalement fait dans une qualité reconnue par la loi soit inattaquable, nous devons considérer l'envoyé dans sa qualité de mandataire, et voir si, même en cette qualité, il ne pourrait pas aliéner les meubles corporels de l'absent.

Quand le législateur, à l'art. 1988, limite les pouvoirs du mandataire général, il veut uniquement appeler l'attention du mandant sur un acte d'une haute gravité ; en vain le propriétaire se sera-t-il exprimé dans les termes les plus larges et les plus formels, en vain aura-t-il « conféré au tiers son mandataire tous les droits qu'il a lui-même sur ces biens pour le plus grand avantage de son patrimoine, » ou employé des formules équivalentes renfermant évidemment les pouvoirs de vendre et d'hypothéquer ; la loi renvoie, pour ainsi dire, la procuration au mandant pour le contraindre à réfléchir sur le pouvoir d'aliénation et d'hypothèque qu'il vient de donner ; et jusqu'à ce qu'il se soit décidé de nouveau, le mandat sera limité aux actes strictes d'administration sur chaque bien considéré en particulier. Mais quand la loi donne un mandat général, elle y a réfléchi et en a mesuré l'étendue ; c'est en connaissance de cause qu'elle charge le tuteur de représenter le mineur « dans tous les actes civils » (art. 450), l'envoyé en possession provisoire d'administrer, sous sa responsabilité pour le cas de retour, les biens de l'absent ; sauf à déclarer ensuite expressément ou implicitement que, pour l'aliénation des immeubles, l'appréciation de l'opportunité et même la fixation des conditions seront faites soit par le conseil de famille et le tribunal, soit par le tribunal seul. Il n'y a pas lieu de restreindre le mandat général légal comme le mandat général ordinaire par la disposition absolue de l'art. 1988; la loi, d'ailleurs, a imposé certaines formalités dont l'accomplissement exclut la restriction générale, l'autorisation du conseil de famille et du tribunal. Supposons un mandat général donné par un propriétaire en ces termes : « Je donne à N..., en lui promettant un salaire de...., s'il accepte, mandat de gérer ma fortune entière pendant tant de temps, et lui confère tous pouvoirs pour faire en mon nom tant les actes de pure administration, que les ventes, échanges, baux à long terme, et constitutions d'hypothèques; toutefois, pour ces derniers actes de disposition, quand ils auront pour objets mes immeubles, N.... devra m'en référer avant de rien conclure, afin que je reste seul juge de l'opportunité et des conditions de l'acte. J'entends, d'ailleurs, le rendre responsable de toute mauvaise gestion de sa part, et je demande à titre de garantie une caution bonne et solvable ou une hypothèque sur ses immeubles, et ce pour une somme représentative de la valeur de mon patrimoine. » Tel est le mandat conféré par la loi à l'envoyé au nom de l'absent, à cette seule différence près, que la loi n'a pas été obligée, comme aurait dû le faire un simple particulier, d'énoncer les actes de disposition qu'elle permettait de faire.

D'ailleurs, comment prétendre que le mandat conféré à l'envoyé provisoire n'est pas général? Ou bien, il faut dire que ni meubles, ni immeubles de l'absent ne peuvent être vendus ni hypothéqués après l'envoi provisoire, même pour subvenir aux dépenses les plus urgentes, au paiement des dettes, et bien qu'ils aient pu être vendus ou hypothéqués auparavant; mais alors on on peut tirer cette conséquence que les créanciers mêmes de l'absent ne peuvent en poursuivre la vente en justice pour obtenir leur paiement ; et personne n'acceptera ces anomalies ni ces résultats ; personne ne voudra donner à l'envoyé des pouvoirs moindres qu'au tuteur ; il n'est pas choisi, à la vérité ; mais les garanties exigées de lui sont plus efficaces, son intérêt est en jeu et dans le même sens que l'intérêt de l'absent, et sa qualité aura été jusqu'à la preuve contraire la qualité de propriétaire. — Ou bien, la vente des biens meubles et immeubles de l'absent est possible, et pour que l'envoyé puisse la faire, même avec autorisation de justice, il faut qu'il en ait reçu mandat. Où serait ce nouveau mandat, si le mandat d'administration de l'art. 125 ne le comprend pas ? Mais si le mandat est général et irréductible en principe, comme nous l'avons dit, il faut s'attacher au texte de la loi pour y chercher les exceptions ; et quand nous avons mis à part les formalités préliminaires, nous ne trouvons au Code comme exception que la prohibition de l'art. 128.

La conséquence immédiate à tirer de cette argumentation, est le droit pour l'envoyé de vendre les meubles soit corporels, soit incorporels ; car aucun texte ne réduit ses pouvoirs sur ce point. Cependant, au moment où il aura vendu ces meubles, l'envoyé aura dû se croire héritier bénéficiaire, ou, tout au moins, il aura dû savoir que son titre n'était pas incommutable ; il aura dû, en conséquence, se conformer aux art. 986 et 989 du C. pr., relatifs à l'héritier bénéficiaire pour la vente des meubles corporels ou des rentes sur particuliers ; les dispositions de ces articles doivent, du reste, s'appliquer par analogie à tout administrateur. La loi du 24 mars 1806, s'occupant spécialement des rentes sur l'Etat, a conféré au tuteur des mineurs et interdits le droit de vendre les inscriptions inférieures à 50 fr. appartenant à leurs pupilles, et leur a défendu d'aliéner celles qui dépassent cette somme, sans l'autorisation du conseil de famille ; elle déclare, en outre, que le prix sera valablement déterminé par le cours de la Bourse ; un avis du Conseil d'Etat du 11 janv. 1808 a assimilé l'héritier bénéficiaire au tuteur dont nous avons parlé ; enfin, un décret du 25 septembre 1813 applique aux actions de la Banque les dispositions de la loi du 24 mars 1806, déclarant ainsi que le tuteur ne pourra vendre seul que si le mineur a une seule action sur la Banque, ou des droits dans plusieurs actions n'excédant pas la valeur d'une action. L'avis du Conseil d'Etat de 1808 nous permet d'appliquer ces loi et décret à l'envoyé ; lui aussi est héritier bénéficiaire, ou mandataire légal comme le tuteur. Mais ce sont là les seules exceptions qu'on puisse faire à la généralité du mandat confié à l'envoyé.

En nous résumant : l'envoyé a reçu de la loi deux qualités, l'une à défaut de l'autre ; ces deux qualités comportent les mêmes exceptions à la libre gestion du patrimoine, celles que nous avons indiquées, et ne le soumettent à aucune autre ; à l'instant où il a agi, il a pu légitimement se considérer comme héritier bénéficiaire, et, comme tel, il a dû se soumettre aux prescriptions de la loi à peine de responsabilité personnelle ; il a su, de plus, que son titre n'était pas incommutable, qu'il ne serait plus que mandataire général légal, si l'absent revenait, et il a encouru la même responsabilité en éludant la loi. Quant à sa mission de mandataire, elle est générale, comme ses droits d'héritier, comme l' « administration » à laquelle le tribunal doit pourvoir pendant la 1re période (art. 112). L'envoyé en possession provisoire peut donc vendre sans autorisation tous les meubles corporels ou incorporels de l'absent; et, si l'on nous demande pourquoi la garantie de cette autorisation n'existe pas après comme avant l'envoi, nous répondrons que la loi a renoncé à cette garantie à l'encontre d'une personne en qui elle a confiance, comme elle y a renoncé pour les réparations à faire, les baux à passer, les capitaux à recevoir, et les placements à effectuer.

D'après nos expressions mêmes, nous n'avons parlé que de l'héritier présomptif envoyé en possession provisoire; tout ce que nous avons dit s'applique cependant aux autres envoyés, légataires même particuliers, nus propriétaires, donateurs avec clause de retour, et autres; le mandat qui leur est donné par la loi n'est pas moins général que celui de l'héritier présomptif; il a toujours en vue la conservation d'une partie du patrimoine de l'absent, bien que cette partie soit déterminée; et ces personnes offrent la même garantie que l'héritier présomptif et sont astreintes à fournir la même caution.

Telle est, selon nous, la solution adoptée par le Code, mais non pas celle que nous désirons en législation; depuis le temps où le Code a été rédigé, les fortunes mobilières se sont accrues chaque jour en nombre et en importance; il serait donc urgent de protéger légalement les fortunes mobilières des incapables; jamais tuteur, ni envoyé, ni aucun autre mandataire légal, ni mineur émancipé même assisté de son curateur, ne devrait avoir capacité pour vendre une valeur mobilière sans autorisation préalable du conseil de famille ou de justice, et l'emploi de tout capital devrait être impérieusement exigé; on pourrait même rendre les tiers responsables de l'emploi, et déterminer législativement certains genres de valeurs dont l'achat à titre d'emploi ne pourrait être critiqué, tout en laissant aux tribunaux une libre appréciation pour les autres valeurs.

Pour en finir sur les actes de procédure gracieuse à faire au nom de l'absent, nous n'avons plus qu'à indiquer le mode d'acceptation ou de répudiation des successions ouvertes au profit de l'absent avant sa disparition, et la manière dont sera effectué le partage, s'il y a lieu. Pour le partage, nous pensons qu'il doit être judiciaire, en ce qui regarde, bien entendu, les mêmes successions ouvertes au profit de l'absent avant sa disparition. L'art. 817, dont nous parlerons ci-après, donne à l'envoyé seul l'action en partage du chef de l'absent, tandis qu'il ne reconnaît au tuteur le même droit qu'avec l'autorisation du conseil de famille; cependant l'art. 838 refuse au tuteur, quoique muni de cette autorisation, le droit de faire un partage amiable; on peut raisonner « à pari » en faveur de notre opinion; c'est qu'en effet, le partage est un acte de disposition et doit être fait avec les formalités de la loi, comme toute aliénation faite par l'héritier bénéficiaire ou l'envoyé. Quant à l'acceptation ou a la répudiation des successions, nous devons déduire notre solution d'une autre idée : la répudiation d'une bonne succession est une aliénation gratuite fort préjudiciable à l'absent; elle peut d'ailleurs avoir pour objet des immeubles; l'acceptation pure et simple d'une succession onéreuse est une obligation gratuitement contractée envers les créanciers de cette succession; l'acceptation bénéficiaire peut même causer à l'absent un grand dommage, si elle l'oblige à rapporter des libéralités à lui faites antérieurement. Cependant la loi ne fait pas d'exception pour ces actes d'une nature et d'une gravité tout exceptionnelles; faut-il donc les comprendre dans l'administration si large de l'art. 125? Nullement!

la loi n'avait pas besoin de s'expliquer davantage; il est fort probable que l'option aura été faite pendant la première période; et s'il en était autrement, elle devrait l'être avant la réception de la caution à fournir par l'envoyé; car, au moment de cette réception, et pour qu'elle puisse avoir lieu, il faut connaître la valeur du patrimoine de l'absent. Que si le tribunal avait omis de statuer, l'envoyé ne pourrait y suppléer; le tribunal devrait réparer cette omission et régler le supplément de caution à fournir.

Nous avons vu à quelles conditions sont soumises les aliénations des immeubles de l'absent; l'art. 457 assimile l'emprunt à ces aliénations, à raison des dangers qu'il présente; ainsi ferons-nous. Sans cela, les dettes créées contre l'absent pourraient dépasser son patrimoine et la somme pour laquelle caution a été donnée.

Nous devons maintenant examiner les difficultés soulevées sur la capacité de l'envoyé par rapport aux affaires litigieuses de l'absent. L'art. 134 lui donne le droit de défendre à toutes les actions intentées contre l'absent; pour les actions à intenter en son nom, on distingue les actions mobilières dont on accorde à l'envoyé l'exercice sans contrôle, de l'action en partage qu'on est cependant bien forcé de lui permettre à cause du texte formel de l'art. 817, et des actions immobilières qu'on lui refuse; il faut, dit-on, craindre la fraude: l'envoyé mettrait un tiers en possession, et ne revendiquerait ensuite contre lui que pour le laisser triompher; et ce serait une aliénation déguisée; le tuteur doit se faire autoriser par le conseil de famille à intenter ces actions immobilières (art. 464); il faut qu'une autorisation en justice donne à l'absent la même garantie contre l'envoyé. Tout nous porte à croire que cette opinion n'est pas fondée en droit; plaider, c'est un acte conservatoire et nécessaire; ce n'est pas un acte d'aliénation; contre la fraude d'un procès simulé, on a des garanties pécuniaires; comment, d'ailleurs, y subvenir par l'autorisation de justice? Si la religion du tribunal peut être surprise dans le cours du procès, ne pourra-t-elle pas l'être pour obtenir l'autorisation? Enfin la loi autorise moins facilement l'action en partage que toute autre, ou tout au moins assimile l'action immobilière à l'action en partage quant aux conditions d'exercice; nous en trouvons une preuve aux art. 464 et 465; or, l'art. 817 donne à l'envoyé le droit d'agir seul en partage au nom de l'absent, le même droit qu'au tuteur autorisé par le conseil de famille. Nous pourrions nous borner à dire qu'aucune prohibition légale ne frappe l'envoyé relativement aux actions immobilières qu'il y a lieu d'intenter pour l'absent, et que l'exercice des actions en étant le seul mode de possession, doit être ouvert à l'envoyé en possession des biens au nombre desquels elles se trouvent. L'envoyé aura ainsi toutes les actions de l'absent, même celle en *désaveu* (art. 316 et 317); il pourra aussi contester la légitimité de l'enfant né depuis la disparition.

Permettrons-nous à l'envoyé en possession provisoire de transiger? Lui permettrons-nous de compromettre dans les procès où il représente l'absent? Pourra-t-il le faire sans autorisation de justice? Pourra-t-il même transiger avec cette autorisation? La réponse à ces questions est dans la loi; l'art. 2045 décide que « pour transiger il faut avoir la capacité de disposer des objets compris dans la transaction; » qui peut disposer seul peut donc transiger seul, et qui peut disposer en remplissant certaines formalités, peut transiger de la même manière; exception unique pour le tuteur (art. 467 et 472), et pour le mandataire (art. 1988 et 1989); le mandat se borne toujours aux actes qui sont expressément indiqués, quand même ces actes seraient plus graves que d'autres ou offriraient les caractères de la plus parfaite analogie avec d'autres. Entre la transaction et le compromis, nous trouvons cette analogie; la loi l'a reconnue elle-même en édictant une disposition spéciale pour empêcher de les confondre dans un même mandat; elle veut que le mandant s'exprime sur chacun des actes qu'il autorise son mandataire à faire et qu'elle considère comme acte de disposition. Le mandat légal ne peut être soumis à la même restriction que le mandat ordinaire; et la règle est ici dans l'art. 2045; l'art. 1989 ne peut être applicable; le compromis est un mode de transaction, et nous ne devons pas faire de distinction entre eux. L'envoyé en possession provisoire peut aliéner les meubles, il peut donc aussi transiger et compromettre sur les meubles; il peut, selon nous, aliéner les immeubles avec autorisation de justice; avec la même autorisation, il pourra transiger et compromettre sur les immeubles, sans qu'il y ait besoin d'accomplir les formalités spéciales de l'art. 467.

Dans les procès que l'envoyé est appelé à soutenir pour l'absent, soit comme demandeur, soit comme défendeur, il n'y a pas nécessité de communiquer les pièces au procureur impérial; l'art. 114 et l'art. 83,—7° du C. de proc. n'obligent à cette communication que dans les affaires des « personnes présumées absentes; » l'art. 134 est d'accord avec cette décision; l'absent est suffisamment représenté par l'envoyé, quand leurs intérêts sont identiques; au cas contraire, il y a lieu de nommer un curateur, et alors l'art. 83,—6° du C. de pr. ordonne la communication de l'affaire; toutefois, dans cette hypothèse même, s'il y avait plusieurs envoyés et qu'un seul d'entre eux fût en opposition d'intérêts avec l'absent, ce dernier serait valablement représenté par les autres; il n'y aurait ni curateur, ni communication de l'affaire.

De là cette conséquence, que la chose jugée pour ou contre l'envoyé en cette qualité est jugée pour ou contre l'absent.

L'envoyé est héritier bénéficiaire ; plus tard, peut-être, il aura été mandataire; en ces deux qualités, il ne peut être personnellement condamné aux dépens, quand il plaide pour l'absent, sauf l'application de l'art. 132 du C. pr.; le tribunal, en vertu de ce texte, pourra le condamner « en son nom et sans répétition » aux dépens et même à des dommages et intérêts, s'il a par le procès même « compromis les intérêts de son administration. »

Nous avons dit que l'envoyé peut disposer du patrimoine de l'absent par un mode universel d'aliénation, en cédant ses droits sur ce patrimoine en tout ou en partie, qu'il peut aussi vendre où donner à titre particulier chacun des objets qui le composent, en ayant soin de déclarer sa qualité et en imposant ainsi à l'acquéreur l'obligation de restituer à l'absent de retour sans pouvoir réclamer de dommages et intérêts (art. 1997). Il peut encore aliéner à titre onéreux, définitivement et au nom de l'absent, ces mêmes objets, en se conformant aux formalités que nous avons indiquées, et, s'il s'agit d'immeubles, après avoir obtenu l'autorisation de justice. Toute aliénation accomplie sans ces formalités et autorisation, est nulle et non avenue à l'égard de l'absent qui peut, à son retour, la ratifier ou la faire annuler, s'il reparaît avant l'envoi définitif et avant que le tiers acquéreur ait prescrit. Ce dernier pourra aussi, jusqu'au retour de l'absent, et jusqu'à ce qu'il ait prescrit contre cet absent, invoquer l'art. 1653 pour suspendre le paiement du prix ou exiger caution; mais il ne pourra pas faire prononcer la nullité de la vente. Nous ne permettrons pas plus à l'envoyé de faire valoir cette même nullité; il est tenu de garantir l'acquéreur contre toute éviction, et *quem de evictione tenet actio, eumdem agentem repellit exceptio;* l'adage latin s'applique dans notre droit. Impossible, d'ailleurs, de tirer argument pour la nullité de la vente de ce qu'elle aurait pour objet la chose d'autrui (art. 1599), ou de séparer le vendeur garant de l'envoyé administrateur responsable; il ne peut se présenter, nous l'avons dit, que comme héritier bénéficiaire présumé; si le tuteur et le mari peuvent eux-mêmes faire résoudre les cessions qu'ils ont consenties au mépris des droits de leur pupille ou de leur femme, c'est que ces ventes sont nulles « ab initio; » il est certain qu'elles ne peuvent valoir par elles-mêmes, et la ratification postérieure prouverait la fausseté de la qualité prise originairement. La vente faite par l'envoyé, au contraire, aura été valable dès le principe, si l'absent était déjà mort; et ce sera le cas le plus fréquent. La qualité même d'héritier bénéficiaire, que nous avons donnée à l'envoyé en possession provisoire, ne peut en rien entacher la vente faite par lui; en lui défendant de vendre à l'amiable les immeubles de la succession (art. 806), le législateur n'a pas édicté comme sanction la nullité de cette vente, mais seulement la déchéance du bénéfice d'inventaire (C. pr., art. 988 et 989). Les résultats de cette déchéance tourneraient trop au préjudice de l'absent et seraient trop inadmissibles en pratique et trop injustes à l'égard de l'envoyé pour être acceptés par nous; d'une part, en effet, l'envoyé, une fois déchu du bénéfice d'inventaire, pour avoir aliéné le moindre des immeubles de l'absent, prendrait la qualité d'héritier pur et simple, et, en cette qualité, considérant comme très improbable le retour de l'absent, ne serait plus arrêté par la crainte du recours des créanciers, quand il voudrait vendre sans formalités les autres immeubles; d'autre part, il serait obligé de payer intégralement et *ultra vires* les dettes de l'absent, ce qui serait la source de recours sans nombre, au cas de réapparition, et peut-être de pertes considérables pour l'envoyé (art. 1377); il est impossible d'infliger à l'envoyé, quand l'absent revient, des peines plus dures qu'à un mandataire ordinaire. La sanction de l'art. 806, pour les créanciers de l'absent contre l'envoyé, consistera dans la faculté de poursuivre cet envoyé, même sur ses biens personnels, pour en obtenir la plus haute valeur qu'à eue l'immeuble depuis la vente, en lui reprochant l'inopportunité et la vilité du prix de la vente qui aurait pu être faite à de meilleures conditions postérieurement; cette sanction sera aussi, de fait, dans l'art. 128, et dans la faculté pour l'absent de retour de faire annuler la vente, et pour l'acquéreur de retenir le prix ou de demander caution.

Quant à l'hypothèque constituée par l'envoyé sans les formes de la loi et à quelque titre que ce puisse être, elle est régie souverainement par l'art. 2125, et sera valable ou sans effet, selon que le droit de l'envoyé deviendra, ou non, définitif; et ce, sans qu'aucune prescription puisse en modifier l'existence.

Nous avons ainsi terminé l'examen des droits et pouvoirs de l'envoyé en possession provisoire sur le patrimoine de l'absent et avant son retour.

Après le retour de l'absent, l'envoyé est tenu de lui restituer tous ses biens dans l'état où les laissera une bonne administration restreinte aux pouvoirs que nous avons indiqués. La condition résolutoire à laquelle était subordonnée la possession *pro suo* de l'envoyé, est accomplie, et il n'a jamais été que mandataire, mais mandataire *général légal* et *salarié;* c'est ici que nous trouvons cette dernière qualification de son mandat Toutefois, le salaire, que la loi lui donne, n'est pas uniquement un salaire; il a un caractère mixte; et, pour le comprendre, il nous faut embrasser, puis analyser l'art. 127. L'envoyé rend à l'absent un cinquième des revenus, s'il reparaît avant quinze ans du jour de sa disparition, après quinze ans, un dixième; après trente ans d'absence, il ne rend rien. Si l'envoyé était possesseur de bonne foi, il aurait droit, non pas à une quote-part, mais à la totalité des fruits; mais, bien qu'il crût au décès de l'absent, il a su que la loi ne le considérait pas comme propriétaire incommutable, et l'événement a donné tort à sa propre croyance. D'autre part, comme mandataire, il n'a aucun droit aux revenus; on trouve enfin peu d'exemples d'un salaire consistant dans une portion aussi considérable des revenus. Aussi, quoique la loi ne puisse rien leur donner qu'à titre de rémunération et salaire, elle a été guidée, dans la fixation qu'elle en a faite, par la situation tout exceptionnelle de l'envoyé, et par des considérations pratiques. Pour lui, selon le président Fabre, les biens de l'absent sont *bona adhuc aliena, sed tamen jam sua;* quelques conseils que lui donne la loi, il se considèrera toujours comme propriétaire et augmentera ses dépenses en raison des revenus des biens de l'absent. Lui réclamer ensuite ces revenus capitalisés ou simplement accumulés, ce serait le ruiner.

La somme fixée par l'art. 127 est une protestation de la propriété de l'absent et lui sera toujours une première ressource.

Ce sont aussi la crainte de ruiner le possesseur et le désir de récompenser ses soins, qui lui ont fait accorder la totalité des fruits par lui perçus de bonne foi (art. 549 et 138); le droit aux fruits, comme la prescription, a pour condition la possession à titre de propriétaire; et, bien que le fait d'avoir « joui des biens de l'absent » ait été d'un grand poids dans la rédaction de l'art. 127, et ait engagé le législateur à accorder à l'envoyé une plus grande part des revenus, ce ne peut être cependant un motif légal et direct du bénéfice de cet article; l'absent est de retour; l'envoyé n'est pas un simple possesseur ayant juste titre et bonne foi, et faisant les fruits siens; c'est un mandataire, ayant un salaire plus ou moins élevé, selon les circonstances, des pouvoirs plus ou moins étendus, selon qu'il est envoyé en possession provisoire ou définitive, mais toujours mandataire. Or, en cette qualité, l'envoyé ne peut rien retenir qu'à titre de salaire. Au reste, ce salaire n'a pas pour but unique de récompenser l'envoyé; la loi a voulu encore attirer celui qu'elle désignait et lui a présenté l'appât du gain pour l'engager à demander l'envoi en possession; nous avons déjà dit qu'après avoir conféré à l'envoyé des pouvoirs très étendus et une qualité de propriétaire présumé, très voisine de celle de l'acheteur à réméré, la loi ne pouvait pas sans danger le faire retomber au rang de fondé de pouvoirs et le dépouiller subitement de tous les avantages qu'il a retirés de sa propriété passée; telles sont les considérations qui ont fait accorder à l'envoyé un salaire plus important et consistant dans une sorte d'usufruit des biens qu'il a cru siens.

Du titre que peut avoir l'envoyé au bénéfice de l'art. 127, quelques auteurs ont voulu faire dépendre la solution de la question suivante : faut-il s'attacher au fait de la perception ou au laps de temps écoulé pour déterminer la part que l'envoyé prendra dans les fruits naturels de l'année courante au moment du retour de l'absent. Si c'est un salaire, l'absent de retour et l'envoyé doivent partager tous les revenus de l'année courante en proportion du temps écoulé jusqu'au retour, conformément à la disposition de l'art. 1571 relatif au régime dotal : il ne faut pas que les soins de cette dernière année soient perdus pour l'envoyé, parce que l'absent revient la veille de la récolte. Que si c'est le produit de la possession, il y a lieu de décider en sens contraire, et d'appliquer les art. 548 et 1381 qui obligeront l'absent à rembourser les frais de labour et de semence. Et, en effet, nous ne ne croyons pas pouvoir appliquer ici le mode de partage de l'art. 1571, article d'exception, en présence des termes des art. 127 et 132 ; l'art. 127 dispense de *rendre* partie ou totalité des *revenus;* il ne s'agit donc que de fruits perçus ou acquis régulièrement ; mais nous ne pensons pas qu'on puisse tirer un argument bien solide de ces mots ; l'envoyé *rend* à l'absent tous ses biens ; il lui rend en même temps des revenus, perçus ou non. La question reste entière de savoir ce qui doit être qualifié *revenus*. L'art. 132 est plus formel, quand il confère à l'absent de retour après l'envoi définitif le droit de reprendre ses biens dans l'état où ils se trouvent, c'est-à-dire revêtus des fruits naturels qui les couvrent.

Dans ces articles, nous trouvons bien les éléments nécessaires pour nous permettre de repousser l'art. 1571 ; mais nous ne voyons rien qui contredise la qualification de *salaire* que nous avons donnée au droit de l'envoyé sur les fruits, qualification que nous avons, d'ailleurs, puisée dans les discussions du Code. Ne pouvant donner à l'envoyé mandataire qu'un salaire, l'art. 127 lui a accordé sous ce titre une sorte d'usufruit à titre universel, puis universel, un droit aux fruits; nous appliquerons donc sans aucune hésitation les art. 583-586; l'envoyé gagnera les fruits naturels et industriels par la perception, les fruits civils jour par jour; cette solution serait encore la même pour nous, si l'on considérait l'envoyé comme possesseur de bonne foi (548-550). Mais, ce que nous n'admettrons pas ici, c'est l'application des art. 548 et 1381; l'envoyé sera soumis à l'art. 585 et ne pourra réclamer aucune indemnité d'ensemencement ou autres travaux de production. En un mot, l'art. 127 ne conserve pas un état de fait; il confère un droit qu'il rattache à un titre déterminé par les articles précédents. S'il ne s'agissait que d'épargner un préjudice pécuniaire à l'envoyé, la loi se bornerait à lui laisser les fruits consommés; mais il ne faut pas même qu'il perde le temps employé par lui à l'administration du bien, et la loi s'attache à l'acquisition réelle ou légale des fruits pour en attribuer le profit; enfin, pour l'envoyé, il y a, en outre, une balance à faire; s'il ne peut être déclaré possesseur de bonne foi (art. 550), il a besoin d'être attiré, il mérite une récompense et non pas seulement la valeur de son temps. Nous aurons occasion de rechercher les droits du possesseur de bonne foi en traitant de l'art. 138.

Appliquant ici l'art. 585 dans ses dernières dispositions, nous devons aussi faire profiter l'envoyé de son premier paragraphe; les fruits naturels non perçus au jour de l'envoi en possession provisoire ne seront pas capitalisés, mais seront attribués à l'envoyé pour la quote-part légale. Mais c'est surtout à l'occasion des meubles non vendus, que la nature usufructuaire du droit de l'envoyé nous apparaît; comme possesseur de bonne foi, l'envoyé pourrait invoquer l'art. 2279 et prétendre à la propriété des meubles; personne, au contraire, n'hésite à lui appliquer l'art. 589 : il pourra jouir des meubles, mais ne pourra les faire siens; il sera tenu de les restituer non détériorés par son dol ou sa faute, après s'en être servi pendant la durée de sa possession. L'envoyé devra-t-il à l'absent de retour une indemnité représentant un cinquième ou un dixième de la jouissance des meubles, c'est-à-dire l'intérêt à un pour 100 ou à un demi pour 100 du prix d'évaluation indiqué à l'inventaire? Nous ne le croyons pas; d'une part ce serait nuire à l'absent ou à l'envoyé, à l'absent, parce qu'on empêcherait ainsi l'envoyé de se servir des meubles, et que des meubles qui ne servent pas se détériorent plus vite; à l'envoyé, parce qu'il serait obligé ou de payer des frais d'entretien pour des objets ne lui étant d'aucune utilité, ou de remettre à l'absent une somme qu'il n'aurait pas reçue, ou enfin de vendre ses meubles. Aussi bien, l'art. 127 n'oblige à restituer que des « revenus; » et il ne peut être question de revenus quand la chose n'est pas frugifère, l'usage d'une chose non frugifère ne peut donner lieu à aucune indemntié envers l'absent que selon les dispositions du titre de l'usufruit.

Ce que nous venons de dire relativement à l'art. 127 n'est pas seulement applicable à l'héritier présomptif, mais aussi aux légataires donataires ou autres, envoyés en possession provisoire. Dans notre § 2, nous l'étendrons aussi au conjoint présent commun en biens et ayant opté pour la continuation de la communauté. La Cour de Cassation est allée, dans un arrêt du 29 déc. 1830, jusqu'à accorder à la mère tutrice chargée par justice de l'administration des biens après la disparition, le bénéfice de l'art. 127, comme à une administratrice légale. Nous ne pouvons accepter cette décision comme conforme à la loi; la situation de cette mère investie de sa nouvelle adminstration en l'an IV, ayant cru à la mort de son fils et vendu plusieurs de ses biens, était éminemment favorable; mais il est aussi certain que sa qualité de tutrice ne lui donnait aucun titre légal à l'administration provisoire des biens de l'absent, que cette qualité était éteinte par la disparition et la présomption de mort, et que l'administration devait donc être qualifiée de *judiciaire*, et non de *légale;* la situation de cette mère devait être régie par les art. 1961 à 1963 sur le sequestre; elle ne pouvait se faire illusion sur la propriété des biens qu'elle détenait. Nous accorderions d'ailleurs sans difficulté le bénéfice complet de l'usufruit légal au père ou à la mère survivante, même après la disparition de l'enfant âgé de moins de dix-huit ans; ce ne serait pas alors à raison d'une administration légale, mais à cause de leur possession de bonne foi de l'usufruit légal.

Mais voici venir une autre question fort grave : de quel jour se comptent les trente ans d'absence après lesquels les revenus appartiennent en totalité à l'envoyé? Est-ce de la disparition? Est-ce de la déclaration d'absence?

Nous devons citer tout d'abord l'opinion émise par les rédacteurs du Code, et principalement par Bigot Préameneu qui, dans l'Exposé des motifs du titre de l'absence, s'exprimait ainsi : « Ceux qui, par suite de l'envoi provisoire ou de l'administration légale, auront joui des biens de l'absent, ne seront tenus de lui rendre que le cinquième des revenus s'il reparaît avant quinze ans révolus *d'absence*, et le dixième s'il ne reparaît qu'après les quinze ans...... Lorsque *trente-cinq* ans au moins se sont écoulés depuis la disparition..., il faut que les biens de l'absent puissent rentrer dans le commerce ; *il faut que toute comptabilité des revenus cesse de la part des héritiers.* » Il résulte de ces derniers mots que c'est l'envoi définitif qui donne aux envoyés droit à la totalité des fruits. Nous trouvons encore cette idée dans le rapport fait au Tribunat par le tribun Leroy (de l'Orne) qui l'exprime ainsi : « Le possesseur provisoire n'est qu'un administrateur, un dépositaire des biens pendant l'absence ; la totalité des revenus ne pouvait lui appartenir ni en l'une ni en l'autre qualité. » Mais l'idée contraire ne ressort-elle pas évidemment des paroles suivantes prononcées par un autre tribun chargé de soutenir le projet de loi devant le Corps législatif? « Le projet de loi laisse à l'absent le cinquième des revenus s'il reparaît dans *les quinze années*, le dixième s'il ne reparaît qu'après, et rien s'il a laissé passer *les trente années;* il faut donner un peu de tort à cet absent et le forcer à être juste. » Ces expressions, « les quinze années..., les trente années, » impliquent un même point de départ, et la loi nous le fournit.

Avant d'adopter la rédaction actuelle de notre article, le Tribunat avait offert un projet qui ne laissait à l'envoyé qu'une part bien moindre dans les fruits des biens de l'absent, et subordonnait son droit à sa jouissance ; les quinze ans couraient de l'envoi en possession. Mais alors sur quoi fonder la graduation? Pourquoi la totalité des fruits serait-elle accordée trente ans après l'envoi provisoire, si l'envoi définitif n'est pas demandé? Pourquoi ne serait-elle pas accordée auparavant, si l'envoi provisoire n'a été demandé que vingt ans après la disparition? Le Tribunat s'était évidemment placé dans l'hypothèse où l'envoi serait demandé le plus tôt possible, et avait gradué à raison du plus ou moins de probabilité du retour. C'est aussi ce qu'a voulu notre article; la rédaction du projet du Tribunat a été perfectionnée, on a augmenté la part de l'envoyé et proportionné ses droits à sa bonne foi; plus l'absence dure, moins le retour est probable, plus grande est la bonne foi de l'envoyé qui dépense la totalité des revenus et se dit propriétaire.

Le terme de quinze ans est donc fixé indépendamment de la jouissance de l'envoyé; on doit déterminer de même le terme de trente ans, à peine de ne pouvoir expliquer la disposition de la loi. Et, quant au mot « absence, » qui a causé toute cette discussion, nous l'avons défini; Bigot Préameneu lui-même, dans les paroles que nous avons rapportées ci-dessus, se sert de l'expression « quinze ans d'*absence* » dans un sens qui ne peut être douteux, qui est le sens de la loi. Il y a eu, de la part des orateurs, un souvenir du projet abandonné. Quant à la signification de notre article, la loi même a pris soin de nous l'indiquer, en créant, à l'égard des fruits, des périodes de quinze ans. Enfin, le texte même de l'art. 127 efface toute question; après avoir parlé des envoyés en possession provisoire et de l'administrateur légal, il dit qu'après les trente ans, la totalité des revenus *leur* appartiendra; or, après trente ans courus de la déclaration d'absence, l'administrateur légal n'aurait plus aucun droit, il n'y aurait plus d'envoyés en possession provisoire, mais seulement des envoyés en possession définitive.

Si après trente ans de la disparition, la bonne foi de l'envoyé est jugée suffisante pour mériter la totalité des fruits, combien mieux ne la mérite-t-elle pas quand la centième année depuis la naissance de l'absent est accomplie ! A partir de ce moment, l'envoyé ne doit compte, même en ce qui concerne le capital, que des biens demeurés entre ses mains ; on ne peut donc lui réclamer une part quelconque des fruits. L'art. 129 fait, en cela, une exception nécessaire à l'art. 127 ; et, pour prononcer cette exception, nous argumentons « à fortiori. »

Nous avons déjà dit quels fruits doivent être partagés entre l'absent et l'envoyé ; ce sont tous les fruits naturels ou industriels perçus depuis le jour de la disparition jusqu'au jour du retour, et tous les fruits civils courus pendant le même laps de temps. Ajoutons que le calcul ne s'effectue que sur les revenus nets, nets de toutes les dépenses qu'un bon père de famille paie sur ses revenus. Toutes les charges annuelles, impôts, réparations locatives et d'entretien doivent être prélevés d'abord sur les revenus ; nous y ajouterons aussi les arrérages ou intérêts des dettes de l'absent (art. 608, 610 et 1754). Les grosses réparations seront faites aux dépens de l'absent : elles seront payées sur ses capitaux ou valeurs mobilières d'abord, et ensuite soit par emprunt, soit par l'aliénation de ses immeubles. De cette manière, l'envoyé paie aussi sa part de ces réparations par la diminution des revenus (art. 605, 606 et 612). Cette solution, admise par tous, prouve que nous avons eu raison de considérer le droit de l'envoyé sur les fruits comme une sorte d'usufruit accordé à titre de salaire.

Si l'envoyé avait cédé à un tiers l'ensemble de ses droits ou quelqu'un des biens de l'absent, ce dernier n'en devra pas moins le salaire à l'envoyé qui a administré par un sous-mandataire. Si l'acquéreur avait été averti de l'absence, il ne pourra retenir que la part de fruits de l'art. 127 : s'il avait ignoré l'absence au moment de son acquisition, il aura fait les fruits siens pendant toute la durée de sa bonne foi, et ensuite il n'en aura acquis que la portion indiquée par notre article; l'excédant des fruits acquis par lui sur la part accordée à l'envoyée est à la charge de ce dernier qui en devra tenir compte à l'absent. Si l'envoyé avait ainsi cédé tous ses droits et que ses cohéritiers eussent exercé le retrait, les retrayants auraient le même droit que l'acquéreur retrayé, droit à la part de l'art. 127.

Enfin, après le retour de l'absent, les droits que pouvait avoir l'envoyé contre lui vont reparaître tels qu'ils étaient au jour de la disparition; mais, à ce sujet, une question se présente.

Nous avons dit qu'en employant le mot « dépôt » dans l'art. 125 pour caractériser la possession provisoire, le législateur a eu principalement en vue d'interdire toute prescription par l'envoyé contre l'absent; la réciproque est-elle vraie ? La prescription est-elle suspendue au profit de l'envoyé contre l'absent? A la vérité, nous ne trouvons pas d'exception formelle à la règle de l'art. 2251, en faveur de l'envoyé; mais l'art. 2258 fait exception au profit de l'héritier bénéficiaire; certainement donc il s'appliquera à l'envoyé, héritier bénéficiaire jusqu'à preuve contraire, à l'encontre des créanciers de l'absent; mais nous pensons même que l'envoyé pourra s'en prévaloir contre l'absent. La prescription est la conséquence légale d'un état de fait, la possession ou la présomption de libération du débiteur; quand une ou plusieurs circonstances portent atteinte à la possession ou font tomber la présomption, il ne peut y avoir de prescription. Si donc nous reconnaissons dans la situation de l'envoyé les mêmes motifs et considérations qui ont décidé le législateur à suspendre la prescription au profit de l'héritier bénéficiaire et à rediger l'art. 2258, nous serons en droit de considérer les circonstances qui entourent l'envoi provisoire comme destructives de la présomption de la loi.

Or, quels sont les motifs de l'art. 2258? On les a cherchés à tort dans l'impossibilité où serait l'héritier bénéficiaire de poursuivre son paiement; l'art. 996 du C. pr. accuse cette réponse d'erreur matérielle; l'héritier peut toujours diriger son action contre ses cohéritiers, ou, à leur défaut, contre un curateur spécial; la situation de l'envoyé est, d'ailleurs, identique sous ce rapport. L'art. 2258, dit-on encore, est fondé sur la sécurité dont jouit nécessairement l'héritier bénéficiaire nanti des biens de la succession; son gage est entre ses mains. Si l'on veut faire de cette idée un argument général et légal, il est sans force, car la prescription court contre le créancier gagiste même nanti. Mais la loi a pris en considération le juste désir de l'héritier d'être payé le dernier pour pouvoir conserver son gage en nature, si toutefois les biens de la succession sont plus que suffisants pour acquitter toutes les autres dettes; pourquoi, d'ailleurs, contraindre l'héritier à un procès coûteux dont les frais diminueraient encore l'actif héréditaire, et qu'il n'engagera certainement pas, garanti comme il l'est par les biens qu'il détient? Mais nous retrouvons toutes ces mêmes considérations en ce qui concerne l'envoyé; comme l'héritier bénéficiaire, il a l'espoir de conserver les biens en nature; et si, malgré la présomption de mort, cet espoir est affaibli par la possibilité du retour de l'absent, l'intérêt de ce dernier nous commande de donner à l'envoyé tous les moyens de conservation en nature; la garantie pour l'envoyé est la même, et il y a le même intérêt pour tous à éviter un procès. Enfin, ne pourrait-on pas fonder l'art. 2258 et son application à l'envoyé en possession provisoire, sur cette idée que l'héritier bénéficiaire ou l'envoyé détient, entre autres sommes, celle destinée à le payer, et qu'il peut ainsi se considérer comme payé ; il a le droit de ne pas rendre la chose qui lui appartient, qu'il possède comme maître, quoique cette chose soit mélangée avec d'autres détenues précairement ; s'il avait mêlé aux sommes d'argent de la succession ou de l'absent une somme à lui appartenant, et qu'il apportât la preuve de ce mélange, les créanciers ou l'absent pourraient-ils prétendre droit à la totalité de la somme ainsi composée? La position n'est-elle pas la même, s'il n'a pas détaché la somme qui lui appartient, que si, après l'avoir prélevée, il la rejoint au patrimoine débiteur. Il ne peut en être ainsi du créancier gagiste qui détient non pas le patrimoine de son débiteur, y compris la somme à lui due, mais un objet spécialement déterminé qu'il ne peut, aux termes de la loi, affecter sans autorisation au paiement de sa créance.

La prescription n'est pas suspendue entre l'absent et l'envoyé avant l'envoi provisoire ; les mêmes motifs n'existent plus. Elle dépend d'un état de fait qu'il faut toujours considérer pour savoir si elle a pu, ou non, s'accomplir.

Tels sont les droits de l'envoyé à l'égard de l'absent.

2° *Droits des envoyés en possession provisoire les uns à l'égard des autres.* — L'absent avait laissé à sa disparition plusieurs héritiers présomptifs au même degré ; tous se sont fait envoyer en possession provisoire ; quels sont leurs droits respectifs. Tant que l'absent n'a pas reparu, ils sont cohéritiers les uns à l'égard des autres. Nous leur avons appliqué l'art. 996 du C. pr., et si l'un d'eux a une action à intenter contre le patrimoine de l'absent, c'est contre ses cohéritiers qu'il la dirige, et seulement à défaut de cohéritiers contre un curateur. Si les envoyés sont cohéritiers, chacun d'eux peut invoquer contre les autres l'art. 815, et demander le partage du patrimoine de l'absent ; pour eux, la succession est ouverte ; le partage n'est donc pas un pacte sur succession non ouverte (art. 791, 1130 et 1600) ; il n'y a ni défaut d'objet, puisque la loi les a appelés à prendre leur part des biens de l'absent, ni immoralité, puisque c'est la loi même qui les invite.

L'art. 129 semble, à la vérité, n'autoriser le partage qu'après l'envoi définitif ; mais les art. 120 et 123 n'appellent-ils pas les héritiers présomptifs, légataires et autres à exercer provisoirement leurs droits respectifs ? et comment cela pourrait-il avoir lieu sans un partage ? La loi n'a pas voulu faire changer de mains les biens de l'absent après l'envoi provisoire ; elle a voulu, au contraire, créer une situation qui fût incommutable si l'absent ne reparaissait pas ; et, l'art. 129 a eu en vue les hypothèses où il n'y aura pas eu d'envoi provisoire, soit que le conjoint présent et commun en biens eût continué la communauté, soit que la centième année de l'absent fût accomplie. Il s'appliquera encore si le partage fait n'était que provisionnel. Il importe peu, d'ailleurs, à l'absent qu'un partage soit fait ; il ne pourra jamais lui préjudicier.

Si les coenvoyés ne peuvent s'entendre pour un partage amiable, ou s'il y a parmi eux des interdits, et qu'il y ait lieu à licitation, le partage ne pourra être que provisionnel (art. 840), parce que les biens de l'absent ne peuvent être vendus qu'à raison de son intérêt personnel, et non dans l'intérêt des envoyés, et que les étrangers ne pourraient être admis à la licitation (art. 839).

Les coenvoyés majeurs et capables peuvent faire entre eux, s'ils s'entendent à cet effet, telle licitation qu'ils voudront, pour faire immédiatement un partage définitif.

Pour opérer équitablement ce partage, les cohéritiers doivent se contraindre réciproquement au rapport des dons et legs à eux faits par l'absent sans préciput. Nous verrons ci-après qu'ils peuvent aussi, s'ils ont droit à une réserve, exercer l'action en réduction contre les tiers donataires et les légataires. Mais, pour le moment, nous trouvons, d'une part, l'art. 843 qui oblige au rapport tout héritier même bénéficiaire, et, d'autre part, l'art. 120 n'accordant l'envoi en possession que « des biens qui appartenaient à l'absent au jour de son départ ou de ses dernières nouvelles, » l'art. 123 qui ne permet l'exercice que des droits « sur les biens de l'absent, » et enfin la rubrique de notre section 1re du chap. III au Code, ainsi conçue : « Des effets de l'absence, relativement aux biens que l'absent *possédait* au jour de sa disparition. » Les biens donnés par l'absent ne lui *appartenaient* plus (art. 894). Puis, le but de l'envoi est de pourvoir à l'administration des biens de l'absent; et le bien donné est possédé et administré par le donataire propriétaire; l'envoyé dépositaire, administrateur comptable et représentant de l'absent, ne peut avoir plus de droits que l'absent qui n'en a aucun sur le bien donné. Mais alors, il n'y aura donc pas de rapport au cas d'absence du donateur! Pourquoi la loi, qui ne présume jamais le préciput, va-t-elle le présumer ici?

A tous ces arguments que nous verrons invoquer encore en faveur des tiers donataires et légataires contre les héritiers réservataires, notre réponse est facile : Au cas de succession ordinaire, l'héritier est représentant du défunt et n'a que les droits du défunt sur les biens laissés par lui; il succède à ses droits et actions (art. 724); et cependant il a le droit de demander rapport et réduction des libéralités faites par le défunt, alors que ce dernier ne pouvait les demander pendant sa vie. Enfin, les envoyés sont cohéritiers; ils se fondent sur la présomption de mort pour demander les biens de l'absent; ils seraient mal venus à se fonder sur son existence pour refuser le rapport. Lebrun disait déjà, dans l'ancien droit, qu'après s'être fait admettre au partage provisionnel des biens de l'absent, son parent ne pouvait plus argumenter de son existence. N'est-il pas certain que l'héritier présomptif doit rapporter le legs qui lui est fait, et ne peut le cumuler avec sa part héréditaire? Et alors comment le dispenser du rapport d'une donation faite sans clause de préciput?

Les envoyés pourront donc partager entre eux et, pour cela, se contraindre réciproquement au rapport. Le donataire dépossédé effectivement, obligé de rapporter en nature, sera garanti comme l'absent par la caution qu'auront fournie les autres envoyés « pour la sûreté de leur administration » (art. 120 et 123). Si l'envoi avait été prononcé à la suite de la dissolution provisoire de la communauté (art. 124), et que le bien, objet de la donation, eût été attribué au conjoint présent, la caution fournie servirait de même à protéger le donataire.

Mais ce n'est pas tout : les envoyés, héritiers présomptifs à réserve, peuvent imposer la réduction des donations entre-vifs faites à leurs cohéritiers avec clause de préciput, et la réduction des donations de biens à venir et legs faits à leurs coenvoyés les donataires de biens à venir et légataire, de l'absent. Mais cette question trouvera une place plus commode dans le numéro suivant, quand nous reconnaîtrons à l'envoyé en possession provisoire, héritier présomptif et réservataire, le droit de faire réduire les donations entre-vifs faites par l'absent.

3° *Droits des envoyés à l'égard des tiers.* A l'égard de ses propres héritiers, l'envoyé a le droit de leur transmettre héréditairement ses droits sur les biens de l'absent à charge de remplir les conditions de l'envoi ; il peut de même en disposer par donation ou legs, et ses héritiers seront tenus d'exécuter ses dispositions, sauf à demander caution. Si l'envoyé avait fait un legs universel ou à titre universel, il y aurait à interpréter sa volonté pour savoir si les biens de l'absent doivent y être compris. Un mandat serait personnel et finirait par la mort du mandataire, sauf à en choisir un autre ; c'est ce qui arrive pour la tutelle ; mais ici ce n'est pas un mandat, c'est une succession transmissible à tous les ordres et à tous les degrés.

A l'égard de ces créanciers personnels ou de tous autres à qui l'envoyé aurait donné hypothèque sur les biens de l'absent, ou qui auraient hypothèque générale sur les immeubles présents et à venir de l'envoyé, l'art. 2125 statue souverainement ; les biens de l'absent sont la propriété présumée de l'envoyé ; tous ces tiers auront des hypothèques soumises à la condition que l'envoi définitif sera prononcé ; et quand ils saisiront et feront vendre, ce ne pourra être que sous cette même condition de l'incertitude de la vie de l'absent jusqu'à l'envoi définitif ; à partir de cette époque, l'envoyé peut valablement constituer une hypothèque définitive, et les hypothèques antérieures, comme les aliénations antérieures, quand elles ont été consenties sans les formalités de la loi, deviennent alors définitives.

Inutile de dire que les hypothèques et cessions consenties au nom de l'absent et dans les formes légales ont tous leurs effets entre l'envoyé et les tiers.

A l'égard des cessionnaires des biens de l'absent, et indépendamment de ceux qui ont acquis de l'envoyé dûment autorisé et avec les formalités requises, nous avons séparé : — ceux qui ont reçu de l'envoyé la cession de ses droits sur l'ensemble du patrimoine de l'absent, sont soumis au retrait successoral de la part des coenvoyés du cédant, et ne peuvent jamais se dire propriétaires à l'encontre de l'absent ; — ceux qui ont acquis de l'envoyé un immeuble de l'absent, connaissant la qualité de l'envoyé, et ne peuvent se dire propriétaires qu'au moment de l'envoi définitif ; — ceux qui, sans connaître la qualité de l'envoyé leur vendeur, ont su (circonstances bien rarement réunies !) qu'il n'était pas propriétaire incommutable, l'ont cru simple possesseur, et prescrivent par trente ans contre l'absent ; — ceux enfin à qui l'envoyé s'est présenté comme propriétaire, et qui prescrivent par dix ou vingt ans contre l'absent. Nous pouvons ajouter les simples possesseurs n'ayant aucun titre émané de l'envoyé et qui prescrivent par dix ou vingt ans, ou par trente années de possession tant contre l'envoyé que contre l'absent.

De ceux qui ne prescrivent pas contre l'absent, l'envoyé, responsable envers ce dernier, peut exiger des garanties de bonne gestion : aux autres, il ne peut rien demander, sauf aux possesseurs de fait dont il peut interrompre la possession ; il est tenu de garantir ses acquéreurs et ne peut les évincer ni les troubler.

La prescription court ; mais contre qui ? Si l'absent reparaît et prouve ainsi sa propriété, la prescription n'a pu courir que contre lui ; c'est donc en considérant sa personne qu'on calculera la durée de la possession des acquéreurs qui ne connaissaient pas la qualité de l'envoyé vendeur. La prescription, nous l'avons vu ci-dessus, court aussi au profit des simples possesseurs contre l'absent, et l'art. 2251 n'a pas fait d'exception pour lui; l'art. 137 le prouve bien, et l'art. 1676 n'a fait qu'appliquer à son égard la règle générale, quoique ayant inscrit son nom parmi d'autres ordinairement plus favorisés. Mais alors contre qui aura couru la prescription, si c'est l'envoyé qui revendique? La question présentera de l'intérêt si l'absent était mineur ou interdit au moment de sa disparition, et l'envoyé pleinement capable, ou si, au contraire, l'envoyé ou son héritier a été mineur ou interdit depuis la disparition de l'absent, tandis que ce dernier jouissait de toute sa capacité civile à son départ.

Dans toutes circonstances, a-t-on dit, il faut considérer la personne de l'absent, parce qu'il est toujours propriétaire, et que le fait de l'absence ne doit pas changer la position des tiers, ni leur préjudicier. Le préjudice est une atteinte à un droit acquis; or, il s'agit ici de savoir non pas s'il y a une atteinte à un droit, mais si ce droit existe. L'envoyé, pour prouver la minorité de l'absent, devrait prouver avant tout son existence ; cette même preuve impossible devrait être administrée par le possesseur contre l'envoyé mineur pour prouver la majorité de l'absent. Cette impossibilité nous ramène, d'après les règles sur la preuve, à nous attacher uniquement à la personne de l'envoyé. Puis, comment savoir, pendant l'absence, si le possesseur de bonne foi a prescrit par dix ans, ou si sa possession doit être de vingt ans. Ce sont donc la présomption de mort et le titre héréditaire de l'envoyé qui l'emportent ici comme partout. Nous permettrons d'ailleurs à la partie vaincue de faire toutes ses réserves pour le cas de retour de l'absent.

A l'égard des tiers donataires de l'absent, quels sont les droits des envoyés. Nous avons dit que les héritiers présomptifs coenvoyés peuvent se contraindre réciproquement au rapport des dons et legs à eux faits par l'absent sans clause de préciput. Nous pouvons ajouter sans hésitation que les envoyés héritiers présomptifs et réservataires peuvent, dès l'envoi provisoire, exiger des donataires de biens à venir et légataires la réduction des libéralités à eux faites. En effet, les biens qui doivent leur revenir appartenaient à l'absent au moment de sa disparition ; les héritiers présomptifs s'en sont saisis comme des autres, et c'est contre eux que la demande en délivrance est formée ; à l'égard de ces biens-là, les art. 120 et 123 s'appliquent, et personne ne peut contester l'effet de la présomption de mort ; si, d'ailleurs, ces donataires et légataires se fondent sur le décès de l'absent pour demander la délivrance des biens à eux donnés ou légués, comment pourraient-ils se fonder sur son existence pour refuser aux héritiers présomptifs l'exercice du droit de réduction ? Les art. 920 et 1090 s'appliqueront donc ici, quant aux legs et donations de biens à venir, et chacun prendra la part qui lui sera assignée par le partage.

S'il en est ainsi pour les donations de biens à venir et les legs, il doit en toute justice en être de même pour les donations entre-vifs ; et c'est bien aussi notre sentiment ; mais il est vivement combattu. Notre point de départ constant est la présomption de mort ; la succession de l'absent est ouverte, et l'art. 920 doit être exécuté en entier. La loi a voulu établir dès l'envoi provisoire une situation fixe. Cette réduction devant laquelle on recule, il faudra bien y venir; sinon, la fraude serait trop facile dans le but de dépouiller les héritiers réservataires. Si l'on refuse de l'admettre dès maintenant, à quand en fixer le moment? A l'envoi définitif? Mais les enfants de l'absent seront-ils donc tenus d'attendre trente ans pour recouvrer peut-être la totalité ou la plus grande partie d'une fortune dont leurs premières années auraient grand besoin? Est-ce même là une limite raisonnable? Rien n'est plus arbitraire que la fixation de cette époque; car, l'envoi définitif ne crée pas, n'ouvre pas de droits nouveaux; il consolide l'état antérieur; enfin, il s'applique aux mêmes personnes et aux mêmes biens que l'envoi provisoire, et l'art. 129 ne permet de demander le partage et l'envoi en possession définitive que des *biens de l'absent.*

Qu'en conclure, si ce n'est que la loi a appelé les héritiers présomptifs à posséder les biens de l'absent, comme les héritiers ordinaires définitifs à succéder aux biens, droits et actions du défunt (art. 724) : l'art. 920 se trouve à part au titre des donations et confère aux héritiers un droit personnel, un droit que n'avait pas le défunt et qui est contraire aux actes mêmes du défunt. Ce qui est en question, c'est la présomption de mort et l'ouverture de la succession, et à cet égard notre preuve est faite.

Le législateur, nous dit-on, ne s'est pas occupé des biens qui appartiennent à d'autres que l'absent sous une condition résolutoire subordonnée au décès de l'absent, des biens donnés mais soumis à rapport ou à réduction; à ces biens-là ne peuvent s'appliquer ni la présomption de mort, ni l'envoi provisoire; mais nous avons vu, pour le droit au rapport, une décision toute contraire acceptée par ceux mêmes qui rejettent à l'envoi définitif l'exercice du droit de réduction. On nous fait encore d'autres objections; à la fraude dont nous avons montré le danger dans le système contraire, à l'état de gêne qui peut résulter pour les héritiers réservataires de l'absent de l'adoption de ce système, on oppose la possibilité d'une fraude à redouter si l'on consacre notre opinion; le donateur qui voudrait déposséder immédiatement le donataire de l'excédant de la donation par lui faite sur sa quotité disponible actuelle n'aurait qu'à disparaître; il pourrait encore donner de ses nouvelles à ses héritiers présomptifs et réservataires.

Que cette fraude est peu redoutable! Pour qu'elle soit possible, il faut : 1° qu'une donation ait été faite à un tiers; 2° que cette donation s'élève à un chiffre considérable en proportion de la fortune actuelle du donateur; 3° que ce donateur ait des héritiers présomptifs à réserve; 4° qu'une entente frauduleuse ait lieu entre lui et ses héritiers, et qu'il consente à disparaître. Et qu'aura-t-elle pour objet? La jouissance par le donateur de la portion réductible depuis le jour de l'envoi provisoire jusqu'à sa mort s'il peut rester caché tout ce temps; le donataire n'aura perdu que cette jouissance.

Et quant à la caution, ajoute-t-on, la loi ne l'exige que dans l'intérêt de l'absent; il faudrait cependant en donner une au donataire dépossédé: nous avons déjà dit que rien dans les art. 120 et 123 ne restreint l'obligation des cautions à l'intérêt de l'absent; l'envoyé donne caution pour sûreté de ce qu'il reçoit; c'est la règle de ces deux articles; au bout de trente ans de possession légale, il est fort probable que l'absent ne reparaîtra plus, et que les biens possédés par l'envoyé sont sa propriété; d'ailleurs, cet envoyé à prescrit à l'égard de tous ceux qui, n'étant pas les enfants de l'absent, se diraient préférables à lui ; il y a lieu de décharger les cautions. Mais jusqu'à cette époque elles n'en profiteront pas moins à tous ceux qui, poursuivant l'envoyé comme simple administrateur et non comme héritier, auront discuté ses biens personnels et ne pourront se faire restituer ainsi les biens dont il aurait la possession provisoire.

L'art. 127 s'appliquera aux fruits de la portion réduite ; il y a pour cela les mêmes motifs que pour les biens de l'absent ; l'envoyé a eu la même bonne foi pour croire que cette portion lui appartenait ; et si l'on considère ce résultat comme inique, nous observerons qu'il faudra bien l'accepter au plus tard après l'envoi définitif. Rien d'inique à ce que le donataire ne jouisse pas d'une valeur à laquelle il n'a très probablement aucun droit ; toutes les probabilités sont ici pour le droit de l'envoyé qui n'est ni plus éventuel, ni plus douteux que celui du donataire. Ce dernier a un droit certain et inattaquable à tous les biens que le donateur absent lui a donné et qui composent la quotité disponible dans le patrimoine de cet absent. Au-delà de cette quotité, le droit du donataire est subordonné au même événement que le droit de l'envoyé, le retour de l'absent. De quel côté la condition sera-t-elle suspensive? de quel côté, résolutoire? c'est ce que nous avons indiqué en réunissant à l'appui de notre opinion les probabilités de fait et l'intention du législateur.

Nous refusons absolument ce système mixte qui n'ose pas consacrer une donation excessive en subordonnant l'action en réduction à la preuve du décès, qui recule devant une application littérale des art. 920 et 1090, et 130 et 718, et qui ne veut pas dire avec nous : Sans doute, l'absence n'est pas une cause d'ouverture définitive et parfaite de succession ; mais elle est une cause d'ouverture provisoire et présumée de la succession de l'absent, quand la loi et les tribunaux ont reconnu qu'il y avait des motifs sérieux pour douter de l'existence.

La loi, il est vrai, entre tous les tiers, en a choisi un dont la vie morale et matérielle a été liée à celle de l'absent ; jusqu'à sa disparition, leurs fortunes étaient réunies et confondues pour subvenir aux besoins de tous deux ; la loi a élevé plus haut encore ses considérations quand elle a maintenu, malgré l'absence, l'union indissoluble qui existait entre l'absent et son conjoint ; et quand l'intérêt pécuniaire du conjoint présent exige le maintien du « statu quo, » l'union des fortunes, la loi permet à ce conjoint d'en être juge et de conserver l'administration des patrimoines réunis. Mais comment tirer un argument « à pari » d'une situation aussi favorable, aussi exceptionnelle? Un donataire que la loi se dispose à dépouiller d'une partie du bien donné, est-il donc, par rapport à l'absent dans cette même situation ; mérite-t-il une position meilleure que le conjoint? Ce dernier, si l'absent reparaît, n'aura pas fait les fruits siens ; l'art. 127 réglera, quant aux fruits, ses rapports avec les envoyés, si l'absent ne revient pas ; le donataire les gagnerait toujours en totalité.

Dans l'ancien droit, nous dit-on enfin, la réduction ne pouvait être opérée qu'au moment où l'absent devait avoir accompli sa centième année ; c'était de ce jour-là qu'il était présumé mort ; il a été jugé ainsi par un arrêt du Parlement de Paris du 13 juillet 1654 ; or, notre Code, augmentant partout les droits des envoyés, a assimilé l'expiration de trente ans depuis l'envoi provisoire à l'époque de cette centième année ; il y a donc lieu de permettre l'exercice de l'action en réduction lors de l'envoi définitif, mais non pas auparavant. Il nous est facile de retourner cet argument en notre faveur. L'ancien droit était logique en adoptant cette solution; il avait posé ce principe général que l'absent n'était réputé mort à l'égard des tiers qu'à l'expiration de sa centième année; jusque-là l'absent était vivant pour ou contre les tiers; les légataires de l'absent (Parlement de Toulouse, 2 juin 1650), le nu propriétaire de l'immeuble dont l'absent avait eu l'usufruit (Dumoulin) ne pouvaient rien demander avant cette époque. Mais la décision de notre Code, à l'art. 123, est toute contraire en ce qui concerne le nu propriétaire et les légataires; et n'y a-t-il pas lieu de faire la même assimilation que dans l'ancien droit?

Toutefois, à l'égard du nu propriétaire, le droit que lui donne l'art. 123 lui est contesté dans le cas où l'absent a vendu son droit d'usufruit avant sa disparition; on lui refuse alors, bien qu'à contre-cœur, toute réclamation antérieure à l'envoi définitif. Le donateur avec clause de retour est traité de la même manière, si l'absent donataire a aliéné le bien donné; et l'on se sert, en faveur de l'acquéreur, des mêmes arguments que précédemment en faveur du donataire pour défendre cette opinion; nos réponses sont les mêmes. L'absent n'a pu, par le fait d'une aliénation, porter atteinte à un droit conféré par la loi, au droit d'un propriétaire sans condition suspensive, quand son droit était résoluble sous la même condition (art. 952).

A l'égard des héritiers de l'absent, quand ils réclament son patrimoine, l'envoyé provisoire a droit aux fruits ou à une portion des fruits; il y a lieu de reproduire ici la distinction que nous avons faite dans notre n° III. Si le réclamant est l'héritier présomptif plus proche en degré du jour de la disparition, c'est alors une pétition d'hérédité ; l'envoyé était héritier apparent par rapport au réclamant qui demande contre lui l'envoi provisoire ; il gardera la totalité des fruits s'il était de bonne foi, et n'en pourra rien retenir s'il était de mauvaise foi, sauf à l'absent de retour le droit de réclamer à chacun la part de fruits de l'art. 127. La situation serait la même si le réclamant avait droit à être cohéritier de l'envoyé actuel. Se fondant tous deux sur le même titre, sur la même présomption de mort, le réclamant et l'envoyé doivent être traités respectivement comme l'héritier véritable qui intente la pétition d'hérédité contre le possesseur des biens héréditaires, contre le parent plus éloigné qui s'en est emparé. Il en est tout autrement si le réclamant apporte la preuve de l'existence de l'absent à une époque postérieure à la disparition et se présente comme héritier de l'absent à cette nouvelle époque. Dans ce cas, l'envoyé n'a jamais été héritier de l'absent ; la condition à laquelle était subordonné son titre, le décès de l'absent au jour de la disparition, est défaillie ; il n'a été que mandataire, et l'action qui est intentée contre lui peut n'être qu'une action en reddition de compte ; ce compte, il le rendra à l'héritier de l'absent comme à l'absent lui-même et aura droit aux fruits dans la proportion indiquée par l'art. 127. Si, dans ce dernier cas, le réclamant apporte simplement des nouvelles plus récentes, lors desquelles il était héritier présomptif plus proche en degré, et qu'il demande l'envoi provisoire, son action aura toujours le même caractère, et la part de fruits accumulés sera dès lors capitalisée dans l'intérêt de l'absent.

Cette distinction toutefois est contestée. L'envoyé de mauvaise foi et moins proche en degré, sera certainement obligé de tout restituer, dit-on ; s'il est de bonne foi, il devra encore restituer au demandeur ce qu'il devrait remettre à l'absent de retour. Le demandeur a droit d'être mis en la place du défendeur, d'obtenir la possession des biens de l'absent; or, ces biens comprennent la part des fruits accumulés de l'art. 127. Les droits du possesseur de bonne foi, soit quant aux fruits, soit quant au règlement des restitutions qu'ils doivent faire, sont fondés sur la bonne foi; or, l'envoyé n'est pas de bonne foi à l'égard de la part de fruits qu'il devait accumuler. — Répondons d'abord à cette dernière objection : La loi même présume la mort de l'absent; si la part qu'elle réserve à l'absent est si faible, ce n'est pas seulement pour donner à l'envoyé un salaire, c'est aussi pour ne pas l'obérer dans le cas où, faussement assuré du décès de l'absent, il aurait absorbé la totalité des fruits; il fallait, d'ailleurs, consacrer la propriété de l'absent et lui créer une première ressource à son retour. La bonne foi est donc reconnue par la loi; l'erreur seule est reprochée. Mais ici l'erreur n'est pas prouvée; l'erreur reprochée ne portait que sur l'existence de l'absent, et cette existence n'est pas certaine. Du moins, faudrait-il ordonner la restitution au premier envoyé de la part qu'il aurait remise, si l'absent ne reparaît pas avant trente ans de la disparition. Quant au premier argument présenté, le droit du demandeur à la possession du patrimoine actuel de l'absent, c'est justement ce que nous refusons d'admettre; par rapport au défendeur, la demande est une pétition d'hérédité, une réclamation du titre d'héritier présomptif.

Tels sont les droits des envoyés contre les tiers.

APPENDICE AU PARAGRAPHE PREMIER

Militaires absents.

Nous ne nous sommes occupé jusqu'ici que des règles applicables à tous les absents, et nous en avons montré les effets. Mais il est, parmi les absents, une classe privilégiée, celle des militaires. Dans l'ancien droit, leur qualité tournait plutôt contre eux; leur mort se présumait plus facilement à raison des dangers qu'ils couraient. Chez nous, on a pris en considération cette circonstance, que la cause de leur éloignement est connue et les rend dignes de toute protection et de toute faveur. Il est surtout une époque de notre histoire, où des guerres continuelles, soutenues par notre pays contre l'Europe entière, rendirent fréquentes les disparitions des militaires, et firent adopter en leur faveur des lois exorbitantes et temporaires. Une loi du 6 brumaire an V (27 octobre 1796), suspendit le cours de la justice à l'égard des militaires; aucune saisie immobilière ne put être pratiquée sur leurs biens ; une caution dut être fournie par quiconque voulait exécuter un jugement rendu contre eux; aucune prescription, expiration de délais ou péremption d'instance ne put être acquise contre eux; leurs héritiers présomptifs ne purent pas faire prononcer la déclaration d'absence, et leurs biens furent mis sous la surveillance de l'administration municipale de chaque commune.

Mais cette loi ne devait pas survivre à la paix générale, et n'avait effet que depuis la déclaration de la guerre, c'est-à-dire depuis le 21 avril 1792. La paix générale fut rétablie en 1814 ; mais une loi du 21 décembre 1814 prorogea les délais de la loi de l'an V jusqu'au

1er avril 1815, laissant aux tribunaux la faculté de les proroger encore selon les circonstances. Les événements politiques postérieurs reculèrent la paix générale jusqu'au traité du 20 novembre 1815, publié le 14 février 1816. A ce moment, la durée même des présomptions d'absence et de l'incertitude nécessita une réaction ; une ordonnance du 3 juillet 1816, rendue à cause de l'urgence, et la loi du 13 janvier 1817, qui ne fit que la reproduire et la compléter, indiquèrent des moyens rapides pour arriver à la déclaration d'absence ou de décès des militaires de cette période d'années (21 avril 1792-28 novembre 1815). L'art. 9 de cette loi supprime le délai de dix ans édicté par les art. 121 et 122 du Code pour le cas où l'absent aurait laissé procuration, mais réserve à cet absent prévoyant la totalité des fruits perçus pendant les dix premières années de l'absence ; les personnes admises à la possession des biens de l'absent peuvent se cautionner sur leurs immeubles. La loi de 1817 subsiste, mais ne s'applique qu'à des personnes dont le nombre est maintenant fort restreint. Il reste cependant de cette époque une disposition protectrice des militaires absents ; c'est une circulaire ministérielle du 16 décembre 1806, en vertu de laquelle aucune déclaration d'absence d'un militaire ne peut être prononcée sans que le ministre de la guerre ou de la marine ait été préalablement consulté.

§ 2. — De l'option du conjoint présent commun en biens.

Dans cette étude de l'absence et de ses effets, nous nous appliquons à suivre les dates. N'ayant pas à nous occuper de la première période légale, de la période de présomption d'absence, et devant traiter immédiatement de la seconde période, nous avons parlé tout d'abord du droit des héritiers présomptifs de l'absent, des droits de tous ceux qui peuvent se dire propriétaires des biens de l'absent et aspirer à lui succéder à un titre quelconque. C'est bien là, en effet, le droit naturel par excellence; c'est celui qui se présente nécessairement le premier pour être exercé et qui tôt ou tard doit être reconnu. Quelque juste que soit l'exercice de ce droit, la loi lui a préféré l'intérêt de l'absent et de l'époux commun. La loi avait proclamé la présomption de mort résultant du fait de l'absence, mais ce n'était pas une certitude; et il était important pour l'absent, s'il reparaissait, que l'administration de son patrimoine ne fût pas disséminée entre plusieurs mains; d'autre part, nous avons dit combien était favorable et intéressante la situation du conjoint commun en biens et présent, uni à l'absent et par l'intérêt et par l'affection; aussi, la loi a-t-elle permis à ce conjoint d'arrêter pendant toute la durée de la seconde période l'exercice du droit des héritiers et autres personnes dont nous avons parlé, et de prendre en main la direction des affaires de la communauté. Ainsi, pendant cette seconde période, les biens de l'absent sont gérés soit par ceux qui doivent les recueillir à son décès, soit par son conjoint commun et présent; nous devons donc parler de ce dernier avant de passer à l'étude de la troisième période.

Tout conjoint, sous quelque régime qu'il soit marié, a, non pas, comme l'héritier présomptif, le nu propriétaire ou autres personnes, un droit à la propriété des biens de l'absent, droit subordonné au décès de l'absent, mais au contraire le droit, subordonné à la vie de l'absent, de vivre sur les revenus du patrimoine matrimonial. Le même événement, la mort de l'un des conjoints, dans l'ordre habituel des choses, ouvre le droit de ses héritiers, résout le droit de son conjoint. Il devait en être de même en cas d'absence ; quand il s'agit de droits à exercer sur les biens de l'absent, la loi, dans l'intérêt de cet absent, veut le plus longtemps possible le maintien du « statu quo ; » elle divise l'absence en trois périodes, et ne permet l'envoi en possession au plus tôt qu'après la déclaration d'absence ; or, le « statu quo, » c'est le droit du conjoint. Mais, même après la déclaration d'absence, la loi autorise dans certains cas le conjoint présent à conserver son droit pendant toute la durée de la seconde période ; enfin, l'absent peut reparaître même après l'envoi définitif et prouver que la communauté ou les conventions matrimoniales ont toujours subsisté. Après avoir résumé brièvement les idées générales qui règlent le sort des conventions matrimoniales de l'absent pendant la première période, nous verrons comment et dans quels cas le conjoint présent conserve les droits pendant la deuxième période. Tout ce qui concerne la troisième période sera compris dans notre section deuxième.

Première période. Nous avons dit que la loi maintenait le « statu quo » pendant la durée de la présomption d'absence. Le conjoint présent conserve donc les pouvoirs qu'il avait avant la disparition de son conjoint, et perçoit les revenus destinés à le faire vivre. Si c'est le mari qui est présent, il continue à administrer comme par le passé, et se fait autoriser en justice à accomplir les actes qu'il ne peut faire seul : cette demande n'est que l'application de l'art. 112 ; elle est formée par une partie intéressée ; car, le mari est intéressé à la bonne administration des biens de la femme absente, puisque les revenus profitent à la communauté ou à lui-même. Si c'est la femme qui est présente, elle invoquera le même art. 112, toutes les fois qu'il s'agira des biens de son mari absent ou de la communauté, et, dans ce cas, l'art. 1426 n'empêchera pas la femme d'obliger la communauté en agissant avec autorisation de justice; c'est un mandat, et non pas une autorisation; l'art. 1427 oblige la femme à solliciter le même mandat s'il y a lieu d'établir les enfants communs et de disposer à cet effe. des biens communs; mais, pour ses biens personnels, si elle doit demander à la justice des pouvoirs que le mariage lui refusait, ce sera en se fondant sur les art. 222 et 223. Si le mariage existait sous le régime de séparation de biens, ou si la femme dotale avait des paraphernaux, le mari présent devra demander autorisation pour tous les actes d'administration, s'il n'a pas de procuration de sa femme (art. 1577); la femme présente n'aura besoin de l'autorisation de justice que pour les actes qu'elle ne pouvait faire sans l'autorisation maritale. L'art. 863 du C. pr. indique la marche à suivre pour obtenir cette autorisation; si le tribunal refuse de douter de l'existence du mari, il appliquera les art. 861 et 862 du même C. pr.; les formes de la procédure sont à peu près les mêmes.

Mais qu'adviendrait-il des actes faits indûment sans l'intervention de la justice? Si l'acte a été fait ainsi par le conjoint présent sur les biens de l'absent, c'est l'acte d'un mandataire outrepassant ses pouvoirs (si c'est le mari, sur un bien qu'il administre), ou d'un gérant d'affaires (si c'est la femme ou le mari sur un bien paraphernal), si l'acte émane de la femme présente et a pour objet l'un de ses propres, les art. 225 et 1125 donnent bien à la femme une action en nullité; mais ici cette action ne pourra triompher. Le tiers attaqué répondra en opposant la présomption de mort, et attendra la preuve contraire; que si la femme venait à mourir sur ces entrefaites, ses héritiers n'auraient non plus aucune action : et si le mari ne reparaissait que plus de dix ans après la mort de sa femme, le tiers aurait prescrit, en vertu de l'art. 1304, tant contre lui que contre les héritiers de sa femme. A bien plus forte raison, les art. 1310 et 1382 s'appliqueraient à la femme qui aurait employé des manœuvres pour tromper les tiers, et la priveraient de tout recours.

Quoi qu'il arrive donc dans cette première période, les conventions matrimoniales de l'absent restent entières et ont tout leur effet.

Deuxième période. Nous savons que, pour le conjoint présent comme pour tous ceux ayant des droits subordonnés à la vie ou à la mort de l'absent sur ses biens, la loi suspend la présomption de mort jusqu'à la déclaration d'absence. Mais parfois la loi suspend cette présomption plus longtemps encore pour donner au conjoint l'administration légale des biens de l'absent. A quel conjoint présent est donné le droit d'option? En quoi consiste l'administration légale? Et quels sont les effets de l'option contraire? C'est ce que nous devons examiner maintenant sous deux numéros distincts.

I. — *Quel conjoint présent a droit à l'option? — Quels biens sont soumis à son administration légale?*

Les conventions matrimoniales sont libres (art. 1387); mais les parties adoptent presque toujours, comme principe fondamental devant régler leur union quant aux biens, l'un des quatre grands régimes proposés par le Code : Communauté; Régime exclusif de communauté ;

Séparation de biens; Régime dotal. La loi a encore prévu et proposé la combinaison de la Communauté et du Régime dotal en réduisant les effets de l'un et de l'autre. Nous nous attacherons à ces dispositions de la loi pour répondre à la question de notre titre.

L'art. 124 dispose d'abord que : « L'époux commun en biens, s'il opte pour la continuation de la communauté, pourra empêcher l'envoi provisoire, et l'exercice provisoire de tous les droits subordonnés à la condition du décès de l'absent, et prendre ou conserver par préférence l'administration des biens de l'absent... » Après avoir remarqué comment le législateur a fait ressortir par le rapprochement des articles (art. 120, 123 et 124) l'analogie des situations du conjoint présent et des héritiers présomptifs et autres personnes dont les droits sont subordonnés à un même événement, la mort de l'absent, soulignons les premiers mots de l'article, « l'époux commun en biens. » A celui-ci, et à lui seul, la loi donne, après la déclaration d'absence, un droit d'option; il peut se soumettre à la loi générale, mais il n'y est pas contraint. En conséquence, l'époux non commun en biens, ou l'époux commun n'optant pas pour la continuation de la communauté, doit reprendre ses biens personnels et tout ce à quoi il aurait droit si l'absent était mort au jour de sa disparition, et laisser les héritiers présomptifs et autres se faire envoyer en possession provisoire des biens de l'absent.

L'époux commun peut opter pour la continuation de la communauté; qu'entendrons-nous par « époux commun en biens? » Il faut, croyons-nous, donner à ces mots leur acception la plus large. Nous avons déjà indiqué en passant les motifs de notre article; il nous est utile maintenant de les sonder pour appuyer notre décision. Trois intérêts sont ici en présence : l'intérêt de l'absent et de son conjoint, d'un côté, et de l'autre côté l'intérêt des héritiers présomptifs et autres personnes qui, au moment de l'envoi définitif seulement, pourront invoquer en leur faveur l'intérêt du crédit public, de la circulation des biens. La loi a préféré le double avantage de l'absent et du conjoint présent, l'avantage de l'absent intéressé à l'unité d'administration du patrimoine matrimonial, à la continuation de la communauté prospère, à la liquidation facile et pacifique des affaires embarrassées d'une communauté déjà mauvaise, l'avantage du conjoint présent profitant aussi de son administration par l'accroissement de sa part de communauté.

Cette disposition de la loi est attaquée comme insuffisante et inexplicable. Pourquoi, dit-on, cette distinction entre les régimes de mariage? Soit encore, si le régime adopté est la séparation de biens; les fortunes respectives des époux sont demeurées distinctes; s'il n'y a pas d'enfants, toutes les charges du mariage ont cessé, et la part contributoire de l'absent serait indûment versée aux mains du conjoint présent; s'il y a des enfants, ce conjoint aura l'usufruit légal sur les biens de l'absent après l'envoi en possession des enfants; l'envoi en possession n'enlève donc aucun droit au conjoint présent et ne change pas sa position. Si cette conclusion est rigoureuse, du moins est-elle logique. Mais quand les époux se sont mariés sans communauté ou sous le régime dotal, la dissolution provisoire des conventions matrimoniales est inique et irrationnelle.

L'envoyé provisoire, simple administrateur, ne doit avoir que les droits de l'absent; aussi l'envoi n'a lieu que des biens qui appartenaient à l'absent au jour de sa disparition, et tels que ces biens lui appartenaient (art.

120), que des biens délaissés par lui; c'est le mari qui est présent et qui a administré jusqu'ici; les biens personnels de la femme sont-ils donc délaissés? Ne sont-ils pas grevés du droit du mari d'en jouir jusqu'à la dissolution du mariage ou la séparation de biens judiciaire? La femme ne pourrait réclamer ses biens si elle était présente, et ses héritiers ne peuvent ni prouver sa mort, ni demander la séparation de biens par le seul fait de l'absence (art. 1443 et s., et 1563). L'intérêt de l'absent à l'unité d'administration de son patrimoine est le même sous tous les régimes. Enfin, si l'art. 124 est fondé sur cet autre motif que le mariage avec l'absent est maintenu pour empêcher un subséquent mariage, c[illegible]u'il faut le maintenir aussi au point de vue des conve[illegible]ons matrimoniales, ce motif s'applique encore à tous [illegible]s régimes du mariage. La présomption de mort ne [illegible]e pas suivant le régime matrimonial.

Nous essaierons cependant de justifi[illegible] loi dans sa disposition de l'art. 124. Tous les ar[illegible]ments qui précèdent tendent à prouver l'inconséquence de [illegible] loi; l'envoyé administrateur-gérant ne peut avoir plus de droits que l'absent qui ne pourrait séparer ses biens de ceux de son conjoint; mais l'envoyé héritier peut réclamer les biens de son auteur décédé, parce que le mariage est dissous. Il ne nous manquait que cette preuve légale de la présomption de mort, du titre héréditaire des envoyés, de la dissolution du mariage quant aux biens; c'est donc pour nous un fait acquis que la présomption de mort dès le jour de la présomption d'absence pour les uns, et seulement au jour de la déclaration d'absence pour quiconque a sur les biens de l'absent, comme le conjoint et l'héritier présomptif, un droit dont la cessation ou l'ouverture est subordonnée au décès de l'absent. Telle est la règle que nous avions déjà posée tout à l'heure.

Mais pourquoi cette règle? pourquoi pendant le mariage et jusqu'à sa dissolution le mari a-t-il droit à la totalité ou à une portion seulement des revenus de la femme, sinon parce qu'il est tenu comme chef de subvenir aux charges du mariage, et que la femme doit contribuer à l'acquittement de ces charges? Et nous écartons ainsi cette différence qu'on veut faire entre le régime de séparation de biens, d'une part, et les régimes sans communauté et dotal, d'autre part. Sous quelque régime que les époux soient mariés, le mari à droit aux revenus de la femme; il les percevra en totalité, ou elle lui en remettra le tiers (art. 1537), ou plus forte part selon la convention ou les besoins du ménage; mais il a droit à tout ce qui en est nécessaire pour subvenir aux charges du mariage. Or, de ces charges il n'y en a que deux, l'entretien des enfants et l'entretien de la femme; et par ce mot « entretien » nous entendons tout ce qui est nécessaire à la vie, à la satisfaction des besoins matériels, intellectuels et moraux de la vie.

Quand l'un des époux disparait, et tant que sa mort n'est pas présumée à l'égard de l'autre, le mari présent, toujours tenu de subvenir aux charges du mariage, d'entretenir les enfants et de faire face aux dépenses occasionnées par le retour de sa femme, a le droit de percevoir les revenus, ou la part de revenus qui lui était attribuée auparavant; la femme présente se fait autoriser à percevoir elle-même ce qui lui est nécessaire pour son entretien et celui des enfants. Mais, le jour où l'absent est présumé mort, où ses enfants sont envoyés en possession de ses biens, il n'y a plus de mariage au point de vue des intérêts pécuniaires, et partant plus de charges du mariage; le mari est relevé de l'obligation d'y faire face, la femme, de l'obligation d'y contribuer.

Tout au plus, le conjoint présent pourrait-il se plaindre si, par le fait, il lui restait quelqu'une de ces charges à remplir ; mais il n'en est même pas ainsi. L'entretien de la femme absente par le mari a cessé comme si elle était morte, et, à tous égards, le conjoint présent n'est jamais, pécuniairement parlant, dans une situation pire que si l'absent était réellement mort, puisqu'il reprend ses revenus personnels ; les enfants issus du mariage se feront envoyer en possession des biens de l'absent ou, tout au moins, de la réserve, si cet absent a disposé de la quotité disponible.

En résumé, l'époux non commun n'a rien à perdre ; il ne peut se plaindre qu'on lui retire ce qu'il recevait pour subvenir aux charges du mariage, soit comme avances, soit comme salaire, quand on le relève de ces charges et des soins qu'elles lui coûtaient. Au cas de communauté, c'est un contrat tout autre qui est intervenu entre les conjoints ; il ne s'agit plus seulement d'administrer et d'entretenir, il faut, en outre, économiser et gagner ; que l'un des époux disparaisse, que par ce fait les charges du mariage soient éteintes, et la dernière obligation résultant de la convention matrimoniale ne sera pas encore remplie ; car, les économies, le gain doivent se continuer jusqu'au décès de l'absent ; et la loi a voulu que le conjoint présent, personne essentiellement favorable et peu suspecte, fût juge dans sa propre cause, qu'il se prononçât sur la continuation ou la cessation de la communauté. Cette nature du contrat de communauté est une première cause de la préférence que la loi accorde ici à ce régime.

Mais un autre motif de l'art. 124 ressort de ce que nous venons de dire : dans les régimes matrimoniaux autres que la communauté, le conjoint présent est en opposition d'intérêts avec l'absent; voyez plutôt : — que le mari absent ait intérêt au maintien du contrat de mariage sous l'un des trois régimes que nous avons cités, parce qu'il fait siens les revenus importants de sa femme et que les charges matrimoniales sont peu importantes, et l'intérêt de la femme sera de reprendre ses biens et d'en jouir ; que ce mari soit, au contraire, intéressé à la dissolution parce que les charges excèdent les revenus de sa femme, et cette femme aura tout avantage à maintenir l'effet du contrat de mariage; il en sera de même du mari présent à l'égard de sa femme absente ; — plaçons-nous maintenant sous le régime de communauté ; si l'un quelconque des époux a intérêt à la continuation de la communauté pour terminer avantageusement une affaire ou une suite d'opérations, et l'autre époux y aura le même intérêt, tous deux sont intéressés à ce que la communauté soit opulente ; si l'un des époux doit trouver un avantage à la dissolution provisoire de la communauté, parce qu'elle ne pourrait que diminuer à l'avenir, l'autre y trouvera le même profit. Une contrariété d'intérêts pouvait se présenter dans le cas où l'un des époux, l'absent par exemple, aurait des revenus moins considérables que l'autre ; il aurait été de l'intérêt du conjoint présent de dissoudre la communauté qui profite de ses revenus personnels et dont l'administration est difficile et coûteuse, tandis que l'avantage du patrimoine de l'absent eût demandé la continuation provisoire ; mais la loi y a pourvu; le conjoint présent aura toujours avantage à la continuation de la communauté ; si l'absent revient, la totalité des fruits économisés des biens de chacun appartiendra de toute manière à la communauté ; et s'il ne revient pas, l'époux présent aura droit à la fois à ses revenus propres et, conformément à l'art. 127, à partie ou totalité des revenus de l'absent à titre d'indemnité.

C'est principalement cette conformité d'intérêts qu'a considérée le législateur de l'art. 124, et qui a été pour lui un gage de la bonne gestion des intérêts personnels de l'absent ; ce dernier ne peut que profiter personnellement de la continuation de communauté, à moins de circonstances exceptionnelles que son conjoint pourra apprécier dans le même point de vue. Indépendamment de l'unité d'administration de son patrimoine, l'absent tire encore, s'il revient, de la continuation de la communauté cet avantage que ses revenus personnels y sont tombés au lieu d'appartenir en grande partie ou même en totalité à ses héritiers présomptifs.

La loi ne juge l'absence et les probabilités ou présomptions qui en découlent, qu'en considération des intérêts opposés ou conformes à ceux de l'absent. Si avec l'intérêt de l'absent il y a en jeu un intérêt de morale publique, la loi n'hésite pas à le déclarer vivant et à prohiber le convol de son conjoint à un autre mariage. Au point de vue des biens, la loi pose en principe la présomption de mort dès le jour de la disparition afin de mieux sauvegarder l'intérêt des tiers et celui même du patrimoine de l'absent contre ces tiers; mais si les tiers veulent exercer sur les biens mêmes de l'absent un droit subordonné à son décès, ils doivent attendre un certain temps, jusqu'à ce qu'on ait des motifs très graves de le croire mort ; et c'est à l'expiration de ce laps de temps qu'elle prononce la présomption de mort ; en même temps, elle appelle les héritiers à défendre les droits de l'absent et les leurs; et, comme corollaire de cet appel, elle écarte le conjoint dont le droit doit être résolu par le même événement ; toutefois encore, si ce conjoint offre par la conformité de son intérêt personnel une garantie de bonne gestion des intérêts de l'absent, la loi recule la présomption. Il ne suffisait pas de l'avantage unique de l'absent ou de son conjoint pour arrêter l'exercice des droits légaux de tiers et des héritiers ; mais la combinaison de deux intérêts, disons plus, de l'intérêt de l'absent et du droit douteux de l'autre époux, a paru suffisant au législateur.

Qu'on fasse à ce législateur un reproche d'avoir porté atteinte aux droits de tiers au profit même de l'absent et de son conjoint présent ; qu'on lui oppose que les conventions matrimoniales, entièrement indépendantes des tiers, ne devraient avoir aucune influence sur le mode ou l'époque de l'exercice de leurs droits, c'est moins, selon nous, une question de principe qu'une question d'appréciation. La loi, dispensant les tiers d'une preuve fondamentale et nécessaire, a le droit de mettre à cette faveur telles conditions qu'elle juge convenables. Reste la question d'appréciation. Or, qu'est le conjoint présent ? C'est un tiers ayant sur les biens de l'absent un droit résultant d'un contrat passé avec l'absent, droit qui dépend quant à son existence de la vie et de la mort de l'absent. Le droit des tiers, donateur avec clause de retour, appelés à substitution, nu propriétaire, a le même fondement et est soumis au même événement.

Entre ces deux droits contraires, lequel devait être préféré ? Pour nous, nous ne pouvons ne pas approuver la loi qui a préféré le tiers favorable à tous égards et par sa situation personnelle, et par les garanties d'affection qu'il offre. Au surplus, de la solution de cette question dépendait l'art. 124 tout entier. Comment proposer au conjoint présent de continuer la communauté, c'est-à-dire d'exécuter à l'avenir un contrat, si l'on commence par retirer de cette communauté des revenus qui, du chef de l'absent, devaient appartenir à cette communauté pendant toute sa durée? Remarque-t-on, d'ailleurs, que l'exercice de ces droits ne laisserait au conjoint présent qu'une faible partie des biens de l'absent, surtout s'il s'agit du droit d'un donateur? Enfin, la loi a été logique en traitant de même le nu propriétaire et l'héritier présomptif; l'un a un titre contractuel peut-être, l'autre un titre légal; ces titres sont égaux et subordonnés à la même présomption; si l'un doit, en présence du conjoint, attendre pendant trente ans l'ouverture effective de son droit, il doit en être de même de l'autre. C'est le Tribunat qui a fait remarquer la nécessité de cette assimilation. Nous croyons avoir justifié ainsi toute la première disposition de l'art. 124.

Quelques jurisconsultes, prenant en considération la situation de l'époux non commun en biens et peu fortuné, voudraient au moins lui accorder des aliments sur les biens de l'absent. Plusieurs d'entre eux, reconnaissant à tout conjoint le droit de demander une pension alimentaire aux héritiers de son conjoint décédé, permettent à l'époux présent d'en demander une aux envoyés, soit comme héritiers, soit comme mandataires de l'époux absent vivant; d'autres, partant d'un principe contraire, arrivent à une conclusion moins logique. Ces derniers, après avoir déclaré intransmissible la dette alimentaire légale, considérant comme insuffisante la restitution à la femme de ses biens, veulent lui accorder une pension alimentaire payable par les envoyés et sur les biens de l'absent; ces envoyés, disent-ils, ne sont que les mandataires de l'absent et doivent remplir ses obligations; le mariage n'est pas dissout, puisque l'époux présent ne peut pas se remarier. Nous avons répondu par avance que ce maintien du mariage pendant l'absence est purement d'ordre public et ne peut s'appliquer aux biens; s'il en était autrement, il faudrait maintenir le contrat du mariage tout entier. Quant à la qualité de mandataires qu'on prête aux envoyés, elle est en question, car elle dépend de l'existence de l'absent; si l'absent est vivant, les envoyés sont mandataires, le mariage subsiste quant aux biens; s'il est mort, les envoyés sont héritiers, le mariage est dissout.

Nous avons justifié maintenant la disposition tout exceptionnelle de l'art. 124; nous l'avons fondée sur le respect dû à l'intérêt, au droit du conjoint commun, sur l'intérêt de l'absent, et sur l'identité des intérêts de chacun. Et c'est en prenant pour point de départ ce triple motif de l'art. 124, que nous avons indiqué l'intention d'en étendre autant que possible l'application. Toutes les fois que dans un régime matrimonial nous trouverons une communauté entre les époux et une identité d'intérêts, nous appliquerons l'art. 124. Et d'abord cet article doit s'étendre à tous les régimes de communauté conventionnelle mentionnés par la loi, et ce, sans aucune hésitation. Nous comprendrons de même dans les époux communs dont il parle, ceux qui, mariés sous le régime dotal, ont stipulé une société d'acquêts.

Mais voici venir une question : l'époux commun absent a exclu de la communauté certains biens, même pour la jouissance ; ou plus simplement la femme absente, dotale avec société d'acquêts, a des biens paraphernaux (les situations et les solutions sont identiques) ; le conjoint présent peut-il prétendre à l'administration légale de ses biens ? A ne consulter que le texte de l'art. 124, il semble bien qu'on doive répondre affirmativement ; l'époux commun peut empêcher *l'envoi provisoire,* prend ou conserve l'administration *des biens de l'absent* (art. 124 et 129) ; l'art. 127 oblige l'époux commun présent à restituer à l'absent de retour une partie de ses revenus, et cette obligation ne se comprend guère que pour les revenus des biens dont nous parlons ; l'intérêt de l'absent veut l'unité d'administration de son patrimoine ; enfin, il serait bizarre que la loi partageât les biens de l'absent, présumant sa mort à l'égard des uns, et sa vie à l'égard des autres ; ce sera peut-être l'unique hypothèse où le mari *prenne* l'administration des biens de sa femme. Toutefois, ces arguments nous toucheraient peu, et nous préférerions l'avis contraire de M. Marcadé, si nous ne voyions l'esprit de la loi se joindre à son texte pour le combattre.

Il résulte clairement de la généralité du texte et des discussions des législateurs, qu'on ne s'est pas expliqué sur les biens dont nous parlons ; c'est sur les observations du Tribunat qu'on a opposé le mot *prendre* au mot *conserver,* et uniquement en vue de la femme, comme en font foi les procès-verbaux et aussi le rapport du tribun Leroy (de l'Orne) au Tribunat sur notre article. Quand la loi appelle l'époux commun à l'administration légale, n'est-ce donc pas comme époux commun coassocié de l'absent, et en tant que l'absent et lui sont communs en biens ? Or, la communauté n'existe pas pour les biens propres dont les revenus restent propres, et le conjoint présent n'a aucun droit de réclamer ces revenus comme communs. A la vérité, l'époux présent est sans droit sur ces revenus; mais s'il n'y a pas communauté de droit entre lui et l'absent à l'égard de ces biens, il y a, du moins, communauté d'intérêts; le conjoint présent a intérêt à administrer légalement ces biens pour acquérir la portion de revenus fixée par l'art. 127; si l'absent reparaît, cette portion de revenus sera tombée en communauté comme produit de l'industrie de l'époux présent; mais, par là même, l'absent a intérêt à l'administration de ces biens par son conjoint, puisqu'à son retour il va retrouver ainsi dans sa part de communauté la moitié des revenus qui seraient gagnés pour la majeure partie par les envoyés.

C'est sur cette coïncidence et sur cette conformité de l'intérêt du conjoint présent et de l'intérêt de l'absent, que nous avons fondé l'art. 124. Ses motifs doivent nous servir et nous servent ainsi à délimiter son cercle d'application. Le mari prendra donc l'administration légale des paraphernaux de sa femme. Observons, d'une part, que la question ne pouvait même pas être soulevée dans le cas où la femme s'était obligée à remettre au mari tout ou partie des revenus des paraphernaux; et, d'autre part, que l'unité d'administration du patrimoine de l'absent exige cette solution, principalement dans l'hypothèse d'un bien réservé par le mari absent.

II. — *Option pour la continuation provisoire de la communauté. — De l'administration légale confiée au conjoint présent.*

Le conjoint présent a opté pour la continuation de la communauté, soit que spontanément il ait provoqué la déclaration d'absence et demandé à la justice acte de son option, soit que, déjà nanti des biens, il ait attendu l'action des héritiers présomptifs ou autres et leur ait signifié sa volonté, soit enfin qu'éloigné fortuitement de son domicile, il ait dû réclamer les biens aux héritiers présomptifs ou tiers qui avaient surpris la justice et obtenu l'envoi provisoire sans le mettre en cause. Quels vont être les effets de la continuation de communauté? quelle en sera la durée et pour quelles causes cessera-t-elle? quels seront les effets de cette cessation? Nous allons répondre successivement à ces trois questions.

1° *Effets de la continuation de la communauté.* — Par le fait de son option pour cette continuation, le conjoint présent *conserve* ou *prend* l'administration de ses biens propres, des biens de l'absent, enfin des biens communs. Tous ces biens réunis composent le patrimoine matrimonial; avant l'absence, le mari en avait seul l'administration; il la conserve quand sa femme a disparu; la femme présente prend cette administration, mais non pas telle que l'avait le mari. Quel que soit l'administrateur, l'existence de l'absent est fort douteuse; il y a donc lieu de prévoir le cas où il ne reparaîtrait pas, et où l'on devrait procéder à la liquidation et au partage du patrimoine matrimonial en prenant pour base son état au jour de la disparition. Il faut sans retard constater son état actuel; l'art. 126 en fait une obligation au conjoint présent.

I. Obligations du conjoint présent. — A sa requête, l'inventaire « du mobilier et des titres de l'absent » sera dressé en présence du procureur impérial ou d'un juge de paix par lui requis. Il n'est pas nécessaire d'appeler les héritiers présomptifs; leur intérêt est le même que celui de l'absent à qui les comptes seront dus s'il reparaît et qui est personnellement représenté par le procureur impérial ou le juge de paix requis; ils pourraient toutefois être admis à l'inventaire comme ayant un intérêt éventuel et légitime à son exactitude, et sans augmentation de frais.

Quels biens doivent être compris dans cet inventaire? Le mobilier et les titres de l'absent, répond l'art. 126. Toullier, appliquant à la lettre cette disposition, en conclut que l'inventaire ne comprendra que les titres et le mobilier propre de la femme absente, que les titres, le mobilier propre et le mobilier commun, si c'est le mari qui est absent. Le mari est chef de la communauté, et le mobilier commun ne peut appartenir qu'à lui. Tout le mobilier et les titres du patrimoine matrimonial, répondons-nous à notre tour. L'inventaire que veut la loi, c'est celui qui serait fait si l'absent était mort, s'il s'agissait de partager et de liquider immédiatement la communauté, le même auquel les envoyés seraient tenus de faire procéder, si l'époux optait pour la dissolution de la communauté; l'inventaire comprend le mobilier et les titres de chacun des époux, et constate les reprises et droits de chacun.

L'absent, quel qu'il soit, n'est-il pas d'ailleurs propriétaire de ses propres et aussi de la moitié indivise de la communauté? et cette communauté ne comprend-elle pas le droit aux fruits des propres du conjoint présent? Enfin, c'est d'après cet inventaire que se fera ensuite le partage selon l'état du jour de la disparition, si l'absent ne reparaît pas. Le mari, continuant la communauté, en demeure bien le chef; mais cette qualité n'est absolue qu'à l'égard des tiers; il sera responsable envers les représentants de la femme absente si elle ne revient pas; l'inventaire ne porte aucune atteinte à ses pouvoirs de chef de la communauté, s'il en est réellement le chef et que la femme reparaisse; sinon, il n'aura pas pu impunément la diminuer.

L'art. 126 ne pourra être appliqué au mari présent en ce qui regarde la vente du mobilier et l'emploi du prix et des fruits échus; le tribunal ne peut réduire ses pouvoirs de chef. La femme présente, au contraire, n'ayant que les pouvoirs à elle conférés par l'art. 124, se trouve dans une situation analogue à celle des envoyés en possession provisoire. Enfin, il ne peut être question de faire dresser par expert un état des immeubles aux frais de l'absent; la visite aura dû être faite au moment du contrat de mariage, ou les immeubles seront réputés avoir été reçus et devoir être remis en bon état.

Lisons la fin de l'art. 124; l'époux qui opte pour la dissolution provisoire de la communauté doit fournir caution pour les choses susceptibles de restitution. Rien de semblable n'est ordonné pour l'époux qui continue la communauté. Qu'en faut-il conclure?

— Rien, dit M. de Moly; la caution doit toujours être fournie, parce que toujours elle est utile, et il y a le même motif de l'exiger que d'exiger l'inventaire; il faut assurer la restitution; l'art. 129 prévoit l'administration légale aussi bien que l'envoi provisoire et déclare les cautions déchargées à l'expiration des trente ans courus depuis cet envoi ou le commencement de cette administration; enfin, dans les procès-verbaux imprimés par ordre du gouvernement, la première phrase de notre art. 124 n'était terminée que par deux points, d'où cette conséquence que la dernière proposition incidente de la seconde phrase serait commune à la première phrase et à la seconde. Cette opinion a été adoptée, mais non motivée par la Cour de Paris dans son arrêt du 9 janvier 1826. Le dernier argument tiré de la ponctuation adoptée dans les procès-verbaux imprimés ne peut avoir de force probante, alors même qu'on admettrait la conséquence déduite de cette ponctuation ; le texte actuel est conforme à l'édition originale, seule officielle; les deux phrases doivent être séparées par un point.

— Toullier distingue entre le mari tenu de fournir caution seulement pour les propres de la femme absente, et la femme obligée de la fournir pour le montant de la communauté et pour les propres du mari. Cette opinion ne nous semble pas logique; si l'absent doit reparaître, la restitution doit se faire non pas à lui, mais à la communauté; la caution ne doit donc être donnée qu'à la communauté ; il en résulterait que le mari n'aurait jamais de caution à fournir, puisqu'il est le chef de cette communauté qui aurait toujours continué comme par le passé, et que la femme devrait donner caution même pour ses propres qu'elle aurait à restituer à la communauté; exception, bien entendu, pour les paraphernaux et les biens analogues dont la communauté ne jouirait pas; si la communauté continue, les pouvoirs du mari doivent demeurer les mêmes ; la présomption de mort n'est pas admise, et les héritiers présomptifs ne peuvent entraver les pouvoirs du mari jusqu'à ce que la loi consacre la présomption de mort. Mais nous n'admettons pas même l'obligation de donner caution imposée à la femme.

— Un troisième système déclare que la loi est muette et qu'il faut laisser aux tribunaux un libre pouvoir d'appréciation. Une telle conclusion nous étonne; un tel pouvoir des tribunaux ne peut émaner que de la loi, et l'on reconnaît que la loi est muette. Il nous serait facile d'invoquer ce mutisme de la loi et de répondre qu'il n'est pas permis d'ajouter aux conditions que la loi impose en accordant un droit. — Mais, pour nous, la loi n'est pas muette; elle n'est qu'implicite par l'opposition qu'elle établit entre les deux options; M. de Moly le sentait bien lorsqu'il voulait unir les deux phrases. L'art. 129 prononce la décharge des cautions pour le cas où il en a été fourni, mais ne fixe pas les circonstances où elles sont exigées; la décharge n'aura lieu que s'il y a eu envoi provisoire; elle pourra même avoir lieu s'il s'est écoulé trente ans depuis le commencement de l'administration légale, et si, cette administration ayant été interrompue, il y a eu un envoi provisoire postérieur. Si la loi n'a pas exigé une caution du conjoint présent, sans doute qu'elle a voulu l'engager, dans l'intérêt de l'absent, à continuer la communauté, et qu'elle a trouvé une garantie suffisante de bonne gestion dans la conformité des intérêts et dans le lien d'affection qui unit les époux.

En résumé, représenter le patrimoine matrimonial, soit à l'absent de retour ou à ses héritiers à la dissolution du mariage, soit aux héritiers présomptifs de l'absent qui n'a pas reparu, et selon l'état du jour de la disparition, telle est la principale obligation du conjoint présent. Pour assurer cette restitution, la loi lui impose de faire procéder à l'inventaire, et, si c'est la femme, de faire déterminer par le tribunal le mobilier qui doit être vendu. Nous allons maintenant rechercher quels sont ses pouvoirs.

II. Pouvoirs du conjoint présent. — Le mari présent, nous l'avons déjà dit, conserve sur la communauté, sur le patrimoine matrimonial tous ses pouvoirs de chef. S'il en était autrement, la communauté ne continuerait pas, et il faudrait une publicité pour ce changement comme pour la séparation de biens (art. 1445). On a prétendu cependant que la vente consentie par lui en vertu des art. 1421 et s. ne pourrait être opposée aux héritiers de la femme que par les tiers de bonne foi (art. 2009), et non par le mari lui-même, afin de n'en être pas responsable. Mais l'art. 2008 nous fournit une réponse péremptoire ; le mari a été appelé par la loi à continuer la communauté et à conserver ses pouvoirs ; nous avons démontré précédemment et à propos des envoyés, que ses pouvoirs seraient les mêmes comme mandataire général légal, même en dehors des conditions spéciales de l'art. 124. Mais ces conditions spéciales nous autorisent à maintenir la donation faite conformément à l'art. 1422. Dans les circonstances où le mari aurait besoin du consentement de sa femme, pour la vente ou l'hypothèque des propres (art. 1428), il devra s'adresser à la justice.

Mais que dire de la femme qui administre en la place du mari absent? L'art. 223 annule toute autorisation générale d'administration donnée par le mari à sa femme, en tant qu'elle s'appliquerait à d'autres biens que les propres de la femme. En conférant à cette femme l'administration légale du patrimoine matrimonial, l'art. 124 l'avait par avance relevée de cette incapacité, en l'établissant mandataire générale légale du mari. Il n'y a donc pas lieu non plus d'appliquer l'art. 1990. Si la femme est mandataire, c'est avec une autorisation supérieure à celle de justice ou même du mari, avec l'autorisation de la loi. Cette autorisation n'est pas cependant si absolue que la femme présente soit redevenue libre de ses actes, qu'elle puisse disposer de ses propres biens, et encore moins des biens de la communauté ou du mari ; l'art. 1427, prévoyant l'absence du mari, défend à la femme de s'obliger ou d'engager les biens de la communauté sans autorisation de justice, même pour l'établissement des enfants communs. N'est-ce pas, d'ailleurs, fort logique? La femme, en optant pour la continuation de la communauté, reconnaît l'existence de son mari, continue son mariage même quant aux biens; elle doit donc être munie de l'autorisation maritale, ou, à défaut, de l'autorisation de justice, pour tous les actes qu'elle ne peut faire valablement sans cette autorisation. N'oublions pas cependant qu'en qualité de mandataire légale du mari, la femme a des pouvoirs spéciaux, qu'elle peut obliger la communauté soit seule, soit autorisée en justice. C'est en ce sens qu'il faut entendre l'art. 124.

Quelques auteurs, frappés de ces mots de l'art. 124, « prendre ou conserver l'administration des biens de l'absent, » et remarquant que les art. 125 et 128 ne font aucune mention du conjoint présent, en ont tiré cette conclusion que la femme présente avait la même administration, les mêmes pouvoirs que le mari présent; c'étaient aussi les pouvoirs du conjoint survivant continuant la communauté avec les enfants du prédécédé, nous dit Pothier, sauf cette différence que le survivant ne pouvait faire aucune donation des biens communs. Le mari pouvant aliéner les immeubles de communauté et ses immeubles propres, la femme le pourrait aussi; mais alors elle aurait sur ces immeubles plus de droits que le mari présent n'en aurait eu sur les propres qu'elle aurait laissés, plus de droits aussi qu'elle n'en a sur ses biens personnels.

Ce résultat est impossible. La loi, confiant un mandat à une personne qui n'a qu'une capacité restreinte, ayant soin de maintenir cette restriction, n'a donné le mandat que dans les limites de la capacité du mandataire; elle a relevé la femme de son incapacité pour faire l'option et pour l'investir d'une administration ; mais les art. 215 et 217 demeurent applicables ; la femme demeure frappée de l'incapacité qui est la conséquence nécessaire, absolue du mariage, et ce, même dans l'exécution de son mandat. Ce n'est donc pas en vertu de l'art. 128 que nous prohiberons toute vente d'immeubles par la femme ; c'est en vertu des art. 217, 1427 et 124. Mais nous lui permettrons de vendre le mobilier, comme nous l'avons permis aux envoyés en possession provisoire et par les mêmes motifs, et aussi en nous fondant tout particulièrement sur l'art. 1449 ; nous ne l'autoriserons pas à le donner, parce qu'il n'a jamais appartenu au mandataire de faire des libéralités avec les biens à lui confiés. Quant aux actes d'administration simple, la femme pourra les faire seule.

Nous avons encore un autre motif pour décider ainsi : L'art. 222 oblige la femme à demander l'autorisation de justice pour ester en jugement ou pour *contracter* (entendons ce mot comme désignant les contrats de l'art. 217), et ce sans distinguer pour quels biens ces actes doivent être faits ; et, en effet, ses biens sont peut-être confondus dans le patrimoine matrimonial ; on peut légitimement en conclure « à contrario » que les autres actes sont permis à la femme.

III. Droits du conjoint présent. — Cette administration n'est pas pour le conjoint présent une charge onéreuse ; nous avons déjà fait remarquer que la loi a pris soin d'y attacher un intérêt pécuniaire. Elle a voulu l'engager à accepter cette mission ; elle a eu compassion de cet époux qui ne peut se convaincre de la mort de son épouse et continue à vivre comme par le passé ; et alors même que l'absent ne reparaîtrait pas, l'époux présent ne doit pas être victime de son dévouement, ni être tenu de débourser un capital considérable de revenus accumulés légalement, mais non de fait. Ici, nous avons un texte formel, l'art. 127 ; mieux vaudrait presque n'en pas avoir à cause des embarras qu'il va nous donner. Il résulte de son texte que l'époux présent fait les fruits siens pour partie seulement, ou en totalité quand il administre les biens de l'absent, et à l'encontre de cet absent. Mais examinons de plus près sa disposition ; le conjoint présent et commun en biens n'est *tenu de rendre* à l'absent de retour qu'un cinquième ou un dixième des revenus de ses biens. Mais si l'absent reparaît, la communauté a toujours continué en droit comme en fait, et tous les revenus des deux époux y sont tombés en vertu de l'art. 1401.

On a cherché dans l'art. 127 une exception à l'art. 1401, exception fondée sur l'intérêt du conjoint présent et sur le tort de l'absent qui prive la communauté de son travail. Cette faveur serait dangereuse et injuste, dangereuse, parce qu'elle pourrait exciter des récriminations et des querelles entre les époux, injuste, parce que l'absent a pu contribuer à l'enrichissement de la communauté par son travail personnel, et qu'il a fait profiter des revenus de ses biens. S'il en était ainsi, la communauté n'aurait pas continué ; l'époux présent aurait été chargé de l'administration salariée des biens de l'absent. Cet époux présent n'a touché pour lui-même aucuns revenus ; il ne les a perçus que pour la communauté, et lui en doit compte, s'il n'en est pas le chef, après le prélèvement de ce qui lui en a été nécessaire pour subvenir aux charges du mariage. L'art. 127 ne peut donc s'entendre des fruits des biens dont la communauté a la jouissance ; mais il s'appliquera à la lettre quant aux fruits des biens exclus par l'absent de la communauté même pour la jouissance, quant aux fruits des paraphernaux, par exemple, s'il y avait société d'acquêts et que le mari fût présent.

Mais, d'après ce que nous avons dit précédemment, on a déjà compris que nous ne nous en tiendrons pas à cette première application de l'art. 127, et que nous accorderons au conjoint présent une part ou même la totalité des revenus des biens laissés par l'absent qui ne reparaît pas. Il ne nous semble pas admissible que la loi ait chargé le conjoint présent d'administrer gratuitement pendant trente ans le patrimoine de l'absent pour les héritiers de cet absent; nous avons reconnu, d'ailleurs, que le droit de retenir les fruits pouvait s'exercer même à l'encontre des héritiers véritables de l'absent et de la part des envoyés (art. 130) qui avaient administré pour d'autres, et aussi de la part du conjoint présent, puisque l'art. 130 oblige à la restitution des biens sous réserve des fruits acquis « ceux qui auraient joui des biens de l'absent. »

Nous ne pouvons toutefois disconvenir de ce fait que nous ne saurions expliquer la gradation de l'art. 127 pour l'acquisition des fruits par le conjoint présent; plus est juste la bonne foi des envoyés, moins ce conjoint doit avoir de confiance dans son droit. Mais, en sens inverse, nous ne voyons pas quel avantage aurait l'époux présent à la continuation de la communauté dans le plus grand nombre des cas, s'il n'a pas de droit aux fruits; il y souffrirait un préjudice, et nous ne comprendrions pas la loi lui faisant une offre semblable. Qu'importe que les héritiers présomptifs aient été plus vigilants que lui, et méritent moins de perdre les fruits, si la loi a fait une faveur au conjoint présent.

2° *Durée et causes de cessation de la continuation de la communauté.* — La communauté pourra continuer ainsi pendant trente ans, si quelque cause ne vient la dissoudre. A l'expiration de ce temps, les héritiers présomptifs et les tiers ayant des droits subordonnés au décès de l'absent, pourront demander l'envoi définitif. Ils pourront encore faire dissoudre la communauté et demander l'envoi définitif dès avant l'expiration des trente ans, « s'il s'est écoulé cent ans révolus depuis la naissance de l'absent » (art. 129). Il faut bien en finir, et la présomption de mort est trop forte.

Le décès du conjoint présent qui a opté pour la continuation de la communauté interrompt aussi cette continuation, et permet aux héritiers présomptifs et autres de se faire envoyer en possession provisoire des biens de l'absent. La preuve de la mort y met encore fin au profit des héritiers véritables.

Après avoir opté pour la continuation, le conjoint présent peut-il revenir sur cette option? On a répondu négativement par ce double motif que ce conjoint, après s'être prononcé pour la dissolution provisoire, ne pourrait plus prendre le parti contraire, et que l'option est acquise à l'absent et aux envoyés comme engagement d'administrer. Un projet présenté dans le cours de la discussion de notre art. 124, consacrait explicitement le droit de renoncer à la communauté et à sa continuation au profit de la femme présente. Le texte actuel est moins formel, et cependant son sens grammatical serait encore de permettre à la femme de renoncer à la continuation de la communauté; mais nous croyons que l'attention du législateur s'est portée principalement sur l'exception qu'il voulait faire aux art. 1454 et suiv., relatifs à la renonciation à communauté par la femme ; nous ne savons s'il a voulu réunir dans une seule phrase le droit à ces deux renonciations. Nous ne le pensons pas cependant ; les termes de l'art. 124 prouvent qu'il accorde à l'époux présent et commun en biens un droit, un avantage, une « préférence ; » cet époux a donc toujours la faculté d'y renoncer ; il ne s'agit nullement d'un engagement irrévocable qu'on stipule de lui.

Cette faculté n'était-elle pas nécessaire ? L'époux présent espérait le retour de l'absent ou voulait liquider dans l'intérêt de tous une affaire commencée ; aujourd'hui, il a cessé d'espérer ou a terminé l'opération, et veut restituer les biens de l'absent à leurs légitimes possesseurs ; n'est-ce pas un simple acte d'honnêteté ? et peut-on le contraindre à administrer un bien sur lequel il reconnait les droits de jouissance et la quasi-propriété d'autrui ? Il serait regrettable que l'option de l'époux présent fût un engagement trentenaire. Si, après la dissolution provisoire, cet époux ne peut se rétracter, c'est qu'il est rentré dans le droit commun ; il a accepté la présomption de mort et a reconnu le droit des héritiers ; il a refusé l'exception que la loi fait en sa faveur ; au contraire, la renonciation à la continuation de la communauté ramène le droit commun ; on ne peut pas non plus la rétracter.

Qu'arrivera-t-il enfin si le conjoint présent dilapide les biens communs ? Sera-ce une cause de cessation de continuation de la communauté, de séparation de biens ? Ici, il n'y a pas de caution fournie par le conjoint. Le nu propriétaire du bien dont l'absent avait l'usufruit, trouvera une ressource dans l'art. 618 contre la mauvaise gestion du conjoint présent. Pour tous autres, héritiers présomptifs, légataires, donataires, et surtout pour les appelés à substitution et donateur avec clause de retour, ils sont créanciers conditionnels de l'époux présent; l'art. 1180 leur permettra de demander des sûretés, et même de faire appliquer aux biens de l'absent les dispositions de l'art. 602. Toutefois, ces garanties ne pourraient être demandées au mari présent que si les droits de la femme et sa part de communauté au jour de sa disparition étaient menacés.

Mais plusieurs jurisconsultes vont plus loin; ils veulent que les représentants de l'absent puissent demander contre le conjoint présent la dissolution provisoire de la communauté, que les héritiers présomptifs de la femme absente puissent obtenir contre le mari présent la séparation de biens (art. 1443). Ce mari, disent-ils, conserve l'administration du patrimoine matrimonial telle qu'il l'avait avant la disparition de sa femme et n'est plus surveillé par elle; il faut encore la même garantie de sa bonne administration. Le droit de demander la séparation de biens est personnel à la femme (art. 1446); mais ici la dissolution provisoire serait plutôt l'effet de la déchéance qui doit être infligée à l'époux présent s'il dilapide; car il manque ainsi à la principale condition sous laquelle la continuation de la communauté lui a été accordée par la loi, à la condition de bien et sagement administrer. Aussi, cette dissolution provisoire pourrait-elle être provoquée même contre la femme présente.

Nous ne partageons pas cette opinion; l'art. 1446 nous paraît sans réplique, et le devoir du conjoint présent de bien administrer le patrimoine matrimonial n'est pas une condition de l'exercice de son droit. La loi s'en est remise à lui pour décider sur les probabilités de la vie de l'absent; tant qu'il déclare cette vie probable, aucun droit ne peut prévaloir contre le sien; l'intérêt même de l'absent le veut ainsi; le législateur n'a exigé de l'époux présent d'autre garantie qu'une communauté d'intérêt avec l'absent ; c'est la seule garantie directe qui reste à l'absent ; lui-même a renoncé à l'administration ou à toute surveillance sur l'administration. La femme avait le droit exclusivement personnel de provoquer la séparation de biens ; elle seule peut la demander tant qu'elle n'est pas présumée morte ; mais nous avons reconnu à ceux qui pourront se dire propriétaires de ses biens si elle ne reparaît pas, le pouvoir de protéger leurs droits conditionnels contre les actes de mauvaise gestion du conjoint présent, et alors non-seulement pour le montant de la dot de la femme (art. 1443), mais encore pour le montant des diverses reprises et autres droits de la femme tels qu'ils existaient au jour de sa disparition. Enfin, il n'y a pas eu en principe de sûretés spéciales données par le conjoint présent ; il ne peut donc y avoir de déchéance encourue pour diminution des sûretés premières (art. 1188).

3° *Effets de la cessation de la continuation de la communauté.* — Par suite du décès ou de la volonté du conjoint présent, la communauté va être dissoute, au second cas et dans les deux hypothèses de l'art. 129, cette dissolution ne sera que provisoire ; elle sera définitive si la mort de l'absent est prouvée, ou si l'époux présent décède. Mais il ne faut pas donner à ce mot « définitive » son sens le plus absolu. Si la discontinuation de la communauté provient du décès prouvé de l'absent (art. 130), la liquidation a lieu selon l'état du jour du décès ; et la dissolution est absolument définitive. Au cas de mort du conjoint présent, la communauté s'arrête bien pour ne pas renaître ; mais le retour postérieur de l'absent, s'il n'est pas trop tardif, modifiera les bases du partage. Car, à défaut de preuves du décès de l'absent, la discontinuation de la communauté nécessitera toujours sa liquidation selon son état au jour de la disparition.

Telle est du moins notre opinion. C'est la règle générale des art. 120, 123 et 129 que les héritiers présomptifs de l'absent peuvent se faire envoyer en possession des biens « qui lui appartenaient au jour de son départ ou de ses dernières nouvelles (art. 120); ses héritiers véritables se saisissent de ses biens selon leur état au jour de son décès prouvé (art. 130); et comment le pourraient-ils si l'on ne se reportait à cette même date pour le partage et la liquidation de la communauté? Comment aussi l'art. 127 s'appliquerait-il à l'époux présent, puisque la communauté continuant effectivement jusqu'à sa dissolution provisoire, tous les fruits des biens de l'absent y seraient tombés sauf partage postérieur, égal ou conforme aux dispositions du contrat de mariage? Puis, la loi exige un inventaire au moment de l'entrée en jouissance et n'en commande aucun ensuite; c'est donc que la liquidation de la communauté doit avoir pour base l'état du patrimoine matrimonial à la date de l'inventaire ou à une date antérieure, mais non certainement à une autre date. Enfin, pour nous, dès que la présomption de mort, rétroagissant au jour de la disparition, n'est plus suspendue par le conjoint présent, elle reprend son effet.

Toutefois, on a fait remarquer que la loi ne désigne pas comme provisoire la continuation de communauté, à la différence de l'envoi en possession des héritiers présomptifs et autres, et de la dissolution de communauté demandée par le conjoint présent; il ne faut pas obliger à des comptes remontant peut-être à trente-cinq ans ou plus. Ces motifs ont été invoqués dans deux systèmes contraires au nôtre : l'un d'eux, le plus simple, veut que la communauté ait continué réellement et comme par le passé, et se liquide au jour de sa dissolution effective; l'autre ne veut voir dans notre continuation de communauté que la reproduction d'une disposition de l'ancien droit. En vertu des art. 240 et 241 de la Coutume de Paris (Pothier, communauté, n°s 818-829), les enfants du conjoint prédécédé pouvaient invoquer contre le survivant qui n'avait pas fait inventaire, la continuation de la communauté jusqu'au jour où l'inventaire était fait et la dissolution prononcée, ou jusqu'à la mort du survivant ou des enfants du prédécédé, pourvu toutefois qu'il y eût parmi eux des mineurs. C'était une peine infligée pour le défaut d'inventaire; son résultat était de rendre communs aux enfants tous les acquêts mobiliers échus au survivant postérieurement au décès de son conjoint, et quelles qu'eussent été les dispositions du contrat de mariage.

Telle est la situation que les partisans du second système entendent faire à notre conjoint présent qui a opté pour la continuation de la communauté, par ce motif que, la loi n'ayant pas défini cette continuation, elle a sans doute voulu reproduire la législation préexistante qui subsistait encore (15 mars 1803); l'ancienne continuation de communauté n'a été abrogée que le 10 février 1804 par l'art. 1442. Cette intention du législateur n'est ni prouvée, ni vraisemblable; ici, l'ordre ancien est renversé; au lieu d'infliger une peine, l'article 124 accorde une faveur au conjoint présent; le droit d'option est donné à ce dernier et non pas aux enfants de l'absent; il serait donc de la dernière iniquité de déclarer communs tous les biens même mobiliers que l'époux présent peut acquérir pendant la durée de la continuation de communauté, tandis qu'il ne peut rien venir du chef de l'absent ni de ses représentants. De pareilles conditions empêcheraient la communauté de se continuer, le vœu de la loi de s'accomplir. Le partage se fera moins difficilement à cause de l'inventaire déjà dressé d'après les bases que nous avons indiquées.

Nous n'avons pas à revenir sur la dernière disposition de l'art. 124; nous avons déjà dit qu'elle a pour but de faire exception à l'art. 1454 en réservant à la femme qui s'est immiscée dans les affaires de la communauté par la continuation, le droit de la répudier : cette disposition prouve que la femme ne peut être poursuivie par les créanciers de la communauté, même pour les dettes qu'elle a contractées elle-même pendant la durée de la continuation de communauté, si ce n'est en vertu des dispositions générales des art. 1482 et s.; elle était mandataire. Elle devra son compte à son mari ou à ses héritiers, et récompense à la communauté au jour de sa dissolution en cas de mauvaise gestion.

III. — *Option pour la dissolution provisoire de la communauté.*

En optant pour la dissolution provisoire de la communauté, le conjoint présent rentre dans le droit commun. La succession de l'absent s'ouvre rétroactivement au jour de sa disparition au profit de ses héritiers présomptifs et autres, et son conjoint exerce « ses reprises et tous ses droits légaux, à la charge de donner caution pour les choses susceptibles de restitution, » dit l'art. 124. Par le fait de son option, et quoiqu'il revienne au droit commun, cet époux présent a donc, lui aussi, des obligations, des pouvoirs et des droits.

1° *Obligations du conjoint présent.*— Au cas de retour de l'absent, il doit restituer tout ce qu'il a enlevé au patrimoine matrimonial, afin de reformer ce patrimoine et de le rétablir autant que possible en l'état où il serait si la communauté s'était continuée effectivement. La loi exige une caution comme garantie de cette restitution, et nous allons voir ci-après une controverse soulevée à ce propos. Elle ne parle ni d'inventaire, ni de vente du mobilier, ni d'emploi des capitaux, ni d'état des immeubles.

Pour l'inventaire, il était inutile de s'en expliquer ; il fallait un texte spécial pour l'exiger quand la communauté continue, parce qu'il n'est pas dans l'ordre naturel des choses d'inventorier les biens d'une personne qui n'est ni morte, ni présumée telle ; le même texte devait s'étendre aux envoyés provisoires, parce que le titre d'héritier ou tout autre titre motivant leur envoi en possession, n'oblige pas à faire inventaire ; mais quand il y a dissolution de la communauté, quand l'absent est présumé mort, l'époux survivant doit faire procéder à l'inventaire (art. 1442), à peine de la responsabilité la plus grave et la plus dangereuse ; la sanction de cette obligation est plus sérieuse encore pour la femme, puisque l'inventaire lui est nécessaire pour conserver le droit de l'art. 1483 et le droit de renoncer à la communauté (art. 1456 et 1459). Quelle peine plus grave pourrions-nous infliger au conjoint présent qui ne ferait pas inventaire? Ce n'est donc pas tant en vertu de l'art. 126, qu'en vertu des principes généraux de l'art. 1442, que nous obligerons l'époux présent à faire inventaire. Mais, selon nous, cependant, l'art. 126 a reproduit la disposition impérative de l'art. 1442 ; la volonté de la loi sera plus sûrement exécutée ici qu'ailleurs ; car, pour acquérir une situation légale, le conjoint présent qui a opté pour la dissolution provisoire devra fournir une caution ou une sûreté équivalente, et cette caution ne sera acceptée par le tribunal qu'après l'inventaire.

Enfin l'époux présent a des droits subordonnés au décès de l'absent et rentre par conséquent dans la classe de personnes de l'art. 123; l'exception de l'art. 124 consiste à donner une option au conjoint commun et a pour but de régler la continuation de communauté; si la communauté est provisoirement dissoute, l'époux présent exerce ses droits comme s'il n'était pas commun en biens, si ce n'est qu'il demandera le partage de l'actif de la communauté. L'art. 126 s'applique donc à lui et le met au nombre de « ceux qui auront obtenu l'envoi provisoire; » s'il désigne spécialement le conjoint qui continue la communauté, ce n'est pas pour l'opposer à celui qui en demande la dissolution, mais parce qu'il ne rentre pas dans la même catégorie des personnes exerçant leurs droits subordonnés au décès de l'absent. Il en résulte que nous appliquerons à ce conjoint toutes les dispositions de l'art. 126.

L'art. 124 exige caution « pour les choses susceptibles de restitution » au cas de retour ou de décès prouvé de l'absent. Cette caution est due pour le préciput et les autres gains de survie, parce que le prédécès qui en est la condition n'est pas certain; il peut arriver que l'absent survive à son époux présent, et qu'on en acquière la preuve. Pour les paraphernaux et pour les biens exclus de la communauté même quant à la jouissance, la caution n'est pas due. Pour les propres de la communauté et la part de communauté pris par la femme, la caution doit être fournie par elle.

Doit-elle l'être par le mari présent? Il ne faut pas perdre de vue que le mari aura pu disposer librement de ses biens et de sa part de communauté, soit que la communauté ait continué de droit, soit qu'on obtienne aucune nouvelle de l'absent. Aussi s'accorde-t-on à reconnaître que le mari ne doit pas caution pour ses biens propres. Il n'en doit pas non plus pour les revenus de ses propres, ni pour les économies qu'il pourra faire et dépenser ensuite ; la caution n'est due que pour les biens actuellement existants et susceptibles d'être restitués.

Il n'en est pas de même, croyons-nous, pour tous les biens communs qui lui ont été attribués, parce qu'ils sont susceptibles de restitution au moins partiellement au cas où, la femme ayant survécu à sa disparition, la part attribuée à ses héritiers présomptifs aurait été diminuée par cas fortuit avant son décès. Après ce décès, le mari aura cessé d'être chef de communauté et n'aura pu disposer des biens de cette communauté. Le texte est général et nous semble absolu ; mais nous ne pensons pas que le législateur ait prévu qu'il imposait au mari l'obligation de fournir caution : il n'a songé qu'aux circonstances ordinaires; le plus souvent, c'est la femme qui est présente ; et, dans son exposé des motifs, Bigot Préameneu écrivait cette phrase significative : « S'il est un point sur lequel on a pu hésiter dans la loi proposée, c'est sur la charge imposée à la femme de donner caution pour sûreté des restitutions qui devraient avoir lieu. »

La « restitution, » pour les rédacteurs du Code, c'était la reconstitution du patrimoine matrimonial au cas où le retour de l'absent prouve la continuation de la communauté et annule la dissolution provisoire ; il est singulier que le mari doive caution pour des biens dont il ne doit aucun compte à sa femme. Quoi qu'il en soit de cette remarque, le texte nous paraît trop formel pour décider autrement que nous l'avons fait. La singularité que nous venons de relever a été invoquée comme un argument pour dispenser le mari de fournir caution relativement à sa part de communauté ; mais elle existe aussi à l'égard des biens communs sur lesquels s'exercent le préciput ou les gains de survie.

2° *Pouvoirs du conjoint présent.* — Il est certain, et personne n'hésite à reconnaître que le mari dispose librement et à titre onéreux de ses biens et de ceux qui composent sa part de communauté ; à la vérité, il n'est qu'envoyé en possession de ces derniers, et l'art. 128 défend à l'envoyé de vendre les immeubles ou de les hypothéquer. Mais alors même que la femme reparaîtrait, la vente et l'hypothèque rentrerait dans ses pouvoirs de chef ; l'art. 128 est ainsi neutralisé par rapport à lui, sauf par lui à répondre aux héritiers de la femme des ventes consenties après son décès prouvé. Cet art. 128 s'appliquera cependant aux biens recueillis par le mari comme donateur des biens à venir, ou à titre de gains de survie ; de ce chef, il sera envoyé en possession, et en aura les pouvoirs ; c'est ainsi qu'il pourra intenter l'action pétitoire de la femme, tandis qu'il ne le pourrait pas comme mari. Il n'en est pas de même pour les dispositions à titre gratuit ; le mari devra, pour elles, se conformer à l'art. 1422, et la caution fournie par lui répondra de ces libéralités faites indûment.

Si la femme est présente, elle a les pouvoirs de l'envoyé en possession.

Ces pouvoirs ne sont pas restreints entre ses mains par l'incapacité qui résulterait de sa qualité de femme mariée ; il y a présomption de mort, et l'art. 222 ne peut s'appliquer à la lettre que pendant la période de présomption d'absence, surtout en ce qui regarde l'incapacité de contracter. Pour les paraphernaux et les biens non communs, même pour la jouissance, il n'y a pas d'envoi en possession.

3° *Droits du conjoint présent.* — Si le décès de l'absent est prouvé à une autre date que celle de la disparition, l'époux présent peut demander un nouveau partage selon l'état au jour du décès. Nous avons vu quels autres droits il peut encore exercer. Ajoutons qu'il peut invoquer l'art. 127, non pas contre l'absent dont le retour rendrait tous les fruits communs, mais contre les héritiers de l'absent; il faut supposer la preuve du décès de l'absent et une différence entre le partage du jour de la disparition et celui du jour du décès, différence en faveur des héritiers de l'absent. Depuis le jour du décès jusqu'au jour où il est connu, l'époux présent a fait siens dans la proportion de l'art. 127 les fruits des biens qu'il restitue.

Nous avons terminé notre travail en ce qui concerne les effets de l'absence de l'un des époux sur leurs apports entre eux quant aux biens. Et nous finissons ainsi notre première section, consacrée entièrement à la période de l'absence qui court du jugement de déclaration d'absence et se termine au jugement de l'envoi définitif, dont nous allons aborder l'étude.

APPENDICE AU PARAGRAPHE DEUXIÈME

Militaires absents.

Nous n'avons presque rien à dire qui leur soit spécial; ils sont soumis, ainsi que leurs femmes, aux dispositions du Code. La loi du 13 janvier 1817 donne à ces femmes les mêmes facilités qu'aux héritiers présomptifs pour faire prononcer la déclaration d'absence, et même la déclaration de décès permettant aux femmes de se remarier.

SECTION II

De l'envoi définitif.

Jusqu'ici, le droit de l'héritier présomptif de l'absent est demeuré provisoire et incertain, même à l'égard des tiers qui ont voulu traiter avec lui, si incertain qu'il a pu être suspendu par l'époux de l'absent commun en biens. Cette incertitude avait pour but d'empêcher tout acte de disposition de l'héritier sur les biens de l'absent, et de protéger ainsi ce dernier au cas où il reparaîtrait. Mais il y a trente-cinq ans ou quarante-un ans que l'absent a disparu, ou, s'il est vivant, il a maintenant cent ans accomplis, et l'on n'en a pas de nouvelles ; à cette incertitude il faut une fin. Nous verrons que la loi n'a pas mis de terme à l'incertitude entre l'envoyé et l'absent qui reparaîtrait, et n'a pas voulu faire déchoir ce dernier de son droit. Mais, du moins, à l'égard des tiers, l'héritier présomptif va être plein propriétaire ; tous les actes qu'il fera seront valables ; et, au cas de retour de l'absent, il ne peut ni conserver aucun des biens confiés à sa garde, ni souffrir aucun préjudice des actes faits par lui sur ces biens avant le retour de l'absent.

La situation de l'envoyé définitif ne correspond parfaitement à aucune autre définie par le Code ; on peut dire de lui qu'il est propriétaire à défaut de l'absent et jusqu'à son retour ; si ce retour a lieu, l'envoyé définitif n'aura sans doute jamais été que mandataire, mais avec tous les pouvoirs de propriétaire, même celui de donner et de disposer à titre gratuit ; l'envoyé provisoire n'avait pu conférer qu'un droit résoluble ; le droit conféré par l'envoyé définitif sera inattaquable et difinitif. L'intérêt des tiers et celui de la société le veulent ainsi. Après une si longue absence, les tiers pourraient ignorer le caractère précaire du droit de l'envoyé et être facilement trompés par lui; le crédit public en souffrirait. Enfin, il y a maintenant toutes probabilités que l'absent est mort, et l'intérêt social de la circulation des biens, qui a dicté l'art. 619, veut aussi la cessation du droit de l'absent contre les tiers, et de l'arrêt mis pour lui sur les biens qui composaient son patrimoine.

Un premier paragraphe va nous faire assister à l'établissement du nouveau régime, et nous apporter la solution des questions qui se présentent à ce moment; nous rechercherons ensuite les effets de l'envoi définitif.

§ 1er. — Établissement du régime de l'envoi définitif.

Comme l'envoi provisoire, l'envoi définitif est prononcé par le tribunal de première instance. Pour croire sa religion assez éclairée sur les faits, nous n'exigerons pas plus que l'art. 129 d'enquête préalable; elle pourrait toutefois être fort utile pour découvrir les renseignements que le demandeur pourrait avoir reçus sur l'existence ou le décès de l'absent, et qu'il serait intéressé à tenir secrets; nous nous en remettons à cet égard au tribunal qui saura apprécier quel degré de confiance doit être accordé aux parties en cause.

Mais ces parties, quelles seront-elles ? Autrement, qui peut demander l'envoi définitif? Tous ceux qui ont obtenu l'envoi provisoire, ou en ont été privés par le conjoint présent commun en biens et continuant la communauté, ou qui, ayant un droit préférable au droit des envoyés à raison de leur parenté, ne sont pas par une prescription privés de l'exercice de leur droit. Nous n'avons donc qu'à renvoyer à ce que nous avons dit précédemment.

L'art. 129 nous dit encore à quelle époque ces personnes peuvent provoquer le jugement d'envoi définitif. Trente ans après l'envoi provisoire où le commencement de l'administration légale du conjoint présent, ou cent ans après la naissance de l'absent. La loi semble affecter d'indiquer les deux événements qui font courir le délai de trente ans ; devons-nous dire cependant que ce délai court de la déclaration d'absence, et non pas d'aucun de ces deux événements?

L'envoi définitif est fondé évidemment sur la force toujours croissante de la présomption de mort, et cette force ne s'acquiert-elle pas par le laps de temps qui suit l'enquête préalable et le jugement? Que peut y ajouter le fait de l'envoi provisoire ou de l'administration légale? Rien, assurément. Aussi, voyons-nous la loi permettre l'envoi définitif dès la centième année accomplie de l'absent, sans qu'il y ait eu d'envoi provisoire, ni d'administration légale. Le législateur, remettant à chaque intéressé le soin de faire prononcer la déclaration d'absence, a cru qu'il s'empresserait d'agir aussitôt que possible, et qu'il ne demanderait au tribunal de prononcer la déclaration d'absence que pour exercer son droit ; c'est aussi ce qui arrivera presque toujours ; il n'a donc fait aucune différence de date. Toutefois, il nous est permis de prévoir cette espèce, et, le laps de temps exigé par la loi étant écoulé, nous croyons que l'envoi définitif devrait être prononcé trente ans après la déclaration d'absence.

Avant de terminer ce § 1er, il est nécessaire de faire

remarquer cette expression énergique de l'art. 129 : « Les ayant-droit *pourront faire prononcer* l'envoi définitif... » Nous avons déjà vu aux art. 120 et 123 que ces mêmes personnes « *pourront se faire envoyer en possession provisoire* des biens » ou « *exercer* provisoirement leurs droits, » quand la déclaration d'absence aura été prononcée. Nous avons tiré de ces mots la conséquence que le tribunal ne peut, en déclarant l'absence, refuser à ces personnes la possession provisoire ; et de l'art. 129 il faut conclure que le tribunal ne peut pas plus leur refuser l'envoi définitif à l'expiration du temps fixé par la loi. L'enquête qu'il ordonnera pourra faire connaître des nouvelles de l'absent et anéantir ainsi le jugement de déclaration d'absence et toutes ses conséquences ; mais si elle n'a pas cet effet, l'envoi définitif devra être prononcé.

§ 2. — Effets de l'envoi définitif.

Nous avons dit, en commençant notre section, que l'envoi dont nous parlons n'est *définitif* qu'à l'égard des tiers, mais nullement à l'égard de l'absent. Cette formule est encore trop générale ; car cet envoi n'est pas définitif pour ceux qui apportent la preuve de l'existence ou du décès de l'absent, ni pour ses enfants et descendants directs. Il est définitif en ce double sens que la loi n'aura plus à intervenir si l'on n'a pas de nouvelles de l'absent, et que l'envoyé dispose librement des biens au profit des tiers. Nous étudierons les effets de l'envoi définitif dans les rapports des envoyés entre eux avec les tiers et avec l'absent ou ses représentants. En traitant de l'envoi provisoire, nous avons parlé d'abord des droits de l'absent, parce qu'ils avaient une influence décisive sur les droits des tiers et sur les actes des envoyés, quelle que fût la présomption de mort. Mais ici les tiers sont garantis dans l'exercice de leurs droits, et les envoyés dans l'accomplissement de leurs actes de disposition, comme s'ils apportaient la preuve du décès de l'absent au jour de sa disparition.

I. — *Rapports des envoyés en possession définitive entre eux.*

Les rapports des envoyés entre eux sont les mêmes, que leur possession soit provisoire ou définitive. L'article 129 leur permet de demander le partage; ce n'est pas à dire que ce partage n'ait pu être fait avant l'envoi définitif; nous avons reconnu que chacun des envoyés en possession provisoire pouvait contraindre les autres au rapport et à la réduction et exiger le partage. Le but de l'art. 129 est de lever tout obstacle venant du conjoint présent et commun en biens. Si donc il n'y a pas eu de partage, ou si le partage n'a été que provisionnel, chacun des ayant-droit pourra demander un partage définitif et l'envoi définitif en mettant les autres en cause; il ne sera pas obligé de les appeler et obtiendra l'envoi définitif directement, pour sa part, si le partage définitif a eu lieu. Ceux qui, sans être héritiers présomptifs de l'absent, ont droit à l'envoi définitif, n'ont pas de partage à demander, mais doivent mettre en cause les héritiers présomptifs pour en obtenir la délivrance des biens qui leur reviennent; ceux qui ont des droits universels ou à titre universel devraient cependant provoquer le partage.

II. — *Rapports des envoyés en possession définitive avec les tiers.*

Envers les tiers, les envoyés demeurent héritiers bénéficiaires ; mais le droit de propriété qui résulte de cette qualité cesse d'être subordonné à la présomption de mort de l'absent. Ou, pour mieux dire, ils sont héritiers bénéficiaires pour les créanciers de l'absent, et propriétaires incommutables pour les tiers avec qui ils traitent. Les rapports qui naîtraient de la première de ces deux qualités sont réglés par le Code. Quant à la seconde qualité, celle de propriétaire, elle est prouvée, selon nous, par l'art. 132 rapproché de nos principes généraux.

Ces deux titres leur sont cependant contestés en théorie. Ils ne sont pas héritiers, dit-on ; car l'absence n'a jamais été une cause d'ouverture de succession (art. 718 et 130), et ils ne sont tenus des dettes, ni *ultra vires*, ni sur leurs biens personnels non confondus avec ceux de l'absent ; — ils ne sont pas propriétaires ; car l'envoi définitif n'est pas indiqué comme mode d'acquisition de la propriété (art. 711 et 712). Le mot même « envoyés » paraît désiger des mandataires, des représentants de l'absent. Ce sont des mandataires à pouvoirs illimités ; il y a même là plus qu'un mandat ; il y a un pouvoir *sui generis ;* car ils peuvent disposer de tout à leur gré sans que l'absent, à son retour, ait contre les tiers acquéreurs d'autres droits que ceux des envoyés.

Telle n'est pas la conclusion que nous tirerons de ces derniers arguments. La loi n'a dit nulle part, sans doute, que l'absence d'une personne fût une cause d'ouverture de sa succession ; mais qu'avait-elle besoin de le dire ? En cas d'absence, la loi présume la mort, et la mort est la seule cause d'ouverture de la succession (art. 718); la mort est présumée, et, par conséquent, l'ouverture de la succession l'est aussi, l'envoyé est présumé héritier et propriétaire, tout cela jusqu'à preuve contraire. Et c'est par ce motif qu'il a tous les pouvoirs du propriétaire quand la loi ne croit plus devoir y mettre obstacle dans l'intérêt de l'absent. Que si l'absent reparaît, l'envoyé aura toujours été son mandataire, mais son mandataire légal; la loi, qui sanctionnait le droit de propriété, pouvait bien investir des pouvoirs qu'il comporte la personne que l'absent aurait probablement choisie entre toutes; ce que le propriétaire aurait pu faire, la loi peut aussi le faire; il n'y a pas ici plus qu'un mandat, puisque l'absent aurait pu conférer les mêmes pouvoirs à un mandataire. L'envoyé, même définitif, est donc propriétaire en principe, et mandataire si l'absent reparaît.

Nous avons reconnu à l'envoyé définitif le droit de disposer à titre gratuit des biens de l'absent; il y aurait cependant des motifs sérieux pour permettre à l'absent de retour de revendiquer contre le donataire. Il ne faut pas que ce retour soit préjudiciable à personne; mais le donataire *certat de lucro captando*, et l'envoyé donateur n'est pas garant; et l'absent est peut-être sans ressources. Ce ne sont là que des considérations qui ne nous empêcheront pas de maintenir notre première solution. Il est certain que l'absent ne pourrait attaquer les donations dont l'envoyé serait de droit (art. 1440 et 1547), ou se serait porté garant. Il en est de même pour les autres donations; car, si l'absent reprend ses biens dans leur état actuel, ce n'est qu'entre les mains de l'envoyé; à l'égard des tiers, il a été représenté, et il ne peut plus y avoir de rapports directs entre eux et lui. Le législateur, si rigoureux dans son premier projet qui enlevait à l'absent tout droit de répétition, ne s'en est relâché à l'art. 132 que très restrictivement; il a considéré l'absent comme étant en faute et ne méritant pas qu'on lui permît de troubler gravement un acquéreur même à titre gratuit.

Toutefois, cette solution souffrira exception, si la libéralité a été faite par l'envoyé à ses propres enfants et à l'occasion de leur établissement; il est certain qu'il leur aurait donné tout ou partie de la valeur réclamée par l'absent, alors même qu'il n'aurait pas été envoyé en possession; il devra remettre à l'absent ce qu'il aurait donné dans cette hypothèse, parce qu'il s'en est enrichi; le tribunal appréciera ce qui devra être restitué.

Nous avons permis aux envoyés provisoires de faire réduire les libéralités faites par l'absent avant sa disparition; les envoyés définitifs ont donc aussi l'action en réduction, si déjà elle n'a été exercée par eux.

III. — *Rapports des envoyés en possession définitive avec l'absent et ses représentants véritables.*

L'absent reparaît, les envoyés définitifs n'ont jamais été que des mandataires, mais à pouvoirs illimités; ils doivent restituer tout ce qui leur reste des biens de l'absent, et rien de plus. Au jour de l'envoi provisoire, des cautions avaient été exigées pour assurer une restitution intégrale des biens de l'absent; cette restitution n'étant plus exigée de la même manière ni pour le passé, ni pour l'avenir, les cautions sont nécessairement déchargées. Mais l'art. 129 les déclare déchargées à partir du moment où l'envoi définitif peut être demandé; faut-il les reconnaître libres de toute obligation alors même que l'envoi définitif ne serait pas demandé, et de plein droit?

Nous répondrons affirmativement à cette question, en nous fondant sur l'art. 129. Non! dit cependant un savant jurisconsulte; les envoyés provisoires conservent leur qualité et leur responsabilité jusqu'à ce qu'ils aient obtenu l'envoi définitif; et la caution est responsable des obligations contractées par l'envoyé en possession provisoire. Cette dernière proposition est vraie jusqu'à l'expiration du temps indiqué par la loi; mais l'est-elle ensuite? c'est notre question. La caution n'a pas le droit de demander l'envoi définitif au nom de l'envoyé provisoire; la négligence de ce dernier ne doit cependant pas lui nuire; quand la caution s'est engagée, elle entendait être libérée au jour où l'envoi définitif pourrait être provoqué. Elle ne s'engageait envers l'absent que pour le cas où il reparaîtrait et seulement pour trente ans ou pour le temps à courir jusqu'à sa centième année révolue. Si cette condition de l'engagement de la caution était écrite, le tribunal pourrait-il la refuser à cause de cette réserve? Evidemment non! Nous sommes donc bien fondés à admettre cette intention de la caution et à limiter son engagement.

C'est ce même motif qui nous autorise à dire que la caution est déchargée de plein droit par l'expiration du temps fixé. Nous préférons cet argument à celui qui déclare la caution déchargée de plein droit par prescription libératoire de trente ans; d'une part, en effet, ce motif serait incomplet, puisque la caution sera déchargée de plein droit dès avant le laps de trente ans, si la centième année de l'absent est révolue; et, d'autre part, la libération n'aurait pas lieu de plein droit dans le sens absolu de cette expression si elle était fondée sur la prescription, puisque la prescription a besoin d'être invoquée en justice pour neutraliser le droit du réclamant.

Ainsi donc, au jour de l'envoi définitif, le cautionnement est effacé, toutes les restrictions de pouvoirs, imposées à l'envoyé en possession provisoire, cessent d'exister, et les fruits vont appartenir en totalité à l'envoyé, si déjà il n'en est ainsi; de toutes les précautions prises à l'origine au profit de l'absent, l'inventaire seul reste pour valoir ce que de droit.

Nous venons de voir dans quelle situation se trouve l'envoyé définitif tant que dure cet envoi, c'est-à-dire à perpétuité si l'absent ne reparaît pas. Il a, à l'égard de tous ceux avec lesquels il est en relation, le titre et les pouvoirs de propriétaire.

Mais l'absent a reparu, ou l'on a reçu de ses nouvelles, ou enfin les descendants de l'absent se présentent en temps utile; et l'envoyé en possession définitive est tenu de restituer. Dans quels cas doit-il restituer? Que doit-il restituer? C'est ce que nous allons rechercher successivement.

1° *Dans quels cas l'envoyé doit-il restituer les biens de l'absent?* — L'envoyé en possession définitive doit restituer à l'absent de retour, ou à l'héritier présomptif qui lui était préférable ou devait concourir avec lui au jour de la disparition, ou enfin à celui qui apporte la preuve de l'existence ou du décès de l'absent à une autre époque que celle de la disparition et est héritier présomptif ou véritable de l'absent à cette nouvelle époque.

I. Pour l'absent, son action a été imprescriptible tant qu'a duré l'absence; mais elle est moins efficace qu'à l'époque de l'envoi provisoire, comme nous le verrons dans notre 2° ci-après. La règle est écrite à l'art. 132.

II. Pour les héritiers présomptifs inconnus au jour de

la disparition, leur action est une pétition d'hérédité; le litige n'est fondé que sur le lien de parenté avec l'absent que tous deux présument mort au jour de la dispation; pas de tierce-opposition contre le jugement d'envoi en possession, jugement rendu sur requête. Mais cette action se prescrit par trente ans; les enfants et descendants de l'absent peuvent encore l'exercer pendant trente ans à compter de l'envoi définitif (art. 133). Cet art. 133 ne fait aucune distinction entre les enfants et descendants de l'absent; nous l'appliquerons donc à l'enfant majeur comme au mineur, à l'enfant naturel et à ses descendants légitimes. Si le conjoint de l'absent a continué la communauté en vertu de l'art. 124, la prescription ne pourra courir au profit des envoyés que du jour où ils le seront véritablement; et si la communauté a été continuée jusqu'à l'envoi définitif, tout héritier présomptif aura le même avantage que les propres enfants de l'absent.

Quelle est la nature de ce laps de trente ans accordés par faveur aux enfants de l'absent? Est-ce un délai préfix? Est-ce, au contraire, la durée d'une prescription susceptible d'être suspendue par la minorité des enfants de l'absent (art. 2252) et d'être interrompue? La question est fort débattue.

C'est un délai préfix, dit-on; on ne peut pas soumettre l'envoyé en possession définitive à une perpétuelle incertitude; il y a déjà trente cinq ans, peut-être bien davantage que l'absent a disparu; si l'on permet encore la suspension de la prescription, on perpétue outre mesure l'incertitude. D'ailleurs, l'art. 2264, en prévoyant des prescriptions spéciales, nous autorise à en reconnaître une ici, comme on en trouve une à l'art. 966. Tel n'est pas notre avis. L'art. 2264 ouvre la porte aux exceptions et se trouve placé après les articles qui formulent la règle. L'art. 133 édicterait donc une exception; mais alors elle doit être formelle comme celle de l'act. 966; dès qu'un doute peut s'élever sur l'interprétation de l'article, il est en faveur de la règle. L'art. 133 ne fait que changer le point de départ de la prescription; il crée un avantage pour les enfants, et ne peut être ni retourné contre eux, ni restreint dans son application.

III. Pour les héritiers présomptifs de l'absent, qui apportent la preuve de son existence à une époque postérieure à sa disparition, l'envoyé même définitif n'a jamais été qu'un mandataire, et la prescription ne peut courir contre leur action que du jour où son titre a été interverti; il ne peut posséder comme propriétaire à partir d'une autre date que celle de la disparition, puisque, si même il était héritier présomptif à cette date, il serait maintenant dépouillé de sa liberté de disposition et même de son titre d'envoyé en possession. En réalité, quand l'existence de l'absent est prouvée postérieure à la disparition, l'envoyé définitif doit restituer à l'absent; si, depuis cette époque plus récente le sort de l'absent est ignoré de nouveau, c'est la présomption d'absence qui recommence; il faudra un nouveau jugement de déclaration d'absence précédé d'une nouvelle enquête, et suivi d'un nouveau délai d'envoi provisoire; pour cette fois, les envoyés seront les héritiers présomptifs de l'absent au dernier jour où son existence est constatée.

IV. Pour les héritiers de l'absent au jour de son décès prouvé, leur droit à la restitution est consacré par l'article 130. Ce droit a cependant été contesté à tous autres qu'aux enfants de l'absent, quand l'envoi définitif avait été prononcé. Le projet du Code, dit-on, déclarait l'envoyé définitif propriétaire incommutable à l'égard de l'absent lui-même; il ne faisait d'exception que pour ses enfants; le législateur a ensuite étendu cette exception à l'absent, mais non pas à ses autres héritiers. D'ailleurs, en s'occupant de la restitution des fruits, en exigeant la restitution de tous les biens de l'absent, et par la place même qu'il occupe avant l'art. 131, l'art. 130 prouve suffisamment qu'il n'entend parler que de l'envoi en possession provisoire.

Nous ne partageons pas cette opinion. Le projet transformait la présomption de mort de l'absent en présomption *juris et de jure*, de *juris tantùm* qu'elle était avant l'envoi définitif; aucune preuve contraire ne pouvait être fournie, même par l'absent; exception unique pour ses enfants. La loi n'a pas reproduit ce système; la présomption reste *juris tantùm* comme elle était pendant l'envoi provisoire; la preuve de la vie ou de la mort postérieure de l'absent est ouverte toujours et à tout intéressé; le ministère public pourrait administrer la preuve de la vie dans l'intérêt de l'absent disparu de nouveau. La règle générale est que l'héritier peut revendiquer les objets héréditaires en invoquant son titre, sans qu'il y ait à considérer l'époque du décès.

L'art. 130, par lui-même, est placé après l'art. 129 qui traite de l'envoi définitif; il est très général dans son principe et dans ses expressions; quant à la restitution et à la réserve des fruits, cet article ne dit pas comment elles auront lieu; il oblige uniquement à la restitution « ceux qui auraient joui des biens de l'absent » sans rien spécifier. L'art. 133 doit être mis en dehors de cette question; il recule pour les enfants de l'absent le point de départ de la prescription de leur action de leur pétition d'hérédité, pour le cas où il n'y a pas de nouvelles de l'absent; car, s'il y a des nouvelles du décès de l'absent, il n'y a plus d'absent, ni d'envoi définitif.

Mais doit-on appliquer aussi l'art. 133 à l'hypothèse de l'art. 130? En d'autres termes, le décès de l'absent ayant été connu de l'envoyé pendant la durée de l'envoi provisoire, aurait-il commencé à prescrire de ce jour-là contre les enfants de l'absent, ou seulement de l'envoi définitif? Nous avons limité l'application de l'art. 133; il ne peut, selon nous, trouver d'application quand il n'y a plus d'absence, c'est-à-dire d'incertitude; ils sont héritiers véritables; personne ne peut leur contester ce titre; c'est à eux d'empêcher par leur vigilance qu'on ne leur enlève par prescri[illegible]n les biens héréditaires; ils rentrent dans le droit [illegible]nun; toute faveur serait une violation de la loi.

2° *Que doit restituer l'envoyé en p[illegible] : définitive?* — Nous avons par avance répon[illegible] cette question : l'envoyé en possession définitive [illegible]estituer à l'absent ce dont il est plus riche (art. 132); l'absent de retour recouvre ses biens dans leur état actuel, le prix des biens vendus ou ceux acquis en remploi.

Occupons-nous d'abord des biens recouvrés en nature. L'absent les reprend tels qu'ils sont, dégradés ou non; *Qui rem quasi suam neglexit, nulli querelæ subjectus est,* disait le droit romain.

Les biens ont reçu une amélioration provenant de constructions nouvelles ou de tout autre travail qui ne se paie pas sur les fruits; il y aura lieu à indemnité par l'absent; l'art. 132, en effet, ne doit pas être retourné contre l'envoyé qu'il veut protéger; l'indemnité, c'est le droit commun créé au profit du possesseur de mauvaise foi lui-même, et le résultat de l'opinion contraire pourrait être ruineux pour l'envoyé qui ne doit pas souffrir de préjudice à raison de sa qualité. L'envoyé ayant le droit de dégrader impunément, et de répéter les dépenses faites en améliorations, il ne peut y avoir de compensation entre les unes et les autres. Il en serait toutefois autrement, si l'envoyé avait tiré quelque profit des détériorations des biens.

Les biens ont été aliénés. L'envoyé doit restituer le prix ou les biens acquis en remploi; le prix doit être remis par l'envoi alors même qu'il n'est plus dû par l'acquéreur; l'art. 132 diffère en cela de l'art. 747. Mais l'envoyé qui n'a pas fait de remploi, est-il débiteur personnel du montant du prix par le fait de sa réception? Nous ne le pensons pas, et ce que nous disons du prix des biens vendus doit s'entendre de tous les capitaux que l'envoyé peut avoir entre ses mains. A l'inverse, ce n'est pas à l'absent de prouver que l'envoyé détient encore les sommes qu'il a reçues. Aussi bien, l'absent ne pouvant prendre connaissance de toutes les affaires de l'envoyé, cette preuve serait celle d'un fait général et négatif, et serait impossible; l'absent devrait prouver que l'envoyé n'a ni dépensé, ni perdu par cas fortuit la somme reçue; personne n'est présumé avoir perdu son bien, disait Pothier au sujet du possesseur de bonne foi.

Ce sera donc à l'envoyé de prouver la perte de la somme. Mais sera-t-il autorisé à faire cette preuve? Oui! puisqu'il n'est pas, selon nous, débiteur personnel des sommes qu'il a reçues; pour en être débiteur personnel, il faudrait qu'il en eût été rendu propriétaire; et il n'agissait que comme mandataire quand il recevait le paiement. M. Valette cependant veut prendre l'art. 132

à la lettre et constituer l'envoyé débiteur du prix; c'était à lui de ne pas employer l'argent à son usage personnel et d'en faire un emploi au nom et pour le compte de de l'absent. Proudhon, sans adopter toutes les conséquences de cette opinion, veut toujours que l'envoyé garantisse l'absent de toute perte provenant de sa faute; le cas fortuit demeurerait à la charge de l'absent.

A notre avis, cette responsabilité totale ou partielle ne peut incomber à notre envoyé; il n'est responsable ni de sa faute, ni de sa négligence. L'art. 132 n'a pas non plus un sens aussi impératif; il dit que l'absent recouvrera les biens provenant de l'emploi, et nous allons voir que si ces biens ont été donnés par l'envoyé, l'absent sera sans droit; il en est de même pour l'argent qui ne se trouve plus dans les mains de l'envoyé. Ce dernier ne doit faire sien ni le prix ni le bien acquis en remploi; c'est ce qu'a voulu exprimer l'art. 132. S'il n'avait pas été envoyé en possession définitive, s'il ne s'était pas cru propriétaire de la somme, il n'aurait pas fait le mauvais placement qu'on veut lui reprocher, il n'aurait pas dilapidé la somme. On ne peut lui faire éprouver de préjudice, ni lui demander de compte à raison de ses actes. Ce serait tendre un piége à l'envoyé que de l'obliger à placer perpétuellement au nom de l'absent; le plus souvent, la conviction où il est d'être propriétaire l'engagera à faire tous les placements en son nom personnel.

Il y a eu remploi. S'il a été déclaré dans le contrat d'acquisition, il est définitif; l'absent ne peut refuser le bien acquis en remploi, ni l'envoyé y substituer le remboursement du prix; de la solution contraire résulterait un préjudice ou un profit pour l'envoyé. Les chances sont pour l'absent; et il en est de même du placement ou emploi des capitaux ; notre solution n'est pas contestée. Il ne pourrait non plus y avoir de dette alternative, alors même que rien n'aurait été dit au contrat sur la propriété de l'absent, s'il y avait eu échange ; car il y aurait alors subrogation réelle.

Mais il y a eu vente et remploi ou placement de fonds, et l'envoyé n'a pas déclaré le remploi dans l'acte d'achat; doit-il la somme entière? Nous avons ci-dessus déduit nos motifs en faveur de la négative, en parlant du cas où il n'y aurait pas eu de remploi ; l'envoyé ne doit pas perdre. Ici, l'envoyé a acheté en son nom ; si l'acquisition a été favorable, il la gardera pour lui et remboursera la somme ; sinon, il est en droit de dire qu'il a agi comme pour lui-même, qu'il a géré les intérêts du patrimoine de l'absent, que le bien acquis est la représentation de la somme de l'absent, et que son nom a paru au contrat comme celui du représentant de cet absent ; il remettra donc le bien acquis comme équivalent de la somme reçue.

Nous avons dit que l'envoyé en possession définitive doit être à couvert de toute perte occasionnée par l'envoi ; cette faveur même lui est contestée. Si l'envoyé, se croyant plus riche, a augmenté ses dépenses ou fait des libéralités sur ses propres biens, l'absent n'en recouvrera pas moins ses biens, disent les jurisconsultes les plus autorisés, sans qu'aucune rétention puisse être exercée contre lui de ce chef. L'absence n'est pas la cause directe, immédiate, mais seulement la cause médiate du préjudice souffert par l'absent ; l'envoyé est en faute d'avoir ainsi augmenté ses dépenses ou fait une libéralité prématurée.

Cette dernière considération est erronée ; il n'y a pas faute dans ce fait de l'envoyé, puisqu'elle ne lui serait pas reprochable s'il se fût servi des biens de l'absent; sa faute consiste à avoir employé ses biens personnels et à avoir épargné ceux de l'absent. Serait-il honnête de la lui reprocher? S'il avait fait de ses propres fonds des dépenses pour le patrimoine de l'absent, et afin de le conserver intact, n'aurait-il pas une action en répétition, alors même que ces dépenses seraient devenues inutiles? Sa situation est aussi favorable dans notre espèce; il a fait un acte qu'il pouvait faire sur les biens de l'absent et uniquement parce qu'il le pouvait ainsi; le retour de l'absent prouve qu'il a agi au nom de cet absent; il doit donc être indemnisé et pouvoir exercer un droit de rétention pour cette indemnité comme pour toutes les autres.

Si les biens de l'absent ont été aliénés à titre gratuit par l'envoyé définitif, l'absent de retour reprendra les actions en nullité ou en révocation qui peuvent compéter à l'envoyé donateur, sauf celles exclusivement attachées à la personne, comme l'action en révocation pour ingratitude. L'absent ne pourra rien demander aux légataires de l'envoyé. Si le patrimoine de l'absent avait seul rendu bonne la succession de l'envoyé définitif, les héritiers de ce dernier, ne pouvant plus répudier, ne restitueraient que les biens qui leur resteraient après le paiement des dettes et charges de la succession de l'envoyé.

Si l'absent de retour ne réclame pas son patrimoine, les envoyés peuvent-ils le contraindre à le reprendre? Cette question ne peut présenter un intérêt que si le patrimoine avait un passif et est devenu insolvable. Notre réponse est plutôt affirmative, si toutefois cette question comporte une réponse directe. Prenons une espèce. L'absent a laissé, à sa disparition, un actif considérable et un passif faible, mais dû à des mineurs ou interdits; l'envoyé en possession provisoire a augmenté ce passif par des obligations valablement contractées au nom de l'absent; puis, après l'envoi définitif, l'envoyé donne ou dilapide les biens de l'absent qui reparaît enfin.

Si l'absent n'avait pas reparu, les créanciers laissés par lui pourraient agir sur les biens personnels de l'envoyé comme sur ceux d'un héritier bénéficiaire à raison de la diminution du patrimoine de l'absent; ceux dont la créance est née d'un contrat passé avec l'envoyé provisoire pourraient agir contre lui comme leur débiteur personnel. Mais l'absent reparaît, et l'envoyé répond aux créanciers : « C'est à tort que vous me considériez comme héritier bénéficiaire; je n'étais que mandataire; c'est à tort que vous croyiez avoir une main-mise sur les biens de votre débiteur; comme son mandataire ayant les même pouvoirs que lui, j'ai pu diminuer son patrimoine; il était et il est encore vivant, et vous avez conservé vos droits contre lui-même. »

Après avoir ainsi repoussé l'action des créanciers, l'envoyé attendra celle de l'absent qui n'a d'autre droit que celui de l'art. 132. Que si les créanciers avaient obtenu leur paiement sur les biens de l'envoyé avant le retour de l'absent, nous croirions l'envoyé fondé à tenir à l'absent le langage suivant : « C'est comme votre mandataire et en agissant pour vous que j'ai donné et fait de mauvais placements; depuis, j'ai payé vos dettes sur mes propres biens; vous m'en devez récompense. » On le voit, l'envoyé n'aura pas à agir contre l'absent pour le contraindre à reprendre ses biens; il l'arrêtera par une exception ou agira contre lui en dommages et intérêts.

Nous en avons fini avec les réclamations de l'absent;

il nous faut comparer maintenant avec ses droits ceux de ses représentants véritables agissant contre l'envoyé en possession définitive.

Rien à dire des enfants de l'absent quand ils invoquent l'art. 133. Ils ne peuvent rien demander de plus que leur père; l'art. 133 renvoie à l'art. 132. Mais il ne faut pas entendre cette disposition dans un sens trop large; elle n'est une faveur pour les enfants de l'absent que si l'envoyé a prescrit contre tout autre que ces enfants, et la restriction qui en est la condition, l'application de l'art. 132, doit être réservée pour cette hypothèse. Quand ces enfants peuvent invoquer le droit commun, quand l'envoyé n'a pu prescrire contre eux d'après les règles ordinaires de la prescription, en un mot, quand ils se présentent, non comme enfants, mais comme héritiers plus proches, toutes les règles de la pétition d'hérédité sont applicables.

C'est dire que l'héritier plus proche au jour de la disparition et celui dont les droits sont fondés sur un testament nouvellement découvert, mais antérieur à cette même date, et tous ceux qui ont sur les biens de l'absent des droits subordonnés à son décès, peuvent les exercer, si ces droits ne sont pas éteints par prescription.

A l'héritier véritable au jour du décès prouvé de l'absent, l'envoyé doit restituer comme mandataire ce qu'il devrait remettre à l'absent de retour; si toutefois son titre avait été interverti, tous les actes postérieurs à cette interversion seraient ceux d'un possesseur d'une hérédité de bonne ou mauvaise foi, il devra tout restituer, s'il a été possesseur de mauvaise foi; s'il a été possesseur de bonne foi, il sera traité comme tel d'après les règles que nous trouverons mieux placées dans notre titre II.

Les envoyés qui ne seraient pas héritiers présomptifs

de l'absent seraient tenus comme les autres ; mais ceux dont les droits n'auront pu s'exercer que sur un objet déterminé, ne seront que possesseurs de cet objet dans les cas où les autres seraient possesseurs de l'hérédité.

Parmi ces envoyés qui ne sont pas héritiers présomptifs, il en est un dont la situation est plus intéressante encore que celle des autres, le conjoint présent commun en biens. Dans la période précédente, la loi lui ménageait la meilleure part. Il avait le droit de choisir entre la continuation et la dissolution de la communauté. Maintenant il y a nécessairement dissolution et partage, et le conjoint présent est envoyé en possession définitive de sa part. Si c'est le mari qui est présent, il peut disposer librement de sa part ; si la femme reparait, il n'en devra aucun compte ; comme chef de la communauté, il aurait eu le droit de la dissiper en entier. Cela est vrai ; mais cette dernière qualité ne lui permettait de donner ni les immeubles, ni une quotité de mobilier de la communauté autrement que pour l'établissement des enfants communs (art. 1422). Personne cependant ne considère comme nulle cette donation qu'il était autorisé à faire par son titre d'envoyé en possession définitive, et alors que la femme reparaîtrait.

Comment la communauté va-t-elle se reformer? Elle ne se reformera pas, dit-on, si l'époux présent avait opté d'abord pour la dissolution provisoire de la communauté. Mais alors la dissolution ne va donc pas être provisoire, comme le dit la loi ; les conventions matrimoniales vont être modifiées après la célébration du mariage, et l'on sera exposé aux fraudes qu'a voulu prévenir l'art. 1395 ; enfin, l'absence ne peut avoir aucun effet définitif entre les envoyés et l'absent de retour. La communauté va donc renaître et sera présumée n'avoir jamais été dissente. Mais si la femme présente, ou les héritiers présomptifs de la femme absente, envoyés en possession de ses propres et de sa part de communauté, les ont aliénés à titre gratuit ou dilapidés, et que l'absent reparaisse, la communauté aura-t-elle droit à une récompense de ce chef au jour de sa dissolution véritable? La même question peut se poser, si les mêmes personnes ont agi de la même manière, et que le décès de l'absent soit prouvé avoir eu lieu depuis l'envoi définitif et depuis les actes de libéralité ou de dilapidation; car la communauté aura duré jusqu'au décès.

A ce premier sujet de controverse il s'en trouve joint un autre dont nous ne parlerons qu'en peu de mots, et uniquement pour donner une solution complète à notre première question : quelle est la capacité de la femme après l'envoi définitif? A partir de la dissolution provisoire de la communauté, la présomption de mort a son effet entre les époux quant aux biens et aux conventions matrimoniales. A quelque devoir mentionné aux art. 212, 213 et 214 qu'on rattache l'incapacité de la femme, la conclusion doit être la même. Par la dissolution de la communauté, la femme a déjà soustrait ses biens à l'autorité maritale. Qu'y aurait-il d'ailleurs de plus bizarre de la part du législateur et de plus dangereux pour les tiers que de déclarer inattaquables à l'égard de ces tiers les actes passés entre eux et la femme présente, à raison de l'envoi définitif, et de réserver une action en nullité à cause de l'incapacité de la femme. Si l'on repousse la présomption de mort, il faudrait, au moins, pour être logique, réserver aux tiers le droit d'opposer à la femme qu'elle ne prouve pas l'existence du mari, ni, par conséquent, la nullité de l'acte.

La femme était donc capable; et depuis son envoi définitif, elle a pu donner et dilapider. Son mari reparaît ; elle avait de lui mandat d'agir ainsi à sa convenance ; si la communauté se trouve diminuée, il en doit subir les conséquences. Toutefois, l'aliénation de l'immeuble dotal ne sera jamais opposable au mari de retour, parce que son mandat est impuissant à valider cette aliénation (art. 1558). L'échange de l'art. 1559 lui serait, au contraire, opposable.

Quant aux donations d'immeubles communs, le concours des volontés du mari mandant et de la femme mandataire consentante les rend valables. Si le mari est en face des héritiers présomptifs de la femme, ou la femme présente, de ceux du mari, le fait du partage ne constitue-t-il pas un mandat donné par l'époux copartageant aux envoyés en possession définitive des biens de l'absent, mandat confirmatif en tant que besoin du mandat légal conféré au nom de l'absent, et comportant les mêmes pouvoirs? Nous expliquerions ainsi la validité des donations faites par les représentants du mari absent, des immeubles communs, et aussi l'irrévocabilité des actes faits par les représentants de la femme ; enfin, nous serions pleinement autorisés à conclure de cette observation qu'il n'y aurait lieu à aucune récompense ni indemnité entre époux ; la communauté reprendra ses biens tels qu'elle les trouvera. La femme dotale, ou mariée sans communauté, qui aurait perdu sa dot, même par sa faute, ne devra rien au mari de retour.

APPENDICE

Militaires absents.

La présomption de mort a maintenant tout son effet ; aussi, les militaires y sont-ils soumis comme tous autres.

Il n'existe en leur faveur aucune disposition semblable à celles que nous avons étudiées précédemment, ou que nous verrons par la suite relatives aux droits éventuels.

Nous avons terminé ainsi l'étude des effets de l'absence sur le patrimoine actuel de l'absent au jour de sa disparition, sur les biens qui composent sa succession présumée ouverte. Nous avons prévu son retour ou la preuve de son décès, et là encore nous ne nous sommes occupés que de ce patrimoine et de la restitution qu'en doivent faire ses représentants. Nous allons parler maintenant des biens qui viennent à lui échoir pendant la durée de l'absence.

TITRE II

EFFETS DE L'ABSENCE SUR LES BIENS QUI SERAIENT ATTRIBUÉS A L'ABSENT, SI SON EXISTENCE ÉTAIT PROUVÉE.

Sous ce titre, nous nous proposons d'étudier les dispositions de la 2e section du chap. III au Code, à notre titre de l'Absence (art. 135-138). La rubrique de cette section est ainsi conçue : « Des effets de l'Absence, relativement aux Droits éventuels qui peuvent compéter à l'Absent. » Nous devons tout d'abord déterminer la nature et la date d'ouverture des droits dont il est traité dans nos quatre articles, et indiquer les principes généraux qu'ils posent. Puis, nous rechercherons dans un deuxième chapitre si ceux qui profitent de l'absence sont soumis à l'accomplissement de quelque condition, et dans un troisième chapitre quels sont, contre eux et contre les tiers avec qui ils ont traité, les droits de l'absent de retour. Il ne nous sera pas inutile de comparer ensuite brièvement avec les droits de l'héritier absent de retour, ceux de l'héritier inconnu ou inactif, mais non absent. Enfin, nous terminerons ce titre par un aperçu fort court sur les effets de l'absence entre les tiers, et par quelques mots sur la législation qui régit les militaires absents.

CHAPITRE PREMIER

Quels droits sont désignés par la loi comme éventuels et pouvant compéter à l'absent. — Principes généraux.

Nous avons compris dans le patrimoine de l'absent, comme susceptibles de l'envoi en possession au profit de ses représentants, tous les droits conditionnels qui lui appartenaient au jour de sa disparition. Aussi bien, nous considérions l'absent comme mort, et les envoyés en possession comme ses représentants véritables, héritiers, etc., et nous leur appliquions sans difficulté les art. 1122 et 1179.

Il ne faut pas confondre avec ces droits conditionnels les droits éventuels dont nous allons parler. Ceux-ci n'étaient pas nés au jour de la disparition ; ils ne pourraient naître et s'ouvrir au profit de l'absent que s'il existait, parce qu'ils lui appartiendraient alors en considération de sa personne. Par ce double motif de leur inexistence au jour de la disparition, et de leur personnalité, nous ne pouvions les comprendre dans sa succession, ni les transmettre à ses représentants ou ayant-cause avant qu'il en eût été saisi. Les mêmes considérations ont dicté les art. 135-138. L'art. 136 nous signale l'hypothèse où s'appliqueront le plus souvent les principes écrits dans l'art. 135, le cas d'ouverture d'une succession au profit de l'absent. Nous y joindrons, comme créant des droits éventuels, le legs fait à l'absent, la stipulation par lui du droit de retour dans une donation, les substitution, donation de biens à venir, rente viagère (art. 1983).

Si l'un de ces droits s'ouvre au profit d'une personne dont l'existence au jour de l'ouverture est contestée, c'est au demandeur de la prouver. Tel est le principe de l'art. 135. Conséquemment, si une succession s'ouvre au profit d'un absent pour la totalité ou pour partie, il est présumé mort jusqu'à preuve contraire; et son droit est dévolu à ceux à qui il appartiendrait si le décès de l'absent au jour de la disparition était prouvé. L'absent n'est donc pas compté au nombre des héritiers, des personnes vivantes, pour le calcul de la réserve (art. 725 et 913).

Nous venons de parler de l'absent comme ne pouvant transmettre un titre héréditaire échu depuis sa disparition. L'absence présumée a-t-elle, à cet égard, le même effet que l'absence déclarée? peut-on, dès la première période légale, contester sérieusement l'existence de l'absent? La place de notre section dans le chap. III qui s'occupe des effets de l'absence déclarée offre un premier argument à une réponse négative; puis, la brièveté du temps écoulé depuis la disparition, le danger de remettre à des mains étrangères et trop intéressées des biens qui appartiennent peut-être à l'absent, viennent appuyer encore cette solution. Cependant elle n'a pas prévalu. La place des articles et même d'une section n'est pas un argument surtout dans notre titre de l'Absence; obligés de créer et d'ordonner une législation à peu près sans précédent, les rédacteurs du Code laissent souvent paraître une incertitude qui parfois est presque du désordre.

Il n'y a ici ni envoi provisoire, ni envoi définitif, ni distinction de périodes de l'absence; la loi a pris soin d'écarter tout motif de doute dans le texte des art. 135 et 136; non contente d'y inscrire une règle générale, elle y évite jusqu'au mot « absent » qui aurait pu s'entendre restrictivement, et le remplace par cette proposition dont le sens est plus étendu, « individu dont l'existence n'est pas reconnue. » La preuve de l'existence non reconnue est à la charge du demandeur. L'art. 113 ne s'applique donc qu'aux successions dont l'ouverture a lieu à une époque où la vie de l'absent n'est pas contestable ou n'est pas contestée. Qui dit contestation, dit litige; les tribunaux auront donc à apprécier en fait s'il y a doute sérieux sur l'existence de l'individu, s'il y a absence, ou simple non-présence. Le droit d'hériter ou de recueillir les biens dont nous parlons ne saurait être refusé au non-présent.

C'est donc à ceux qui doivent recueillir à la place de l'absent les objets à lui échus, de contester son existence, s'ils le croient juste. Supposons qu'ils ne l'aient pas fait, ou que le tribunal, statuant sur la contestation, n'ait reconnu qu'une simple non-présence, et que l'absent ait été compris au partage; puis, l'absence est déclarée; on peut d'autant mieux admettre cette hypothèse que ce ne sera probablement pas le même tribunal qui reconnaîtra la présomption d'absence de l'héritier et qui déclarera son absence. Les cohéritiers de l'absent, ou autres devant recueillir à son défaut, peuvent-ils alors venir réclamer les biens qui ont été réservés pour lui? Oui! dirons-nous sans hésitation; leur consentement n'était que provisoire; le jugement, qui déclarait non douteuse la vie de l'absent, ne pouvait aussi statuer que provisoirement et en réservant une décision contraire pour le jour où le défaut de nouvelles de l'absent ferait dater son absence de sa disparition. Il pourrait toutefois résulter des faits, et particulièrement d'une transaction, que leur consentement eût été définitif; aux juges d'apprécier. Le mieux serait pour ces cohéritiers de faire des réserves expresses lors du premier jugement ou en donnant leur consentement, et pour le cas où la déclaration d'absence serait ensuite prononcée.

Un autre argument a été invoqué dans le même sens : l'envoi en possession n'est permis par l'art. 120 que des biens ayant appartenu à l'absent à sa disparition; et les droits dont nous parlons ne lui appartenaient pas, puisqu'ils n'étaient pas ouverts. Cet argument prouve trop, à notre avis; car l'envoi en possession sera accordé de ces biens aux héritiers présomptifs, si les cohéritiers de l'absent ne les réclament pas avant l'envoi en possession des biens de l'absent. Ce n'est pas la première fois que nous reconnaissons comme incomplet le texte de l'art. 120; nous avons déjà permis à l'héritier présomptif, envoyé en possession provisoire, de faire opérer le rapport et d'exercer l'action en réduction des libéralités faites par l'absent.

Selon nous, tout ayant-droit à l'envoi en possession provisoire doit recevoir à ce titre les biens qu'il recueillerait à titre d'héritier, légataire, etc., si l'absent était réellement mort au jour de sa disparition; il y a présomption de mort, tout intéressé peut l'invoquer à moins que la loi n'en ait ordonné autrement. Cette opinion nous met à l'abri d'une objection théorique qui nous semble irrésistible pour quiconque refuse d'admettre la présomption de mort : « C'est au demandeur de prouver sa demande, peuvent dire les envoyés aux cohéritiers de l'absent, de prouver la vie ou le décès de l'absent selon son intérêt ; nous possédons pour l'absent, et vous êtes demandeur ; prouvez donc qu'il était mort au jour de l'ouverture du droit en question. » Cette objection est plus saisissante encore si elle est adressée au nom de l'absent dès avant la déclaration d'absence.

Nous n'hésitons pas à reconnaître aux cohéritiers de l'absent le droit de réclamer les biens en tout état de cause ; pour eux, il n'y a pas de présomption d'absence ni de déclaration d'absence, mais seulement l'absence. Quand ils réclameront, ils pourront redemander les fruits perçus de mauvaise foi ; lorsque ceux qui administrent pour l'absent ont été investis des biens qui composaient sa part, ils en sont devenus détenteurs pour lui, héritier véritable, ou pour ses héritiers présomptifs. Mais dès que le doute a commencé sur la vie de l'absent, on ne peut plus dire que les fruits aient été perçus de bonne foi.

Nous avons dit que les biens échus à l'absent pendant l'absence seront recueillis par ceux qui y auraient un droit définitif et incontestable si son décès au jour de sa disparition était prouvé ; l'art. 136 désigne les mêmes personnes par une énumération, attribuant la succession exclusivement « à ceux avec lesquels il aurait eu le droit de concourir, ou à ceux qui l'auraient recueillie à son défaut. » Proudhon veut voir là moins une énumération qu'une distinction : les cohéritiers de l'absent doivent toujours, selon lui, être préférés à ceux qui ne viennent qu'à son défaut, et conséquemment les enfants de l'absent ne peuvent le remplacer ; c'est à ces enfants de prouver la vie ou la mort de l'absent. Telle était l'opinion de Lebrun, se fondant uniquement sur des motifs tirés de l'ancien droit ; telle est encore celle de plusieurs jurisconsultes s'attachant à la lettre de l'art. 136, mais conseillant aux tribunaux de décider en équité contrairement à la disposition de cet article. Adopter ce système, ce serait présumer la renonciation ou l'indignité de l'absent.

Allons plus loin ; si, adoptant l'opinion de Proudhon, nous supposons l'absent seul collatéral héritier dans une ligne, et des parents dans l'autre ligne, nous allons attribuer à ces parents la part de la ligne de l'absent au préjudice des collatéraux, moins proches en degré que l'absent (art. 755). Ces solutions sont iniques, contraires à la loi ; elles ne pourraient, tout au moins, être définitives. Au point de vue de la représentation de l'absent par ses descendants, nous ne pouvons encore l'admettre qu'en prenant pour point de départ la présomption de mort.

Un éminent jurisconsulte, dont nous avons souvent cité les opinions, raisonne cependant ainsi : Si l'absent ne recueille pas, ce n'est pas qu'il soit présumé mort, c'est qu'il n'est pas présumé vivant et que son existence ne peut faire obstacle à ses enfants ; pourquoi l'incertitude profiterait-elle aux uns plus qu'aux autres ? pourquoi le présumer vivant et renonçant plutôt que mort et représenté ? La réponse à ces deux dernières questions est en elles, car il nous suffit de les retourner, et le rejet de la présomption de mort nous y autorise ; quant au premier argument, la réfutation nous en semble contenue dans l'art. 744. Si cet article s'était arrêté après sa première proposition, « on ne représente pas les personnes vivantes, » l'argument précité pourrait, du moins, y être considéré comme conforme ; l'absent, dirait-il, n'est pas présumé vivant ; mais l'art. 744 insiste, et ajoute qu'on représente « seulement les personnes qui sont mortes ; » il faut donc que la mort de l'héritier soit prouvée ou présumée.

Ce raisonnement, quoique nous l'ayons suivi un instant sur son terrain, nous semble un peu subtil, et nous préférons le suivant : l'absent était mort à l'ouverture de la succession, ou il est mort depuis, ou il est vivant ; s'il était mort, ses enfants peuvent le représenter et prendre sa part ; s'il est mort depuis, ils la prennent encore et de son chef ; s'il est vivant, ils ont le droit de s'en mettre en possession pour lui, comme ses mandataires légaux. En supposant qu'il était décédé au jour de sa disparition, et en n'admettant ses fils qu'à la représentation, nous choisissons le parti le plus favorable aux cohéritiers de l'absent, puisque nous obligeons ainsi ses fils au rapport des libéralités reçues par lui et par eux-mêmes (art. 848).

Si les enfants de l'absent ont rapporté des libéralités à eux faites par le défunt, l'absent de retour ne pourra leur réclamer que les biens qui leur ont été attribués par le partage, et, pour le montant des rapports indus, devra se retourner contre ses cohéritiers. Il va de soi que les enfants de l'absent pourront ici prescrire contre lui, puisqu'il rentrent dans la seconde catégorie de l'art. 136. Pour ce qui est de cet article considéré dans son texte, il a voulu prévoir séparément le cas où la succession s'ouvre au profit de plusieurs héritiers au nombre desquels doit être compté l'absent, et le cas où il est seul héritier ; mais la première catégorie rentre évidemment dans la seconde.

CHAPITRE II

L'attribution à des tiers, des droits échus à l'absent est-elle subordonnée à quelque condition?

Sachant maintenant de quels biens échus à l'absent nous entendons parler, quels tiers en sont investis, de quelle nature est le droit de ces tiers, nous n'hésiterons pas à répondre négativement à la question de notre rubrique. Il ne pourrait s'agir, en effet, que de conditions analogues à celles qui sont imposées aux envoyés en possession provisoire, caution, inventaire, vente du mobilier, limitation des pouvoirs, droit à une part seulement des fruits et non à la totalité. Nous ne parlons que des conditions secondaires, et non de la condition générale de restitution qui frappe ces tiers comme quiconque a reçu indûment le bien d'autrui. Mais la loi n'exige d'eux aucune garantie de restitution; il n'y a pas de texte les obligeant à fournir caution, et tout le monde est d'accord pour les en dispenser dans le cas même où ils seraient insolvables; le même argument s'applique à la vente du mobilier; l'art. 138 tranche la question des fruits et les leur accorde en totalité; la loi n'a pas expressément limité leurs pouvoirs, et nous verrons dans notre chap. III quelle en est l'étendue; reste l'inventaire, et si nous l'avons réservé, c'est qu'il s'élève à son égard une controverse que nous allons étudier immédiatement.

Les tiers qui prennent la place de l'absent, doivent-ils faire apposer les scellés et faire inventaire? Remarquons d'abord que la facilité avec laquelle nous les avons relevés de l'obligation de fournir les autres garanties de restitution exigées de l'envoyé en possession, provient justement de la différence qui existe entre le titre de ces tiers tenant leurs droits du défunt et de la loi, et propriétaires absolus, sauf la preuve contraire, et le titre des envoyés possession tenant leurs droits de la loi et de l'absent et les exerçant sur les biens de cet absent. Dans l'ordre naturel des choses, ces derniers devraient prouver le décès de l'absent pour faire valoir leurs droits, et la loi qui les en dispense pouvait leur imposer ses conditions; les autres n'ont qu'à attendre la preuve de la vie de leur cohéritier; dès qu'ils ont prouvé la mort de leur auteur, ils s'emparent de tous ses biens; c'est à chacun d'eux à se faire faire place en prouvant son titre. Aussi, selon nous, ne peuvent-ils être contraints à faire inventaire s'ils sont d'accord à cet égard, la loi ne leur en impose pas l'obligation.

Cependant, dit-on, l'art. 137 réserve à l'absent une pétition d'hérédité; qui veut la fin veut les moyens. Puis, l'art. 113 suppose l'inventaire, et l'art. 819 ordonne l'apposition des scellés même d'office; les art. 911, 928 et 942 du C. pr. exigent aussi cette double formalité. Si la loi a obligé les successeurs irréguliers à l'apposition des scellés et à la confection de l'inventaire (art. 769), et même au cautionnement ou à l'emploi du mobilier (art. 771), et ce, au profit d'héritiers légitimes qui n'ont peut-être jamais existé, comment n'aurait-elle pas protégé, du moins autant, l'héritier absent dont l'existence, incertaine dans le présent, n'est pas contestée dans le passé? Il y aurait inconséquence à exiger ces garanties pendant si longtemps de l'envoyé en possession, et de n'en pas demander une seule à nos tiers cohéritiers de l'absent, alors surtout que personne ne peut souffrir ni se plaindre de cette obligation.

Les tiers en souffriraient et pourraient s'en plaindre en ce que leurs droits seraient méconnus et leur liberté de disposition et d'action entravée, en ce qu'on interviendrait dans leurs affaires au nom d'une personne qui ne prouverait pas son titre et qui se ferait faire place de force. Aucun texte de notre titre n'autorise une telle décision ; bien au contraire, les art. 120,123, 124 et 126 restreignent ces obligations de garanties à fournir aux personnes qui exercent des droits sur les biens délaissés par l'absent, sur sa succession; l'art. 113 ne saurait trouver ici son application, puisque l'absent ne pourrait être représenté au partage et à la liquidation, comme l'ordonne cet article ; il ne s'agit pas ici d'une succession à l'ouverture de laquelle l'absent était certainement vivant.

L'art. 819, et les art. 911, 928 et 942 du C. pr. ne parlent que du non présent; et si l'on veut tirer argument de la situation tout exceptionnelle des successeurs irréguliers, il faudrait aussi imposer la nécessité d'une caution, ce qui n'est soutenu par personne. Nous n'admettrons même pas que l'inventaire puisse être fait au nom et aux frais de l'absent, parce que ce serait violer les secrets de la succession et les divulguer à d'autres que les héritiers.

L'absent de retour sera à peu près dans la position d'un héritier préférable qui ne s'est pas fait connaître à l'ouverture de la succession et paraît ensuite.

CHAPITRE III

Quels sont les droits de l'absent de retour contre les tiers qui ont recueilli à son défaut et contre leurs ayant-cause ?

D'après la situation que la loi a faite au tiers quit a recueilli à la place de l'absent, situation qui ressort encore mieux des art. 137 et 138, et qui est celle d'un héritier apparent et de bonne foi ou d'un possesseur de bonne foi des biens échus à l'absent, il est certain qu'il demeurera maître absolu de ces biens si l'absent ne reparaît pas ou si l'on ne prouve pas son décès postérieur à l'ouverture du droit à lui échu, ou même si la réclamation est tardive. Mais, dans ce chapitre, nous allons supposer la réclamation bien fondée et faite en temps utile, c'est-à-dire avant l'expiration du « laps de temps établi pour la prescription » (art. 137). Que l'action en répétition soit intentée par l'absent lui-même ou par ses héritiers prouvant son décès postérieur, le rôle des cohéritiers de l'absent ne change pas, non plus que leurs droits et leurs obligations. Il importe aussi peu que l'action soit dirigée contre ces cohéritiers ou contre leurs propres héritiers. Mais les droits de l'absent ou de ses héritiers doivent être considérés sous deux aspects différents, selon que la répétition s'exerce contre ceux mêmes qui ont pris la place de cet absent, ou contre les tiers avec lesquels ils ont traité.

SECTION PREMIÈRE

Droits de l'absent contre ceux qui ont recueilli les biens à lui échus.

Ces droits n'ont d'autre objet que la restitution de sa part à l'absent par ses cohéritiers. L'absent les exerce pour obtenir le capital et les fruits. Ils sont de diverse nature ; l'art. 137 réserve, en effet, à l'absent de retour les « actions en pétition d'hérédité *et autres droits.* » On a voulu voir dans ces derniers mots, le droit de recours contre les tiers qui auraient traité avec les cohéritiers de l'absent. Les termes de cet article, rapprochés des articles précédents, nous paraissent donner à ces mots une autre portée. L'action en pétition d'hérédité se réfère uniquement à la succession échue à l'absent ; dans cet ordre d'idées, notre article devait encore faire au profit de l'absent toutes réserves de l'exercice des autres droits éventuels, legs, droit de retour d'une donation, rente viagère, etc. ; c'est aussi ce qu'il a fait, selon nous. La formule générale qu'il emploie, extinction de ces droits « *par le laps de temps établi pour la prescription,* » au lieu de dire simplement, par la prescription de trente ans, applicable à la pétition d'hérédité, prouve encore qu'il a en vue d'autres prescriptions, celle de cinq ans par exemple pour les arrérages de la rente viagère (art. 2277).

Quant à la répétition des fruits, l'art. 138 ne l'autorise pas ; le possesseur de bonne foi les fait siens ; c'est la reproduction de la règle des art. 549 et 1378 ; si nous la trouvons ici, c'est pour effacer le vieil adage contraire, *Fructus augent hereditatem;* aussi voyons-nous l'art. 138 ne s'occuper que de la succession échue à l'absent ; pour les autres droits, le principe général et les règles particulières de chaque matière trouvent leur application normale, et il n'y a pas d'innovation.

La loi s'attache plus spécialement à l'idée d'une succession ouverte pendant la durée de l'absence, parce que c'est l'espèce la plus fréquemment rencontrée d'un droit éventuel échu à l'absent. Ainsi allons-nous faire, en recherchant brièvement les principes romains et les solutions de notre ancienne jurisprudence sur les obligations de l'héritier apparent.

1° En droit romain, l'héritier apparent de mauvaise foi devait restituer tous les biens par lui reçus, et répondait de ses fautes (loi 31, § 3, Dig., « De hered. petit., » Liv. v, tit. 3) ; il devait même indemniser de la perte par cas fortuit le demandeur chez qui la chose n'aurait pas péri (loi 40, pr., même tit.) ; enfin, il devait compte de tous les fruits perçus ou qui auraient dû l'être (loi 25, § 4, même tit.). L'héritier apparent de bonne foi ne pouvait non plus conserver aucun enrichissement provenant de l'hérédité (loi 28, même tit.) ; mais il ne devait compte que de ce dont il était plus riche (loi 20, § 6, loi 25, § 11, et loi 31, § 3, même tit.), que de ce qui lui restait (loi 23, pr., même tit.) ; il devait restituer de même les fruits non consommés (loi 40, § 1, même tit.).

2° Notre ancienne jurisprudence française appliquait la règle romaine, mais non pas de la manière théorique et équitable que nous venons de voir. Pour savoir quelles sommes d'argent avaient été dépensées, perdues par le possesseur de bonne foi, quelle part en restait, il fallait pénétrer dans le secret de ses affaires ; il y avait là presque une impossibilité pratique. Aussi Pothier nous dit-il (Droit de propriété, n° 429) que nul n'était présumé avoir dissipé le bien par lui recueilli; que, bien au contraire, chacun était présumé avoir conservé les sommes touchées, et en avoir profité, « à moins qu'il ne fît apparoir du contraire. » Le droit romain lui-même paraît avoir compris et appliqué cette idée (loi 18, Dig., « Quod met. cau., » Liv. IV, tit. 2). Si chacun est présumé conserver ses capitaux, il devrait être présumé avoir dépensé ses revenus; cependant Pothier reconnaît que l'héritier apparent de bonne foi devait compte des fruits, sauf à n'être tenu d'aucune indemnité pour les fruits consommés. En un mot, ce possesseur devait compte de tout, mais n'était tenu de rien payer *de suo* pour les biens qu'il prouvait avoir perdus ou consommés sans qu'il lui en restât rien.

3° Venons à notre législation actuelle. Le possesseur de mauvaise foi est coupable d'un délit civil, ou il a commis, au moins, un quasi-délit; il doit donc la réparation de tout le dommage qu'il a causé (art. 1378-1382). Il doit le prix qu'il a reçu pour les biens vendus, ou leur valeur actuelle si elle est supérieure à ce prix. Il en était ainsi sous l'empire du droit romain (loi 20, § 21, Dig., « De hered. petit. »).

Le possesseur de bonne foi doit-il restituer les biens en répondant des détériorations arrivées par sa faute, ou seulement dans leur état actuel au jour de la demande? Il y a controverse à cet égard. Pour soutenir que la restitution sera faite des biens dans l'état où ils doivent ou devraient être, sauf le cas de force majeure, on fait remarquer : d'une part, que le seul avantage accordé au possesseur de bonne foi par les art. 137 et 138, est de faire les fruits siens, et que ces articles n'accordent aucun bénéfice semblable à celui de l'art. 132;

d'autre part, que cet art. 132 s'occupe uniquement des biens laissés par l'absent et retrouvés entre les mains des envoyés en possession, et n'est pas applicable ici ; que l'avantage accordé ainsi à ces envoyés se justifie par la durée de leur possession et le peu de probabilité du retour de l'absent, tandis que les circonstances prévues par les art. 137 et 138 peuvent se présenter au lendemain de la disparition. Si les biens ne peuvent être réclamés au nom de l'absent dès l'ouverture de la succession, il faut lui assurer du moins un recours efficace.

Ecartons d'abord les considérations d'équité invoquées au profit de l'absent. Aussi bien, elles n'ont pour base que la supposition toute gratuite de l'ouverture de la succession et du retour de l'absent peu de temps après sa disparition. Il nous est permis de placer ce retour après l'envoi définitif, et de nous étonner profondément qu'un possesseur soit dans une situation pire que celle d'un mandataire. Mais parlons des textes. L'art. 137 réserve à l'absent la pétition d'hérédité qui n'est définie par la loi, ni ici, ni ailleurs ; même silence sur le caractère et les effets de cette action. C'est donc que le législateur s'en est référé à la loi préexistante. Comment, pour démontrer le contraire, retournerait-on contre le possesseur de bonne foi la disposition de l'art. 138 qui est tout en sa faveur, et, se rendant au désir de Pothier, termine tout compte des fruits perçus ?

Le possesseur de bonne foi n'est pas obligé, comme le possesseur de mauvaise foi, par un délit ou un quasi-délit ; il n'est pas lié par un contrat ; il n'est tenu que comme détenteur, par une sorte de quasi-contrat ; dès qu'il a cessé de posséder les biens héréditaires, il ne doit plus rien (loi 25, § 18, Dig., « De hered. petit. »). Est-il donc plus équitable qu'autrefois de déclarer responsable le possesseur invité par la loi à se présenter, et qui, se croyant propriétaire, a agi comme tel ?

Les art. 1380 et 1935 ne font qu'appliquer notre principe. A l'art. 132 aussi, la loi s'en est inspirée; mais il fallait un texte formel pour déclarer valables tous les actes de propriété faits par un mandataire. Dans les hypothèses prévues par les art. 1380 et 1935, sans doute, c'est le propriétaire lui-même qui a livré sa chose; mais les art. 137 et 138 supposent un absent qui reparaît, c'est-à-dire une personne qui doit se reprocher de n'avoir pas donné de ses nouvelles, et un héritier investi par la loi même des biens dont il a disposé; cet héritier ignorait l'existence de l'absent; il ne savait peut-être pas que le défunt eût jamais eu de parent plus proche que lui; enfin, les tribunaux eux-mêmes ont partagé son erreur; comment trouver une bonne foi plus complète? Et comment le rendre responsable d'un acte ou d'une négligence qu'il croyait pouvoir se permettre sans engager son patrimoine primitif?

La règle générale est donc que le possesseur de bonne foi ne peut être tenu qu'à raison et jusqu'à concurrence de son enrichissement; nous en trouvons l'application aux art. 1631 et 1632, qui règlent l'obligation de garantie en cas d'éviction. Si le tiers détenteur de l'immeuble hypothéqué doit indemnité pour toutes détériorations, au cas d'expropriation par les créanciers, c'est qu'il était suffisamment averti de leurs droits pour ne pouvoir se dire de bonne foi à leur égard; il était cependant propriétaire, et le législateur a cru nécessaire un texte spécial; cette exception ne fait que confirmer notre règle.

Le droit romain déjà, et après lui Pothier (Obligations, n° 661, et Donations testamentaires, chap. v, sect. 3, art. 1er, § 5) et notre ancienne jurisprudence traitaient différemment notre possesseur de bonne foi et le débiteur d'un corps certain qui a disposé, même de bonne foi, de la chose due, ou l'a laissée périr ou se détériorer par sa négligence. Ce débiteur ne peut jamais se libérer par son fait (loi 91, § 2, Dig., « De verb. oblig., » L. XLV, tit. 1; — Pothier, 1° *loco cit.*; — art. 1245). C'est pourquoi l'héritier, débiteur d'un legs inconnu de lui, n'en est pas libéré par la perte de la chose léguée, si cette perte provient de son fait ou de sa faute (§ 16, Inst., « De legatis, » L. II, tit. 20; — loi 63, Dig., « De leg. 2°, » L. XXXI; — Pothier, 2° *loco cit.*; — art. 1042).

On a cependant invoqué ces deux art. 1042 et 1245 contre notre système, en essayant d'assimiler la situation du possesseur de bonne foi et celle du débiteur et de l'héritier; le droit romain et l'ancien droit les distinguaient, et le Code fait de même. Cette différence s'explique facilement; si la dette de corps certain est contractuelle, le débiteur primitif ne peut de bonne foi croire qu'elle n'existe pas. Pour supposer le débiteur de bonne foi, il faut envisager l'héritier du débiteur primitif, ignorant la dette et disposant du bien en propriétaire; et alors, s'il est héritier pur et simple, il a accepté toutes les dettes connues et inconnues du défunt, et s'est obligé à les acquitter, et il a contracté le même engagement envers les légataires; s'il n'a accepté la succession que sous bénéfice d'inventaire, il s'est obligé à conserver les biens héréditaires pour le paiement des dettes connues et inconnues, et en est responsable; au premier cas, l'art. 783 fait seul exception à la règle pour une hypothèse toute spéciale, et ne peut être étendu. A la vérité, envers les légataires, l'héritier pur et simple est obligé par un quasi-contrat, mais par un quasi-contrat librement, volontairement accepté par lui ; c'est plutôt un contrat pour lequel les parties n'ont pas eu à se rencontrer, à s'entendre, à faire leurs conditions.

Dans le paiement de l'indû, au contraire, s'il a eu lieu de bonne foi de part et d'autre, il y a un quasi-contrat parfait créant une obligation de restituer au profit d'une personne contre une autre, sans que cette dernière ait jamais eu l'intention de contracter une obligation quelconque. Que doit-elle alors? ne pas s'enrichir ; et elle ne peut être tenue que de restituer ce qu'elle détient. L'article 1379 ne peut nous être opposé ; que dit-il, en effet? que celui qui a reçu l'indû est responsable de sa faute, alors même qu'il aurait reçu de bonne foi. Mais il n'y a pas de faute reprochable à celui qui *quasi suam rem neglexit*, qui se croyait propriétaire au moment où il était négligent ; quand, après avoir reçu de bonne foi, il a connu la vérité et est devenu de mauvaise foi, alors, et alors seulement il a été responsable de sa mauvaise administration et de sa négligence, et a pu être constitué en faute. Telle était l'opinion de Domat.

Tout ce que nous venons de dire de celui qui a reçu de bonne foi l'indû, est applicable au possesseur de bonne foi en général, et en particulier à notre héritier apparent qui a refusé d'admettre les droits de l'absent. Nous dirons donc :

1° Que les dégradations commises par l'héritier apparent durant sa bonne foi, ne peuvent l'exposer à aucun recours, à moins qu'il n'en ait retiré quelque profit ; les tribunaux auront à apprécier si l'acte reproché au possesseur n'est pas tel qu'il fasse supposer la mauvaise foi ; « il n'y aurait plus bonne foi si le possesseur n'avait agi que pour retirer un profit qu'il pût soustraire aux recherches de l'absent au cas de son retour ; la question de bonne foi, qui domine les conséquences du recours de l'absent de retour, est une question de fait;

2° Qu'il ne doit à l'absent aucun compte des biens qu'il aurait aliénés gratuitement, et n'est tenu de lui restituer que le prix des biens vendus;

3° Qu'il doit ce prix et tous les capitaux qui devaient revenir à l'absent, parce qu'il est présumé en avoir profité, « à moins qu'il ne fasse apparoir du contraire; » nous maintenons, à cet égard, la décision de Pothier;

4° Enfin, quant aux fruits, qu'il les a faits siens en totalité tant qu'a duré sa bonne foi; nous nous bornons à reproduire la disposition de l'art. 138; cette décision a cependant été mise en doute, et la Cour de Bordeaux a voulu, sous l'empire du Code, appliquer la maxime romaine, *Fructus augent hereditatem;* il est vrai qu'elle décidait surtout en fait. Un notaire, ayant un fils âgé de plus de seize ans (art. 904), avait été par lui institué légataire universel; ce fils mourut majeur, et le père se saisit de tous ses biens en vertu du testament; à la mort du père, les héritiers maternels du fils exercèrent leurs droits sur la succession de ce fils et demandèrent les fruits de leur part et les obtinrent contre les héritiers du père; ce dernier, leur répondait-on, a été de bonne foi; il avait cru que le maintien du testament de son fils après sa majorité lui donnait un droit absolu; la Cour de Bordeaux, pour accorder les fruits demandés, se fonda sur l'adage latin; mais l'argument vrai était qu'une erreur de droit ne peut être invoquée par une personne qui, à raison de sa profession, doit connaître le droit; sa bonne foi est alors suspecte.

Les dispositions des art. 136, 137 et 138 peuvent donc se résumer ainsi: quoiqu'il n'y ait pas eu de certitude du décès de l'absent, celui qui se sera saisi des biens à lui échus depuis sa disparition en sera considéré comme ayant été possesseur de bonne foi, jusqu'au moment où il aura acquis la certitude de l'existence de l'absent. Au reste, ce possesseur aura pu devenir de mauvaise foi, et les art. 549, 550 et 2268 lui seront applicables.

Mais il ne faut pas confondre avec l'héritier absent, l'héritier inconnu ou inactif. Est possesseur de bonne foi celui qui par erreur s'est cru appelé à la succession qu'il a appréhendée. L'erreur de droit doit-elle être prise en considération comme constituant la bonne foi, ou seulement l'erreur de fait? On admet ordinairement que l'erreur de droit a sous ce rapport la même influence que l'erreur de fait (loi 25, § 6, Dig., « De hered. petit. ; — Pothier, Droit de propriété, n°s 305 et s.). Si l'héritier est inconnu ou n'agit pas, le parent du degré subséquent est-il de bonne foi s'il s'empare de la succession? L'affirmative est certaine si l'héritier est inconnu; s'il n'agit pas, il faut distinguer, dit-on : le possesseur a su que l'héritier ignorait l'ouverture de la succession et qu'aucun autre motif ne l'empêchait d'invoquer son droit, il est de mauvaise foi; il a connu uniquement l'existence de l'héritier, il est de bonne foi; en un mot, la simple inaction de l'héritier permet aux parents du degré subséquent de prendre sa place et de se mettre en possession de l'hérédité.

Tel n'est pas notre avis. La loi n'appelle pas en même temps tous les parents du défunt à sa succession, mais bien les plus proches « à l'exclusion » des plus éloignés (art. 750); les plus proches sont donc seuls héritiers légitimes et saisis de plein droit des biens du défunt, et ils sont présumés acceptants (art. 784); les plus éloignés sont donc présumés n'être pas héritiers, et, s'ils s'emparent des biens, ce ne peut être qu'à leurs risques et périls ; ils pourront, d'ailleurs, mettre l'héritier en demeure de prendre parti et lui faire fixer par le tribunal un délai pour ce faire ; s'ils ne le font pas, nous croyons qu'ils ne pourront jamais être considérés comme possesseurs de bonne foi.

Nous venons de déterminer, autant qu'il est possible de le faire en théorie, les éléments qui constituent la bonne et la mauvaise foi du possesseur d'une succession dont l'héritier est inconnu ou n'agit pas. Il nous faut dire quand le possesseur devient de mauvaise foi au cas d'absence de l'héritier. Ici encore il y a controverse. Ce possess[illegible]it-on, n'est de mauvaise foi qu'après avoir été mis [illegible]ure de restituer ; le seul fait de connaître l'existence de l'absent ne constitue pas la mauvaise foi. C'était bien ce que disait l'ordonnance de 1539, art. 94, faisant restituer les fruits perçus par le défendeur à la revendication « depuis la demande libellée ; » c'est aussi la disposition de l'art. 138 (« tant que l'absent ne se représentera pas, ou que les actions ne seront point exercées de son chef ») ; les art. 962 et 1139 y sont conformes, et ce n'est que justice, puisqu'on évite ainsi bien des difficultés, et que la condition de mise en demeure est bien facile à remplir par le propriétaire.

Dès que l'existence de l'absent est connue du possesseur, ce dernier est, selon nous, de mauvaise foi ; car, de ce moment, les vices de son titre lui sont connus (art. 550). Le législateur, à l'art. 138, veut uniquement, nous l'avons déjà dit, rompre avec la règle romaine, *Fructus augent hereditatem ;* il suppose même la mauvaise foi antérieure à la réapparition de l'absent ou à l'exercice des actions de son chef ; puisqu'il ne permet à l'héritier apparent de conserver à cette époque que les fruits par lui perçus de bonne foi, il en est donc d'autres, ceux perçus de mauvaise foi, qu'il ne conservera pas. Quant aux art. 962 et 1139, ils ne peuvent être invoqués comme argument dans notre question.

Nous savons maintenant comment et dans quel état de conservation l'absent peut réclamer les biens à lui échus depuis sa disparition, et dans quelle mesure il a droit aux fruits. Mais il peut se présenter une autre situation fort embarrassante : l'un de ceux qui ont recueilli les biens échus à l'absent est à son retour devenu insolvable ; sur qui doit retomber l'insolvabilité? Si les biens ont été recueillis, non par des cohéritiers de l'absent, mais par les parents du degré subséquent, l'insolvabilité de l'un d'eux ne donnera à l'absent aucun recours contre les autres ; ils ne peuvent être dits solidaires entre eux. Si ce sont des cohéritiers de l'absent qui ont refusé de l'admettre au partage, que décider? La première action intentée par l'absent est la pétition d'hérédité, et la seconde la demande en partage ; car le partage antérieur ne peut lui être opposé ; il n'y était pas représenté, et c'est pour lui *res inter alios acta*. D'ailleurs, l'art. 137 lui réserve expressément tous ses droits ; et, en présence de son texte si formel, il est impossible de considérer le premier partage comme un acte nécessaire que l'absent doive respecter, en ne demandant sa part que divisément. Le partage n'est que la conséquence de la pétition d'hérédité réservée par l'art. 137.

Mais on va plus loin : les cohéritiers de l'absent, en s'emparant de tout, ont gagné les fruits ; qu'ils en subissent les conséquences ; et si l'un d'entre eux devient insolvable, que les autres contribuent pour leur part à en indemniser l'absent. C'est ce que nous n'admettons pas. En vain dira-t-on que les autres pouvaient mettre de côté la part de l'absent. Cette réserve nous semble absolument dérisoire; car, si elle est faite de bon gré par les autres sans que l'absent soit représenté au partage, cet absent pourrait encore la refuser et demander un nouveau partage, le premier ayant été fait hors sa présence; d'ailleurs, chacun des cohéritiers peut invoquer les art. 135 et 136 et demander un partage total; pour que la part de l'absent soit réservée, il faut que tous y consentent; si quelqu'un s'y est opposé, ce sera souvent celui qui depuis est devenu insolvable; on ne peut faire aux autres un reproche de ce qui est arrivé.

Il ne faut pas, selon nous, compliquer de ces exigences la question. Les cohéritiers présents avaient le droit de s'emparer des biens et de les partager comme ils l'ont fait; l'absent de retour a aussi le droit de réclamer sa part et d'exiger un nouveau partage. L'un des cohéritiers, à la vérité, est devenu insolvable; mais, si l'absent s'était trouvé là au moment du premier partage, il aurait eu sa part et chacun des autres la sienne. Il serait injuste que le retard, la négligence de l'absent pût enlever quelque chose aux autres; il devra seul supporter le préjudice résultant de l'insolvabilité survenue de l'un des cohéritiers, ainsi que toutes les pertes résultant du nouveau partage. Ce nouveau partage aura donc lieu d'après les règles ordinaires; mais les cohéritiers présents pourront invoquer l'art 1382. En appliquant cet article, le tribunal pourra modifier les règles du partage à l'égard de l'absent seulement et avec le consentement des autres, afin de ne pas causer le dommage qu'il serait tenu de réparer, et, par conséquent, accorder des lots d'attribution si les autres y consentent.

Nous avons déjà parlé de la prescription qui court au profit des cohéritiers de l'absent, aux termes de l'art. 137. Nous devons ajouter ici qu'elle court dans le cas même ou les cohéritiers de l'absent auraient mis de côté sa part. Dès qu'ils ont refusé de reconnaître le droit de l'absent en repoussant ses représentants, ils ont commencé à posséder comme propriétaires, et celui qui a reçu d'eux la part qu'ils avaient fixée à l'absent, l'a possédée pour eux, comme leur mandataire; ils n'ont entendu renoncer à aucun de leurs droits, pas même aux fruits; leur unique but a été de se soustraire à un nouveau partage au cas de retour de l'absent et de ratification par lui du partage primitif. Si nous avons prévu cette hypothèse de partage où la portion de l'absent est réservée, c'est qu'elle s'est rencontrée assez souvent en pratique.

Tels sont les droits de l'absent de retour contre ceux qui ont recueilli à son défaut les biens à lui échus depuis sa disparition.

SECTION II

Droits de l'absent de retour contre les tiers qui ont traité avec l'héritier apparent.

Par cette dénomination d'héritier apparent, nous avons déjà désigné souvent celui qui recueille une succession au lieu et place de l'héritier véritable, que cet héritier soit absent, ou simplement inconnu ou inactif. Bien que cette seconde hypothèse n'appartienne pas directement à notre sujet, elle y touche de trop près, et nous trouverons trop d'avantages à la comparer à la première pour ne pas en dire quelques mots à la fin de cette section, comme nous avons déjà annoncé l'intention de le faire. Nous rechercherons d'abord dans des paragraphes distincts quels actes faits par l'héritier apparent sont opposables à l'absent par les tiers.

Nous avons remarqué que la loi ne limite pas les pouvoirs de l'héritier apparent; ce dernier recueille en son nom et comme propriétaire. Mais cette propriété n'est pas incommutable; et, si l'absent reparaît, elle n'aura jamais existé de droit. Personne cependant n'a essayé de soutenir que tout acte fait ou consenti par l'héritier apparent fût nul comme fait *à non domino*.

On a conclu de cette incertitude de sa propriété, que la loi aurait pu y mettre des restrictions dans l'intérêt de l'absent; nous pensons qu'une fois admis, le principe de l'art. 725, principe de tous les temps et de tous les pays, il y aurait eu inconséquence de la part de la loi, ou tout au moins exception à la règle, à imposer des conditions à l'exercice d'un droit complet de propriété qui, par sa nature même, doit être présumé subsister et doit produire ses effets jusqu'à ce qu'il soit prouvé qu'il n'est pas né. En sens inverse, et pour établir que tout acte de l'héritier apparent est opposable à l'absent, on peut argumenter « à fortiori » de la situation de l'envoyé en possession définitive, si toutefois la succession s'est ouverte après l'envoi définitif; mais nous avons déjà dit qu'ici là loi ne fait aucune distinction selon le temps et les périodes de l'absence; l'art. 132 est donc inapplicable. On sépare d'abord les actes nécessaires, toujours considérés comme actes d'administration, des actes volontaires, considérés comme actes de disposition.

§ 1er. — Réception d'un paiement, et quittance.

Nous supposons de bonne foi, c'est-à-dire ignorant la vie de l'absent, l'un des débiteurs héréditaires; ce dernier paie entre les mains de l'héritier apparent le montant de sa dette; puis l'absent revient. La quittance donnée par l'hérit'er apparent sera opposable à l'absent, l'art. 1240 est formel; car, l'héritier apparent, possesseur de l'hérédité, est bien en même temps possesseur de la créance qui en fait partie; il peut contraindre au paiement le débiteur qui, de son côté, peut demander à se libérer; c'est un acte nécessaire (loi 104, Dig., « De solutionibus, » L. XLVI, tit. 3).

§ 2. — Baux.

Ils doivent de même être maintenus si la bonne foi des contractants ne peut être mise en doute. Le vendeur à réméré lui-même est tenu de respecter les baux faits par l'acheteur (art. 1673); l'absent est dans une position moins favorable encore; la loi ne peut avoir refusé à l'héritier apparent le droit d'administrer les biens dont elle lui permettait de se saisir. Doit-on étendre cette solution acceptée par tous, de l'héritier apparent aux possesseurs de tous autres droits échus à l'absent?

Le possesseur, observe-t-on, ne pouvait conférer plus de droits qu'il n'en avait, et il n'avait aucun titre lui permettant de lier le propriétaire absent; il ne peut invoquer aucun texte semblable aux art. 1429 et 1430, 595 ou 1718: et, tout au contraire, les art. 1726 et 1727 supposent que la résolution des baux faits par le possesseur accompagne son éviction.

Mais alors tout preneur devrait donc se faire représenter les titres de propriété de son bailleur; il résulterait de ce système peu de sécurité et beaucoup de complications dans les contrats de louage. Comment appliquer aux baux la maxime *Resoluto jure dantis, resolvitur jus accipientis?* Les hypothèques et aliénations peuvent seules être atteintes par elle, comme cela résulte des art. 1664 et 1673, 2125 et 2182 ; nous retrouvons cette distinction appliquée dans tous les cas où une propriété est résolue ; nous pouvons l'étendre aux cas de rescision ou d'annulation de constrats translatifs de propriété ; on pourrait dire qu'il y a là mandat donné au cessionnaire par le propriétaire ; mais le possesseur ne peut être mandataire du propriétaire qu'il n'a pas rencontré.

Il y a une idée plus large qui motive cette décision : la possession est un fait qui subsiste pour le passé, et suppose la jouissance soit par soi-même, soit par autrui ; il est impossible de revenir contre le fait de cette jouissance pour l'annuler, sauf à en demander compte au possesseur de mauvaise foi. Le bail fait par le possesseur est l'acte qui établit, qui fonde la jouissance par autrui ; il doit donc être respecté, ainsi que tout contrat fait par le possesseur de bonne foi et exempt de toute faute. Quant aux art. 1726 et 1727, ils ne peuvent trouver ici leur application ; ils ont été inspirés par la décision de Pothier (Louage, n°s 81 et 82) qui ne reconnaissait comme lié par le bail fait par le possesseur, ni le vendeur à réméré exerçant son droit, ni le propriétaire reprenant le bien cédé sous condition, ni même l'acheteur dont le contrat ne portait aucune réserve (même tit., n°s 62 et 312). Les art. 1673 et 1743 du Code ont consacré la règle contraire ; et les art. 1726 et 1727 s'appliquent dans le cas où le bail n'aurait pas date certaine à l'encontre du propriétaire revendiquant. Pothier lui-même maintenait le bail fait de bonne foi à un acheteur longtemps avant son achat, mais non encore expiré, à l'encontre du retrayant (Retraits, n° 438) ; il sentait déjà le besoin du crédit public de maintenir les baux faits à un locataire de bonne foi.

§ 3. — Jugements.

Les jugements rendus pour ou contre le possesseur peuvent être invoqués par l'absent ou contre lui. L'art. 1351 n'admet cependant de chose jugée qu'entre les mêmes parties agissant en la même qualité, et nous ne trouvons aucun texte donnant pour les décisions judiciaires la même solution que l'art. 1240 pour les paiements : aussi, ouvrirons-nous à l'absent de retour la voix de la tierce opposition (C. pr., art. 474) toutes les fois qu'il reprochera un accord frauduleux entre le possesseur et la partie adverse ; ce n'est que l'application de l'art. 1167. S'il n'y a pas d'accord frauduleux, les procès sont des actes nécessaires s'ils sont engagés par un tiers ou exigés par l'intérêt du bien ou du patrimoine possédé.

Il est un autre argument très puissant selon nous. La loi ne suspend pas la prescription en faveur de l'absent ; il faut donc qu'on puisse interrompre de son chef ; mais il faut surtout que les tiers ne souffrent aucun préjudice par le fait de l'absence et qu'ils puissent interrompre la prescription qui court au profit de l'absent ; or, l'action en justice n'est possible que de la part du possesseur ou contre lui. Enfin, l'absent de retour reprend sa place contre le possesseur qui l'a occupée ; il doit se reprocher de l'avoir laissée vacante ; le tiers, qui a traité avec le possesseur, n'a, au contraire, aucune faute à se reprocher ; car, il n'avait aucun moyen de connaître le véritable propriétaire, ni de contester les droits du possesseur qui a obtenu jugement contre lui ; les choses sont remises ainsi en l'état où elles seraient probablement si l'absent n'eût pas disparu.

§ 4. — Transactions.

Le moyen d'éviter un procès, tout en conservant le plus grand avantage des droits douteux auxquels on prétend, est la transaction. Aussi, la déclarons-nous valable, quoique faite avec le possesseur, si le tiers a traité de bonne foi et est exempt de toute faute. Elle a, entre les parties, l'autorité de la chose jugée (loi 20, C., « De transactionibus. » L. II, tit. 4; — art. 2052); l'absent de retour doit respecter la chose jugée; il doit donc respecter aussi la transaction. A la vérité, un texte du Digeste (loi 3, § 2, « De transactionibus, » L. II, tit. 15), déclare non opposable par l'héritier véritable la transaction conclue entre un tiers et l'héritier apparent dans une circonstance toute spéciale.

On pourrait faire valoir aussi contre notre opinion l'art. 2053 qui admet la rescision de la transaction quand il y a erreur sur la personne, et dire qu'il y a erreur sur la personne du vrai propriétaire dans notre espèce. Il n'y a pas ici d'erreur sur la personne; la transaction a été faite à cause de la qualité prise par le possesseur; il veut transiger avec celui qui a cette qualité et ne peut décider qui y a droit; il peut, d'ailleurs, demander d'en finir sur la question litigieuse, et nous allons nous trouver ici dans le même embarras qu'à propos des jugements, si nous invalidons la transaction faite avec le possesseur. Déjà, le droit romain donnait au débiteur héréditaire le droit d'invoquer la transaction par lui faite avec l'héritier contre l'acheteur de l'hérédité ou le fidéicommissaire, s'il ignorait la vente ou le fidéicommis au moment où il a traité (loi 17, D., « De transactionibus »), et Pothier donnait au *procurator omnium bono-*

rum le droit de transiger et de déférer le serment décisoire (Mandat, nos 156 et 157).

§ 5. — Aliénations.

Quand celui qui a recueilli des biens échus à l'absent les a aliénés, l'absent de retour peut-il les revendiquer? Pour décider cette question, il importe de distinguer et de préciser dans quelles circonstances elle se pose.

I. Aliénation a titre onéreux par l'héritier apparent d'un immeuble déterminé. Sur la validité de cette aliénation en droit romain, il faut bien reconnaître que l'héritier véritable avait le droit de revendiquer les biens héréditaires contre les acquéreurs même de bonne foi, sauf leur recours contre leurs vendeurs (loi 13, § 4, et loi 25, § 17, Dig., « De hered. petit., » L. v, t. 3; — lois 2 et 7, C., « De petit. hered., » L. III, tit. 31; — loi 4, C., « In quib. caust. cessa..., » L. VII, tit. 34).

Sous l'empire de notre ancien droit, ni la jurisprudence ni la doctrine n'était unanime pour adopter une solution. Denizart voulait le maintien de tous les actes, même d'aliénation, faits par le parent plus éloigné quand le plus proche ne se présentait pas. Lebrun affirmait la solution contraire. Les arrêts sont invoqués dans des sens opposés, parce que les faits qui les ont motivés ne sont pas nettement exposés.

Il nous faut donc nous attacher presque exclusivement au texte du Code pour rechercher sa décision. Ici, quatre systèmes sur notre question :

— Le premier système est radical; il considère comme nulle toute aliénation d'immeubles faite par l'héritier apparent, quelle que soit sa bonne foi ou celle du tiers acquéreur, par ce motif que nul ne peut transmettre un droit qu'il n'a pas, ni dépouiller un propriétaire de son droit de propriété pour le conférer à autrui ; en un mot, la vente de la chose d'autrui est nulle (art. 1599, et C. pr., art. 717). Il fait remarquer les incertitudes de la décision contraire, incertitudes qui se trahissent par les divergences des autres systèmes.

— Le deuxième système part de cette idée que le possesseur de bonne foi n'est tenu que jusqu'à concurrence de son enrichissement, et ne peut être, par le fait du propriétaire, contraint de payer à l'acheteur des dommages et intérêts. Le tiers acquéreur se défendra contre l'action du propriétaire par une exception tirée *ex persona venditoris;* s'il en était autrement, le possesseur de bonne foi d'une hérédité considérable pourrait être ruiné par la somme de dommages et intérêts à fournir, et l'exception se conçoit mieux encore pour lui que pour tout autre possesseur de bonne foi. Cette solution nous paraît être la vraie. On ne peut, sans doute, tirer argument de la décision du droit romain ; mais le raisonnement nous semble sans réplique. Le prix de vente sera le plus souvent compté comme enrichissement ; on ne pourra pas y joindre les revenus capitalisés par l'héritier apparent, puisque l'art. 138 accorde à ce possesseur la totalité des revenus.

Toutefois, l'on conteste notre point de départ, et l'on dit : « Sans doute, l'héritier apparent n'est tenu envers l'héritier véritable que jusqu'à concurrence de son enrichissement ; mais ici il est tenu à des dommages et intérêts, non pas comme héritier apparent, mais comme vendeur ; cette restriction n'est opposable qu'à celui qui intente la pétition d'hérédité. » S'il en était ainsi, on serait en droit d'accuser le législateur de se contredire. Si la loi veut mettre à l'abri de tout préjudice le possesseur à raison de sa bonne foi, comment le punirait-elle d'un acte qu'il se croyait en droit de faire? Comment le priverait-elle de cet avantage lorsqu'il est, pour ainsi dire, dans l'exercice de cette bonne foi?

L'héritier apparent de bonne foi ne pourra donc être tenu de payer des dommages et intérêts à l'acquéreur; mais ce dernier pourra-t-il repousser l'héritier véritable revendiquant qui lui offre la somme à lui due de ce chef? C'est ce que nous nous réservons d'examiner ci-après.

— Les partisans du troisième système exigent, pour que l'héritier véritable soit privé de toute action contre l'acquéreur, que lui et son vendeur soient tous deux de bonne foi. L'héritier apparent de mauvaise foi ne peut être considéré comme le représentant de l'héritier véritable (loi 89, § 7, Dig., « De Leg. 2°, » L. XXXI). Aucun argument légal ne peut servir de fondement à cette opinion; personne, en effet, ne soutient que le vendeur soit dispensé de garantir de tout danger d'éviction l'acquéreur de mauvaise foi; l'art. 1630 suppose même le contraire; s'il ne doit pas de dommages et intérêts (art. 1599), le vendeur est tenu envers l'acquéreur de mauvaise foi de la restitution du prix. Nous trouvons à l'inverse, que l'aliénation à titre onéreux consentie par un débiteur en fraude de ses créanciers au profit d'un tiers de bonne foi, est maintenue (art. 1167; — C. Comm., art. 446; — loi 1, pr., et loi 6, § 8, Dig., « Quæ in fraud. cred., » L. XLII, tit. 8); le débiteur de mauvaise foi n'a pas cependant représenté son créancier.

— Enfin, le quatrième système se contente de la bonne foi de l'acquéreur à titre onéreux pour déclarer inattaquable son acquisition. Son but est de donner à cet acquéreur toute sécurité dans un intérêt de crédit public.

Notre réponse est dans la loi même qui a pris soin de déterminer les effets de la bonne foi du possesseur : le possesseur de bonne foi fait les fruits siens (art. 138 et 549); il prescrit par dix ou vingt ans de possession (article 2265); mais nous ne voyons nulle part que ce laps de temps soit diminué ou effacé au profit du possesseur de bonne foi et que ce dernier soit dispensé de prescrire, et déclaré propriétaire « de plano. »

Les partisans du quatrième système ne se tiennent pas cependant pour convaincus et essaient d'établir une différence entre l'héritier apparent qui prend la place de l'absent et le possesseur; ils invoquent trois arguments :

1° L'erreur de notre tiers acquéreur était invincible; il ne pouvait s'enquérir, lors de son traité, de l'existence de l'absent. — Mais avant la loi du 23 mars 1855, on a vu une erreur tout aussi invincible retomber sur le possesseur de bonne foi; les héritiers d'un vendeur avec réserve d'usufruit ou sous condition suspensive, ignorant cette disposition, vendaient l'immeuble trouvé en la possession de leur auteur; l'acquéreur pouvait être évincé malgré sa bonne foi.

2° L'art. 1599 n'est pas applicable ici; il n'a pour but que de contredire la loi 28 (Dig., « De contrahendâ empt., » L. XVIII, tit. 1), et n'a d'effet qu'entre le vendeur et l'acheteur. L'art. 2182 non plus ne peut fournir d'argument dans notre espèce; l'intention du législateur était, en l'écrivant, d'abroger la loi du 11 brumaire an VII, art. 26-28, et la nécessité de la transcription. — Mais, si la vente est nulle et de nul effet entre l'acheteur et le vendeur quand elle a pour objet la chose d'autrui, elle l'est aussi « à fortiori » à l'égard du propriétaire. Il va de soi que celui qui n'est pas propriétaire ne peut transférer la propriété; pas besoin de texte pour le dire. Nous avons déjà répondu à l'argument « à fortiori » qu'on tire de l'art. 132.

3° C'est sa propre chose que l'héritier apparent a vendue ; car, la succession s'est ouverte au jour du décès au profit de tous les héritiers légitimes ou, à leur défaut, au profit des successeurs irréguliers, et l'acceptation seule arrête la propriété des biens héréditaires sur la tête de l'héritier plus proche en degré ; quand l'héritier plus éloigné a accepté en l'absence de l'autre, l'immeuble vendu est réputé lui appartenir. — Nous avons dit précédemment quels textes et quels motifs nous empêchent d'adopter ce raisonnement. La loi n'appelle, au contraire, les héritiers que les uns à défaut des autres; l'absent présumé mort fait défaut ; il en serait de même de l'héritier entièrement inconnu. Mais si le retour de l'absent prouve l'erreur commise, l'héritier n'a jamais été que possesseur « pro suo ; » c'est cette qualité qui le distingue de l'envoyé en possession. Si l'héritier apparent était propriétaire des biens héréditaires, on ne comprendrait plus la mauvaise foi, et les dons et legs qu'il en ferait, la vente de son droit à l'hérédité en tout ou en partie seraient toujours valables ; et personne ne peut l'admettre. Le vendeur de l'hérédité doit, au moins, garantir sa qualité d'héritier (art. 1696).

De tout ce qui précède, il faut conclure que l'héritier de retour ne peut revendiquer le bien aliéné à titre onéreux par l'héritier apparent ignorant l'existence de l'absent. Pour justifier cette décision, nous ne qualifierons pas cet héritier apparent de mandataire. Comme l'envoyé en possession, il est héritier si l'absent ne reparaît pas ; mais, au retour de l'absent, l'envoyé ne peut jamais avoir été que mandataire avec des pouvoirs plus ou moin étendus selon que sa possession était, ou non, devenue définitive ; l'héritier apparent, au contraire, n'aura été ni héritier ni mandataire, mais possesseur. La qualité d'héritier ne pouvait appartenir qu'à l'héritier véritable absent, parce que seul il était appelé par la loi à la succession ; la qualité de mandataire ne pouvait convenir davantage à l'héritier apparent, puisqu'il a pu prescrire (art. 137), et que le mandataire, détenteur précaire, ne le peut jamais (art. 2236). Il ressort bien des termes de la loi qu'elle n'entend pas attribuer la même qualité à l'héritier apparent et à l'envoyé en possession.

L'héritier apparent est donc réellement possesseur des biens héréditaires échus à l'absent, et, qui plus est, possesseur de bonne foi. Et c'est cette qualité qui empêchera l'absent de retour de faire annuler la vente consentie par l'héritier apparent. Mais, selon nous, la possession de bonne foi peut avoir deux causes : ou elle émane de la loi, dans notre cas d'absence, par exemple, ou si un testament découvert tardivement change les dispositions de la loi ou d'un testament antérieur ; ou la possession de bonne foi est la conséquence d'un contrat entaché de quelque nullité, soit en lui-même, soit parce que le cédant n'avait aucun droit d'y consentir. Dans le premier cas, il n'y a aucune faute à reprocher au possesseur de bonne foi ; il ne doit souffrir aucun préjudice par le fait de sa possession, et ne peut être, en conséquence, soumis à aucune action en garantie. Dans le second cas, il y a faute du possesseur de bonne foi à n'avoir pas vérifié les titres de son cédant même de bonne foi ; s'il vend à son tour, il sera exposé au recours en garantie de son acheteur, sauf ses droits de même nature contre qui il appartiendra. Notre héritier apparent, nous l'avons dit, doit être rangé dans la première catégorie.

Mais l'héritier véritable ne pourra-t-il pas, du moins, revendiquer contre l'acheteur en l'indemnisant? Nous ne le pensons pas; c'est ici l'application pure et simple de la règle latine, *Quem de evictione tenet actio, eumdem agentem repellit exceptio*. L'héritier de retour serait tenu de réparer le dommage qu'il causerait lui-même en évinçant l'acquéreur. S'il y a eu une faute commise, c'est par l'absent seul.

Toute cette controverse doit donc se résoudre en droit; ce n'est pas, comme on l'a dit, une question de fait que les tribunaux, à défaut de texte légal, doivent décider *ex æquo et bono;* à défaut d'autre texte, les art. 1599 et 2182 nous suffisent. Nous sommes, d'ailleurs, conséquent avec nous-même en raisonnant comme nous le faisons. Il faut bien reconnaître comme opposables à l'absent les ventes faites par l'héritier apparent pour payer les créanciers héréditaires, ou sur licitation quand il y a lieu, ou quand il y a lieu de faire des réparations, ou quand l'immeuble vendu dépérit; nous traitons de même les autres ventes. Enfin, si l'héritier apparent peut obliger la succession, pourquoi ne pourrait-il pas vendre directement les immeubles héréditaires? Nous avons encore un motif puissant pour déclarer inattaquable la vente consentie par l'héritier apparent : les tiers refuseraient de se rendre juges de la nécessité ou de l'opportunité du contrat de vente, et de traiter avec l'héritier apparent qui ne pourrait ainsi, par aucun moyen, vendre les immeubles héréditaires.

Les ventes consenties par l'héritier indigne seront valables comme celle dont nous parlons, mais par un tout autre motif : cet héritier a été héritier au jour où il aliénait, et jusqu'au jugement déclaratif de l'indignité; sans doute, son indignité remonte, comme le titre de celui qui prend sa place, au jour de l'ouverture de la succession. Mais c'est là l'effet d'une peine qui ne frappe que lui et ne peut rejaillir sur personne autre (art. 729) ; c'est le même motif qui a dicté l'art. 958 sur la révocation des donations pour ingratitude.

Ce que nous avons dit des ventes d'immeubles héréditaires s'applique aux hypothèques dont l'héritier apparent a grevé les immeubles.

II. Donations par l'héritier apparent.— Toutes celles pour lesquelles l'héritier apparent ne doit pas de garantie sont nulles.

III. Ventes de meubles par l'héritier apparent. — 1° Meubles corporels. La vente qui en est faite à un acquéreur de bonne foi est valable et opposable à l'absent de retour ; les art. 1141 et 2279 ne permettent aucun doute à cet égard. Si l'acquéreur est de mauvaise foi, mais l'héritier apparent de bonne foi, la vente ne pourra non plus être attaquée par l'héritier véritable, afin que le vendeur ne soit exposé à aucun recours (art. 1630).

2° Meubles incorporels. Le transport-cession des meubles incorporels est valable, quand il est consenti par l'héritier apparent de bonne foi, aussi bien que le paiement à lui fait (art. 1240). Nous ne chercherons pas à notre décision d'autre motif que celui sur lequel nous avons fondé notre opinion en matière de ventes d'immeubles héréditaires, la bonne foi du vendeur qui ne doit souffrir aucun préjudice. Nous n'essaierons pas de nous appuyer ici sur les art. 1141 et 2279, quoi qu'on puisse dire pour nous y autoriser : l'art. 2279 ne distingue pas entre les meubles (art. 535) ; l'art. 1240 suppose la possession d'une créance ; comment enfin expliquer que le possesseur de bonne foi d'une créance ne puisse prescrire que par trente ans, tandis que le possesseur de bonne foi d'un immeuble prescrit par dix ou vingt ans de possession (art. 2262 et 2265)?

Tout graves que sont ces motifs, nous n'admettrons pas la conséquence qu'on prétend en tirer; l'art. 2279 ne peut s'appliquer qu'aux meubles dont il parle, qui sont susceptibles d'être « perdus ou volés, » d'être « achetés dans une foire ou dans un marché, ou dans une vente publique, ou d'un marchand vendant des choses pareilles» (art. 2280), susceptibles de « possession réelle » (art. 1141), c'est-à-dire aux meubles corporels. Il faudrait faire toutefois une exception pour les titres au porteur qui échappent à toute recherche de la propriété.

IV. Vente de l'hérédité en tout ou en partie par l'héritier apparent. — Supposons maintenant que l'héritier apparent ait vendu son droit héréditaire, soit en totalité, soit pour une quote-part seulement; l'absent de retour pourra-t-il intenter contre l'acquéreur la pétition d'hérédité? S'il le fait, l'acquéreur recourra en garantie contre son cédant qui sera probablement ruiné, quoiqu'il ait été de bonne foi. Nous n'appliquerons donc pas l'art. 1696, quelque général qu'il soit; il faut cependant reconnaître que cette opinion est ordinairement rejetée. C'est la chose d'autrui, dit-on; puis, en droit romain et dans notre ancien droit, l'acheteur de l'hérédité était exposé à la pétition d'hérédité intentée par l'héritier véritable.

Nous avons répondu précédemment à l'argument tiré de l'art. 1599, et le droit romain lui-même ne séparait pas en principe, dans sa décision, l'acquéreur d'un bien héréditaire, de l'acquéreur de l'hérédité même, tous deux possédant *pro emptore*, mais non *pro herede* ni *pro possessore*. Ni le droit romain, du reste, ni notre ancien droit ne considérait spécialement l'héritier apparent appelé par la loi à la possession de l'hérédité. Quant à l'annulation de la vente de l'hérédité, fondée sur ce motif que l'héritier apparent serait mandataire et chargé, comme tel, de l'administrer et non de la vendre, nous refusons de l'admettre ; nous avons dit pourquoi l'héritier apparent ne peut, à notre avis, être mandataire légal de l'héritier absent.

Si l'héritier apparent avait connu, au jour de la vente, l'existence de l'absent, l'acquéreur de bonne foi de l'hérédité ne prescrirait que par 30 ans (art. 2262), tandis que l'acquéreur de bonne foi d'un bien héréditaire prescrirait par 10 ou 20 ans (art. 2265). Contre le premier, c'est la pétition d'hérédité, et non la revendication, qui est intentée.

V. Aliénation par celui qui a recueilli a la place de l'absent le legs ou la libéralité, universel ou a titre universel, échu a l'absent.— Celui qui recueille ainsi est, ou l'héritier qui vient à défaut de légataire universel, ou un légataire universel substitué vulgairement, ou un colégataire universel. Il n'y a pas de motif pour ne pas maintenir les aliénations par eux consenties de bonne foi des immeubles de la succession, comme nous l'avons fait quand c'était l'héritier véritable qui était absent, et par les mêmes arguments. Il est inutile de rechercher si l'erreur du tiers acquéreur ignorant l'existence du testament, était, ou non, invincible ; ce n'est pas cette ignorance prouvée ou possible qui motive notre solution.

Elle sera la même si un légataire à titre universel, ou un donataire de biens à venir universel ou à titre universel est absent.

VI. Aliénation par celui qui a recueilli les biens échus a l'absent par legs particulier ou toute autre disposition a titre particulier.— Nous reconnaîtrons cette aliénation comme opposable à l'absent aussi bien que les précédentes et sans distinguer selon le titre de celui qui a recueilli, qu'il se présente comme légataire substitué, ou comme héritier ou légataire universel invoquant la caducité du legs. Quand on fonde la validité des aliénations sur un mandat légal, on refuse de l'admettre ici, parce que ce n'est pas administrer un objet que de l'aliéner.

On a soutenu cependant que la vente serait valable, si elle était faite par l'héritier ou le légataire universel qui a recueilli à la place de l'absent, mais non pas si elle avait été consentie par le légataire substitué, parce que les deux premiers administrent tout le patrimoine héréditaire en aliénant. Mais ils ne peuvent se dire *procuratores omnium bonorum;* ils ne seraient jamais mandataires que pour un seul bien ; au cas d'aliénation, l'argument demeurerait donc triomphant, si nous admettions, d'ailleurs, l'idée du mandat. Nous ne considérons que la bonne foi absolue et exempte de faute du possesseur.

Toutes les fois que nous avons parlé du possesseur de bonne foi, héritier apparent ou autre, qui a pris la place de l'absent, nous avons désigné le possesseur qui, connaissant l'absence, ignore l'existence de l'absent ; c'est bien de lui que parlent les art. 135 et 136. Il est réellement de bonne foi ; car, il ne fait qu'exercer un droit qui lui est donné par la loi.

Droits de l'héritier véritable non absent, mais inconnu ou inactif.

Il nous semble utile de comparer la situation de cet héritier négligent à celle de l'héritier absent ; mais il faut d'abord la préciser : l'héritier du défunt dans une ligne est un cousin au cinquième degré ; mais, depuis longtemps, ses rapports avec le défunt avaient cessé, et un cousin, au sixième degré, issu d'une autre branche, est seul connu des personnes qui entouraient le défunt, et lui-même ignore l'existence de l'autre ; ou, plus simplement, on ne connaît au défunt aucun héritier dans une ligne ; le cousin au sixième degré, ou le parent de l'autre ligne s'empare de la succession ; puis, l'héritier véritable inconnu se présente. Telle est la première hypothèse. Dans la seconde, nous trouvons un héritier négligent, peu empressé, peu désireux peut-être de s'emparer de la succession, mais qui ensuite, la trouvant solvable et avantageuse, vient en réclamer le montant.

Quant à celui qui se serait mis en possession de la succession, sans être parent du défunt, il ne peut conférer aux tiers aucun droit ; le titre consenti par lui ne pourra être invoqué par l'acquéreur qu'afin de se prévaloir de l'art. 2265 contre l'héritier revendiquant. Les tribunaux pourront, selon les circonstances, le considérer comme gérant d'affaires ou même comme mandataire tacite.

Mais occupons-nous de l'héritier apparent dont la possession est motivée ou excusée par un lien de parenté avec le défunt. L'aliénation par lui consentie au profit d'un tiers est-elle opposable à l'héritier véritable qui fait ensuite valoir ses droits ? On répond négativement, par ce motif qu'il n'en est pas ici comme au cas d'absence de l'héritier véritable, qu'on ne peut dans notre espèce comprendre un mandat tacite permettant des aliénations valables, et que la bonne foi des tiers ne peut suffire pour rendre inattaquables leurs acquisitions ; la vente de la chose d'autrui est nulle.

La Cour de cassation veut, dans un arrêt du 16 janvier 1843, considérer le parent du degré le plus éloigné comme appelé, lui aussi, à la succession, et comme héritier véritable à l'égard du tiers avec lequel il a contracté ; elle se fonde sur les termes généraux des art. 723, 724, 755, 767 et 777. La Cour de Paris avait déjà décrété de même.

Si ces décisions étaient conformes à l'esprit de la loi, on pourrait induire de ce titre de l'héritier apparent un mandat général légal. Mais la loi règle l'ordre de succéder (art. 723 et 731) ; l'art. 724 ne donne la saisine qu'au parent le plus proche et ne fait ainsi que reproduire la vieille maxime, « le mort saisit le vif, *son hoir le plus proche;* » la renonciation ne se présume pas (art. 784) ; l'acceptation n'ajoute rien aux droits de l'héritier, et ne fait que consolider son titre en le privant du droit d'y renoncer. Il y a cependant controverse sur ce point.

On ne peut donc, à raison de la saisine légale, considérer l'héritier apparent comme mandataire légal de l'héritier véritable dont l'existence était inconnue, ou qui est resté inactif.

Et cependant on admet généralement que les aliénations par lui consenties doivent être respectées par l'héritier. Pour expliquer cette solution, on cherche un mandat légal dans ce double fait de la possession publique et notoire de l'héritier apparent, et de son droit subordonné à la condition de répudiation par l'héritier plus proche ; si ce dernier ne peut être mis en demeure de se décider, au moins faut-il laisser à l'autre le droit d'administrer. Les circonstances de fait, la bonne foi des tiers modifieraient alors l'étendue du mandat légal ; si l'héritier était inconnu, on augmenterait « à fortiori » de ce qui a été dit du cas où il était absent ; s'il était connu, mais inactif, cette inaction même serait un mandat tacite.

Nous repoussons toujours cette idée d'un mandat légal parce que nous ferions ainsi de l'héritier apparent un détenteur précaire. Et cependant nous voulons aussi valider l'aliénation consentie par lui, au moins dans le cas où l'héritier véritable était inconnu, et si l'éviction peut donner lieu à un recours en garantie. Dans cette hypothèse, l'héritier apparent a été possesseur de bonne foi investi par la loi même de la succession et sans qu'aucune faute puisse lui être reprochée ; il ne peut donc être soumis à aucun recours en garantie. Si l'héritier véritable lui était connu, il est en faute de ne l'avoir pas mis en demeure ; nous irons même plus loin, il est possesseur de mauvaise foi ; car, il savait qu'il n'était pas l'héritier, le propriétaire désigné par la loi ; d'un autre côté, l'intérêt social lui-même exige que nous lui accordions le droit de mettre fin à toute incertitude en mettant l'héritier en demeure de consolider son titre ; il n'y a, dans la loi, rien de contraire à cette décision.

Ce que nous avons dit des rapports entre l'héritier apparent et l'héritier véritable qui se fait connaître au point de vue des aliénations consenties par le premier et des droits des tiers acquéreurs, nous le dirons encore des rapports entre l'héritier apparent et le légataire universel inconnu, ou institué dans un testament inconnu et découvert ensuite, — entre l'héritier réservataire ou non, et les légataires universels, ou à titre universel, ou à titre particulier dont les droits n'ont été reconnus que tardivement, — entre ces légataires, quand le titre de l'un d'eux a été découvert après la prise de possession par les autres, — entre les légataires apparents qui ont ignoré la révocation du testament qui leur conférait leurs droits, et ceux à qui ils sont tenus de restituer.

Les institués contractuels sont traités comme les légataires. Si le testament ou l'institution contractuelle était annulé comme contraire à la loi ou pour vice de forme, il y aurait une faute à reprocher au premier possesseur, qui dès lors serait exposé au recours en garantie de son acquéreur justement évincé.

EFFETS DE L'ABSENT ENTRE LES TIERS.

Nous avons annoncé que nous parlerions ici des effets de l'absence entre les tiers, en supposant l'absent et les envoyés désintéressés dans la question. Nous ne pouvons, à cet égard, après avoir posé notre principe, qu'indiquer quelques espèces.

Notre principe, il est toujours le même. Chacun doit prouver son existence à qui la conteste; dès que la vie d'une personne est contestée, elle doit être prouvée par celui qui l'invoque; en un mot, l'absent est présumé mort jusqu'à preuve contraire. Pour les tiers entre eux, il n'y a ni présomption, ni déclaration d'absence, ni périodes de possession; leurs rapports ne sont pas soumis à l'exception des art. 120 et 123; pour qu'une personne fasse obstacle à l'exercice de leurs droits, il faut qu'elle se présente devant eux.

Première espèce. Le père d'un absent fait une donation après la disparition de son fils; il lui survient ensuite un autre enfant, ou l'absent reparaît; la donation est-elle révoquée de plein droit pour survenance d'enfant (art. 960)? Si nous ne nous attachons qu'aux considérations de fait, notre réponse sera certainement affirmative. Si la loi, à l'art. 960, a voulu rendre au donateur toute liberté de revenir sur sa donation en cas de survenance d'enfant, il faut bien reconnaître que la situation du père d'un absent, convaincu de la mort de son fils et ayant fait une donation, mérite autant d'intérêt. Que l'absent lui revienne ou qu'il lui naisse un autre enfant, n'est-ce pas toujours un enfant qui lui survient? « Par rapport aux motifs sur lesquels la loi est fondée, dit Pothier, il est égal de n'avoir point d'enfants ou d'en avoir sans le savoir. » Aussi, dans l'ancien droit, Pothier et Ricard répondaient-ils affirmativement. Sous l'empire de notre Code, il y a controverse.

Certains jurisconsultes, s'attachant à la date de la donation comme pour mesurer le doute, le désespoir du père, en repoussent la révocation si cette donation était antérieure à la déclaration d'absence ; à partir de cette déclaration et de l'envoi provisoire qui l'accompagne presque toujours et que le père ne demandera qu'après avoir fait inutilement toutes les recherches et peut-être longtemps après la disparition, ce donateur peut désespérer judiciairement et légalement de revoir son fils.

D'autres auteurs refusent absolument à ce père donateur le droit d'invoquer l'absence de son fils pour obtenir l'application de l'art. 960; ils ne veulent pas généralement la présomption de mort pendant l'envoi provisoire; si l'absent reparaît, il prouve que le donateur n'était pas sans enfant; pourquoi le père n'a-t-il pas prévu ce retour et inséré une clause de résolution? si c'est un autre enfant qui naît au donateur, c'est au père de prouver la mort de l'absent. Toutefois, ces jurisconsultes, comprenant bien l'impossibilité pratique de priver le père de l'absent du bénéfice de l'art. 960, s'arrêtent et veulent tout réparer en appliquant ici une idée dont nous avons démontré le mal-fondé; d'après eux, à partir de l'envoi définitif, l'absent est réputé mort envers et contre tous, et l'art. 960 doit être appliqué à toute donation postérieure à la disparition; mais le retour de l'absent ne pourrait jamais être une cause de révocation.

Si nous avons bien compris l'argumentation qui précède, le retour de l'absent après l'envoi définitif et la révocation, doit faire annuler cette révocation; mais n'oublions pas que, dans tous les cas où nous avons vu les mêmes jurisconsultes refuser toute action contre les tiers jusqu'à l'envoi définitif, il s'agissait d'actions à exercer par des envoyés en possession qui étaient comptables après l'envoi définitif et étaient tenus de restituer au cas de retour de l'absent. Le père donateur, qui aura exercé l'action en révocation après l'envoi définitif, par suite de la naissance d'un autre enfant, devra restituer les biens donnés si l'absent reparaît; le voilà donc constitué envoyé définitif par rapport au tiers donataire, et ce titre n'est conféré par l'art. 129 qu'à ceux qui avaient droit à l'envoi provisoire et sur les biens de l'absent.

Puis, cette solution est-elle conforme à l'art. 960 considéré dans ses motifs? Comment! la loi a reconnu, au moment de l'envoi définitif, que ce père avait juste motif de croire son fils mort et lui a appliqué l'art. 960, considérant que s'il avait fait une donation, c'était à cause du décès présumé de son fils et dans la conviction de ne plus le revoir; et voici que, par le retour inespéré du fils, ce qui était juste motif de croire devient erreur répréhensible, ce qui était conviction juste et légale n'a produit qu'un fait de grave imprévoyance qui doit retomber sur son auteur! Et cependant les causes d'application de l'art. 960 ne subsistent-elles pas? Puis enfin, si l'on impose l'envoi définitif comme point de départ du droit des tiers, faudrait-il au moins qu'ils pussent le faire prononcer aussitôt que la loi permet de le faire.

Or, laisserons-nous un tiers, qui est ici le père de l'absent, mais qui peut être ailleurs un étranger sans droit aucun sur les biens de l'absent, provoquer successivement la déclaration d'absence, l'envoi provisoire auquel ils ne peuvent prétendre et que les ayant-droit peuvent refuser, et enfin un envoi définitif?

Ecartons encore cette opinion et rattachons-nous à la dernière qui satisfait l'équité et le vœu de la loi. Pour les tiers, l'absence ne peut avoir ces effets d'incertitude que la loi a créés exceptionnellement en faveur de l'absent et contre ceux qui ont des droits à exercer sur ses biens. L'absence ne peut nuire aux tiers, et l'incertitude leur serait préjudiciable ; et, par conséquent, l'absent est réputé mort dès l'instant de sa disparition, s'il y a doute sur son existence.

Ajoutons que, pour les tiers, tout est définitif ; quand nous avons parlé des sociétés civiles dont l'existence est subordonnée à la vie de l'absent, nous avons déclaré qu'une fois dissoutes elles ne pouvaient plus renaître par le retour de l'absent, qu'il y a à cette régénération une impossibilité à la fois effective et légale. De même ici ; quand le fils unique du donateur disparaît, il est mort pour le donataire ; la donation est frappée définitivement de révocabilité pour le cas où un enfant surviendrait au donateur ; et, dès lors, que l'absent revienne, ou qu'un autre enfant naisse, c'est toujours un enfant qui survient au donateur ; c'est dire que le retour de l'absent ne peut préjudicier à la révocation antérieure ; c'est un second enfant qui survient au donateur.

Deuxième espèce. Une rente viagère a été constituée au profit d'un tiers par un autre sur la tête de l'absent. En vertu de notre principe, dès l'instant de la disparition, les arrérages cessent d'être dus, la rente est éteinte, et les garanties qui en assuraient le service sont libérées. Que si l'absent reparaît, la rente renaît, parce que l'intérêt des tiers n'est pas compromis par cette circonstance ; les arrérages sont dus de nouveau à l'avenir ; mais aucune répétition ne peut être exercée pour le passé ; la rente renaît parce que l'absent vient lui-même de renaître.

Dans l'espèce qui va suivre, les intérêts en présence sont liés, quoiqu'indirectement, aux affaires personnelles de l'absent.

Troisième espèce. Une fois assurés de conserver leur gage, les créanciers de l'absent ont à le faire vendre et à partager le prix de cette vente. Mais comment va se faire ce partage ? Aura-t-il lieu, ou le plus diligent sera-t-il le préféré, sera-t-il payé intégralement ? A cet égard, il faut distinguer. Pendant toute la période de présomption d'absence, et jusqu'à l'envoi provisoire, les créanciers de l'absent sont dans la même situation que les créanciers d'une succession dont les héritiers n'ont pas encore pris parti. Leurs droits ne sont pas subordonnés à l'existence de l'absent qui, en conséquence, est présumé mort à leur égard dès sa disparition ; ils pourront donc faire nommer un administrateur afin de poursuivre contre lui leur paiement immédiat.

Ils pourront encore, s'ils n'ont pas de titre authentique, se borner à obtenir jugement et faire inscrire l'hypothèque judiciaire. Mais cette hypothèque ne pourra leur conférer de droit de préférence contre les autres créanciers qui ne se seront pas fait payer au moment de l'envoi provisoire. A ce moment, il sera certain que la succession n'est acceptée que par bénéfice d'inventaire » (art. 2146), et l'inscription ne produira aucun effet contre les autres créanciers de l'absent. Exception toutefois s'il ne s'agit que du renouvellement d'une inscription antérieure. Quand le patrimoine est arrêté, la loi ne veut pas que les créanciers de ce patrimoine puissent encore se créer une cause de préférence les uns contre les autres ; l'égalité doit être maintenue. Nous sommes d'accord avec ce vœu du législateur civil ou commercial ; il importe peu que l'acceptation bénéficiaire soit facultative ou forcée ; le patrimoine n'en est pas moins arrêté ; il n'est plus soumis à variations.

Quatrième espèce. L'acte signé par un absent fait-il foi de sa date à l'égard des tiers ? L'art. 1328 ne reconnaît de date certaine que la date de l'enregistrement de l'acte, du décès de l'une des parties à l'acte, ou de la mention en substance dans un autre acte faisant foi de sa date. Si l'acte n'acquiert pas date certaine du jour de la disparition, cela est à regretter ; tout concourt à assurer l'exactitude de la date. Mais le principe général que nous avons posé nous permet l'application de l'art. 1328 ; l'absent est présumé mort ; la date de cette mort est certaine ; notre solution est unique, et s'applique à tout acte signé par l'absent. M. Demolombe fait une distinction que nous devons repousser, malgré le profond respect que nous professons avec tant d'autres pour les avis de ce savant jurisconsulte.

Celui auquel l'acte sous seing privé est opposé, tient son droit des envoyés en possession, ou d'un tiers. S'il le tient des envoyés en possession, dit M. Demolombe, il y a date certaine ; voici l'hypothèse qu'il prévoit et le motif qu'il donne de son opinion ; l'envoyé a aliéné un immeuble de l'absent, et un tiers, un voisin, vient opposer à l'acquéreur un acte signé de l'absent et constitutif d'une servitude au profit du fonds de ce voisin. L'acte n'avait été ni enregistré, ni mentionné dans un

acte ayant date certaine. Si l'acquéreur a transcrit son titre d'achat, il est certain qu'il peut opposer au voisin l'art. 2 de la loi du 23 mars 1855, et le défaut d'une transcription qui aurait donné date certaine à son titre; aussi, depuis la loi de 1855, la question ne sera-t-elle plus souvent qu'une question de date de transcription.

Mais supposons qu'on ne transcrive de part ni d'autre; M. Demolombe pose ce dilemme : Ou l'acte privé est antérieur à la disparition, et il doit prévaloir sur le titre de l'acquéreur; ou il lui est postérieur, et le titre de l'acquéreur doit tomber avec le titre de l'envoyé, son auteur, qui a perdu tout droit de vendre s'il y a eu réapparition de l'absent. Ce dernier terme est vrai si l'acquéreur est devenu propriétaire à l'amiable et sans remplir les formes légales; mais si l'envoyé s'est fait autoriser en justice à aliéner l'immeuble et s'est conformé aux dispositions de la loi sur les ventes judiciaires, le dernier terme du dilemme n'est plus vrai; il tombe et fait tomber avec lui le dilemme et la distinction. S'il y a eu transcription par l'acquéreur, celui-ci répond victorieusement par cet autre dilemme : « Ou j'ai bien acquis de l'héritier de l'absent, et alors je dois vous primer; ou j'ai acquis « à non domino » parce que l'absent a reparu; mais alors votre titre n'a plus date certaine.

Celui à qui l'acte privé est opposé tient son droit d'un tiers. Un vendeur disparaît; après plus de 10 ans, le tiers propriétaire véritable revendique contre l'acquéreur qui oppose la prescription de 10 ans avec bonne foi et un juste titre sous seing privé et non enregistré. Ce titre vaudra-t-il contre le revendiquant pour primer la date de la possession? Non, dit M. Demolombe qui rappelle que Toullier, après avoir soutenu l'affirmative, s'est rangé à la négative; l'art. 1328 est trop limitatif et ne vent pas consacrer une date certaine sur une simple présomption; la déclaration d'absence ne crée pas de présomption de mort à l'égard des tiers. Mais, arrivé à l'envoi définitif, M. Demolombe est bien obligé de reconnaître que la date ne peut pas être plus certaine; mais il avait posé en principe qu'à partir de l'envoi définitif il y a présomption de mort envers et contre tous, même à l'égard des tiers.

Pour nous, nous n'admettons aucune de ces solutions contradictoires, nous croyons qu'il y a présomption de mort à l'égard des tiers dès la disparition; et ici plus qu'ailleurs, puisqu'il s'agit uniquement de reconnaître la vérité d'un fait, d'une date. Les tiers ne peuvent être soumis à toutes ces incertitudes. Une partie à un acte a disparu; l'acte a date certaine de la disparition; si l'acte n'est pas produit pendant l'absence et que l'absent reparaisse, plus de date certaine; mais les autres parties avaient droit de voir l'acte acquérir date certaine par le décès de l'absent; et elles seraient frustrées de ce droit par M. Demolombe.

Les espèces diverses que nous avons énoncées suffisent pour montrer l'application de notre principe.

APPENDICE

Militaires absents.

Nous avons eu déjà l'occasion de faire remarquer que les absents dont l'éloignement a été motivé par le service militaire, quoique soumis en principe aux dispositions du Code, ont obtenu certaines faveurs écrites dans des lois spéciales. Le plus important de ces avantages est celui dont nous allons parler et qui a été consacré à leur profit par une loi du 11 ventôse an II (1er mars 1794). Cette loi est contraire à toutes les dispositions que nous venons d'étudier dans le Code, relatives aux successions ouvertes pendant la durée de l'absence au profit de l'absent; nous aurons à voir si elle n'a pas été abrogée par le Code ou par une autre loi; mais nous devons d'abord en examiner les dispositions fort simples, d'ailleurs.

Une succession s'ouvre au profit de l'absent militaire ou employé au service des armées. Le premier devoir du juge de paix en l'absence de l'héritier est d'apposer les scellés; le second, ici, d'avertir le soldat à son corps d'armée et le ministre de la guerre par lettres. A défaut des nouvelles et de procuration données par l'absent dans le mois de l'enregistrement du procès-verbal d'opposition de scellés, procès-verbal à la suite duquel sont copiées les lettres, un conseil de famille est convoqué pour nommer à cet absent un curateur. Ce curateur fait lever les scellés et dresser l'inventaire, vend les meubles, administre les immeubles en bon père de famille, et doit ses comptes soit à l'absent, soit à son fondé de pouvoirs. La loi du 11 ventôse n'avait parlé que des défenseurs de la patrie; une loi du 16 fructidor an II (2 sept. 1794), appliqua ces dispositions aux officiers de santé et autres attachés au service des armées; puis, afin de faciliter l'envoi d'une procuration, cette loi permit au soldat de la faire dresser par le conseil d'administration de son corps, sauf au fondé de pouvoir à la faire enregistrer avant d'en faire usage. Un décret du 10 ventôse an III étendit au prisonnier de guerre la faveur de la loi de ventôse an II.

Nous avons dit que cette dernière loi avait accordé une faveur importante au militaire absent: quelle est exactement cette faveur et en quoi la situation du militaire est-elle meilleure? Il y a controverse à cet égard.

Une première opinion ne voit dans notre loi que l'indication de formalités conservatoires semblables à celles de l'art. 113 ; le militaire absent est supposé héritier, et, par conséquent, son existence n'est pas méconnue.

Mais l'art. 2 de la loi du 11 ventôse an II suppose que le militaire est absent sans nouvelles, et, un mois après les lettres du juge de paix restées sans réponse, considère l'absence comme suffisamment constatée pour qu'il y ait lieu de réunir un conseil de famille et de nommer à l'absent un curateur. Enfin, c'est ce curateur de l'absent qui administre au nom même de l'absent les biens héréditaires, et les comptes seront rendus, dit la loi, à l'absent lui-même ou à son mandataire. Le but de notre loi est donc bien d'empêcher toute dénégation de l'existence de l'absent, et toute incertitude à cet égard, et de le déclarer héritier.

Il ne s'agit pas seulement, comme on l'a prétendu, d'écarter provisoirement de l'administration le parent qui doit recueillir à la place du militaire absent. Comment d'ailleurs le curateur, nommé comme nous l'avons dit, pourrait-il posséder provisoirement pour un autre que l'absent? Si par la suite l'absent ne reparaît pas, la restitution sera faite au parent du degré subséquent qui sera présumé avoir possédé « ab initio » par le curateur. Les actes faits par ce dernier dans la limite de ses pouvoirs seront valables comme faits au nom de l'héritier présent.

Mais ce n'est pas la seule différence entre notre loi et les principes du Code. Si le militaire absent ne reparaît pas, il faut bien en venir à la présomption de mort. Pendant combien de temps l'absent sera-t-il présumé vivant? La loi ne dit rien; mais quand la présomption de mort est proclamée à l'égard des biens personnels de ce militaire, comment maintenir la présomption de vie à l'encontre d'un tiers intéressé? La protection de la loi de l'an II cesse donc pour le militaire avec la période de présomption d'absence. Or, le Code n'admet aucune distinction de périodes à l'égard des successions qui s'ouvrent pendant l'absence au profit de l'absent. Après la déclaration d'absence, les héritiers présomptifs de l'absent pourraient s'emparer des biens de la succession échue à leur auteur, ce qui serait injuste et contraire à la loi, et l'on ne pourrait fixer à leur possession aucune limite raisonnable. Aussi la loi du 13 janvier 1817, dont nous avons précédemment parlé, suppose-t-elle qu'après la déclaration d'absence le droit commun reprend son empire.

Enfin, ce que nous venons de dire des successions échues au militaire absent doit être appliqué à tous les droits éventuels qui s'ouvrent à son profit. La loi n'en dit rien, à la vérité; mais l'identité des motifs et des situations nous oblige à donner dans tous les cas les mêmes solutions.

Nous devons rechercher maintenant en quelques mots si les deux lois de l'an II dont nous venons de préciser les dispositions sont abrogées, soit par le Code, soit par la paix générale de 1815, soit par la loi précitée de 1817 : — Par le Code? Non; car la loi du 30 ventôse an XII, art. 7, n'abroge les lois antérieures que si elles touchent aux matières dont il est traité dans le Code ; et un décret du 16 mars 1807 ordonne la publication de notre loi dans les départements transalpins. — Par la paix générale? Non plus; car nos lois ne sont pas, comme on l'a soutenu, des lois de circonstances ; l'intention du législateur d'en faire uniquement des lois provisoires ne ressort pas de leurs dispositions, et elles ne contiennent aucun article semblable à l'art. 2 de la loi du 6 brumaire an V. — Par la loi de 1817? Pas davantage; car elle n'a pour but que de simplifier les formalités requises pour la déclaration d'absence et l'envoi en possession provisoire des biens des militaires d'une certaine époque. L'art. 13, en ordonnant que les articles du Code non contraires à cette loi continueront d'être exécutés, ne déroge en rien à la législation existante.— Nos deux lois sont donc encore en vigueur.

Les partisans du système qui en limite l'application au cas où l'existence de l'absent n'est pas contestée ont vu dans l'art. 2 de la loi du 6 brumaire an V une extension de leurs dispositions; les prescriptions ne pouvaient jamais courir contre le militaire, ce dernier, disent-ils, était toujours réputé vivant; mai. la disposition même de cet art. 2 est maintenant éteinte, et les lois de l'an II sont revenues à leur cercle primitif d'application. Sans nous exprimer sur la vérité de ce raisonnement, nous nous en référons à ce que nous avons dit de l'effet de nos lois de l'an II.

En résumé, toutes les fois qu'un droit éventuel s'ouvre au profit d'un militaire absent pendant la présomption d'absence, les biens héréditaires seront administrés par un curateur, et ceux qui doivent recueillir au défaut de l'absent ne pourront y prétendre droit qu'après la déclaration d'absence.

TABLE DES MATIÈRES

ERRATA

P. 174, 5e ligne. — *Au lieu de* par l'absent, *lisez* par l'envoyé.
P. 186, 8e ligne. — *Au lieu de* où même, *lisez* ou même.
P. 208, 21e ligne.— *Au lieu de* sont héritiers légataires, *lisez* sont héritiers, légataires.
P. 218, deux premières lignes. — Le renvoi y indiqué n'a pas d'objet; la question, se trouvant hors de notre sujet, n'est pas traitée dans la Thèse.
P. 244, 23e ligne. — *Au lieu de* actes strictes, *lisez* actes stricts.
P. 308, 13e ligne. — *Au lieu de* la communauté, *lisez* la communauté.

POSITIONS

DROIT ROMAIN

I. Au temps de Gaius, le fils du captif devenait toujours *sui juris* au jour de la captivité de son père ; il n'y avait de controverse que sur l'application à cette espèce, de la fiction de la loi *Cornelia* (Gaius, Comm. I, § 129).

II. Sous l'empire du droit classique romain et jusqu'à Constantin, la captivité fut une cause de dissolution absolue du mariage. L'absence seule, dûment constatée, put dissoudre le mariage depuis Constantin jusqu'à Léon le Philosophe, à partir duquel le mariage fut toujours maintenu, même en cas d'absence.

III. Le *postliminium* s'appliquait à l'égard du peuple libre, même allié, si le traité d'alliance conservait à ce peuple sa dignité ; conciliation des lois 7 et 19, pr., D., « De captivis. »

IV. La tutelle légitime n'est confirmée par la loi *Cornelia,* que si un patron captif a fait à l'un de ses fils, par testament, l'*adsignatio* de l'affranchi impubère, et décède ensuite chez l'ennemi. Sous ce rapport, le § 8 du tit. 4 A du L. III des Sent. de Paul est incompréhensible (p. 66).

V. Si le père et le fils impubère sont successivement faits prisonniers par l'ennemi, la substitution pupillaire, faite par le père avant sa captivité, aura son effet en vertu de la loi *Cornelia.*

VI. Dans les rapports entre citoyen romain et pérégrin, la tradition crée ou éteint le *jus Quiritium.*

VII. La solution de la loi 6, D., « De captivis, » n'est pas contraire à cette règle que le propriétaire qui revendique une chose furtive n'est pas tenu d'en rembourser le prix à l'acquéreur évincé.

VIII. Lorsque le *filiusfam.* a testé sur son *peculium castrense,* la stipulation faite par le *servus castrensis* pendant que l'héritier institué délibère, est nulle d'après Papinien, à supposer que l'héritier institué répudie (loi 14, § 1er, D., « De castr. pecul. »). Elle est valable dans la même hypothèse d'après Ulpien (loi 33, pr., D., « De adquir. rer. domin. »).

IX. Si le créancier qui a reçu une chose en paiement de sa créance, n'a pas exigé de *cautio de evictione,* et est ensuite évincé de cette chose, il pourra cependant exercer l'action utile *ex empto,* et en même temps l'action de l'obligation primitive.

X. La chose héréditaire vendue par le possesseur de l'hérédité peut être efficacement revendiquée par l'héritier contre l'acheteur, lors même que le vendeur est de bonne foi.

DROIT FRANÇAIS

I. L'héritier présomptif de l'absent peut céder son droit à partir de la disparition ; le retrait successoral pourra être exercé par les autres héritiers présomptifs.

II. Le jugement de déclaration d'absence tombe toujours si l'on a des nouvelles de l'absent, alors même que ces nouvelles seraient d'une date antérieure de plus de cinq ans ou onze ans au jugement.

III. L'héritier présomptif, envoyé en possession, peut invoquer les avantages du bénéfice d'inventaire.

IV. Les actes d'aliénation consentis par l'héritier apparent de bonne foi sont valables toutes les fois que leur nullité donnerait aux tiers évincés une action en garantie contre lui.

V. Les envoyés en possession provisoire peuvent se faire envoyer en possession même des biens qui sont entre les mains d'un tiers, toutes les fois qu'ils ont sur ces biens des droits subordonnés au décès de l'absent.

VI. La pétition d'hérédité peut être exercée par les héritiers plus proches de l'absent au jour du décès prouvé, même contre les envoyés en possession définitive.

VII. Le conjoint de l'absent, lorsqu'il a opté pour la continuation provisoire de la communauté, n'est pas obligé de fournir caution.

VIII. L'art. 127 du C. N., en attribuant les quatre cinquièmes ou les neuf dixièmes des fruits des biens de l'époux absent au conjoint qui a opté pour la continuation provisoire de la communauté, ne déroge pas à l'art. 1401,—2°.

IX. Les causes de suspension de la prescription doivent être examinées en la personne des envoyés en possession, à moins que l'absent ne reparaisse.

X. Les envoyés en possession provisoire peuvent exercer les actions pétitoires immobilières qui appartiennent à l'absent.

PROCÉDURE

I. Le tiers saisi ne peut payer valablement entre les mains du saisi l'excédant des causes de la saisie.

II. La tierce opposition n'est pas admise contre un arrêt de la Cour de cassation.

DROIT DES GENS

I. La puissance neutre qui se rend adjudicataire d'un navire capturé par une puissance belligérante sur l'autre ne fait pas acte d'hostilité à l'égard de cette dernière.

II. Les tribunaux français sont compétents pour connaître des crimes ou des délits commis à bord d'un navire de commerce étranger mouillé dans un port français, lorsque ces crimes ou délits commis entre gens de l'équipage ont troublé la sécurité du port, ou que l'intervention de l'autorité française a été réclamée.

DROIT PÉNAL

I. Les condamnations par contumace n'emportent jamais l'interdiction légale.

II. L'administration des domaines ne peut s'attribuer, sur les biens du condamné par contumace, la portion de fruits que l'art. 127 du C. N. attribue aux envoyés en possession provisoire des biens d'un absent.

HISTOIRE DU DROIT

I. Le servage du moyen âge a son origine dans le colonat romain.

II. L'ouvrage intitulé : *Établissements de Saint-Louis,* est une œuvre privée.

Vu par le Président de la Thèse,
C. DUFNOIR.

Vu par le Doyen de la Faculté,
G. COLMET-DAAGE.

Vu et permis d'imprimer,
Le Vice-Recteur de l'Académie de Paris,
A. MOURIER.

Versailles. — Impr. de E. Aubert, 6, avenue de Sceaux.

www.ingramcontent.com/pod-product-compliance
Ingram Content Group UK Ltd.
Pitfield, Milton Keynes, MK11 3LW, UK
UKHW020258230726
13925UKWH00001B/114

9 782013 581516